科学技术部创新体系建设办公室项目(2013CXB14)
国家软科学研究计划项目(2010GXS1D033、2011GXS5K095)
资 助

Path and Policy of Development for Emerging Industries

自主创新与体系建设丛书

自主培育发展新兴产业的路径与政策

仲伟俊　胡　钰　梅姝娥／著

科学出版社

北　京

内 容 简 介

本书首先分别从产业和区域的视角，研究新兴产业形成和发展的典型模式，以及全球化背景下国家或地区培育和发展新兴产业的主要路径，比较分析不同路径的特点以及在促进国家或地区经济发展作用上的差别。然后，重点研判对国家或地区而言，自主培育发展新兴产业对科技创新资源、服务与环境，以及制度、政策与文化等的新要求，明确营造"创新友好环境"是当前自主培育发展新兴产业的核心任务，讨论企业"创新友好环境"的具体内容。最后，剖析当前我国新兴产业培育和发展的现状与主要问题，提出未来我国自主培育发展新兴产业的总体战略和重点任务与对策建议。

本书可供高等院校高年级本科生和研究生及相关研究人员阅读，也可供政府部门与企业的相关管理和研究人员参考。

图书在版编目（CIP）数据

自主培育发展新兴产业的路径与政策/仲伟俊，胡钰，梅姝娥著 . —北京：科学出版社，2014.1

（自主创新与体系建设丛书）

ISBN 978-7-03-039023-3

Ⅰ.自…　Ⅱ.①仲…②胡…③梅…　Ⅲ.新兴产业–产业发展–研究–中国　Ⅳ.F279.244.4

中国版本图书馆 CIP 数据核字（2013）第 257768 号

责任编辑：王　倩／责任校对：彭　涛责
任印制：徐晓晨／封面设计：无极书装

科 学 出 版 社 出版
北京东黄城根北街 16 号
邮政编码：100717
http://www.sciencep.com

北京科印技术咨询服务公司 印刷
科学出版社发行　各地新华书店经销

*

2014 年 1 月第 一 版　开本：B5（720×1000）
2017 年 2 月第二次印刷　印张：16　插页：2
字数：323 000

定价：76.00 元
（如有印装质量问题，我社负责调换）

前　言

　　进入新的发展阶段，国际经济竞争格局日益呈现出全球化、创新、中国价值三大特征。在强大的信息、交通技术的支持下，全球化的深度和广度不断拓展。从市场全球化、生产全球化、资本全球化，到研发全球化、人才全球化，直至治理全球化。从现实来看，国际贸易额的增加、经济整合的深化、生产过程的进一步地域分化，使更为复杂的全球价值链得以形成。

　　在全球竞争与合作愈发紧密的背景下，发达国家、发展中国家都力图占据全球价值链的制高点，紧紧围绕绿色、智能等新兴产业发展，纷纷出台国家创新战略，大力推进技术创新，创造新的增长点，创新驱动经济增长逐渐成为各国经济、科技政策的核心内容。例如，美国强调要加强在科技领域的全面领导地位，让科学技术在应对国家发展问题中发挥主要作用，并且发布《创新战略：确保经济增长与繁荣》；欧盟大力推进《欧洲2020战略》，特别是创新型联盟旗舰计划；英国发布《以增长为目标的创新与研究战略》；俄罗斯发布《2020创新发展战略》；韩国提出要引领全球绿色技术创新；印度将未来十年确定为"创新十年"。

　　在全球创新热潮中，中国的创新实力显著跃升，引起世界关注。欧洲工商管理学院《全球创新指数2011》显示，中国是唯一进入创新指数前30名的发展中国家。英国皇家学会认为，如果各国既定的研发支出目标得以实现，即使美国仍保持其领先地位，中国也存在迎头赶上的可能。事实上，由于中国存在市场优势和人才优势，可以充分利用全球创新资源，依托本国规模性、多样性、增长性的市场，获得创新驱动发展的强大动力。

　　党的十八大描绘了全面建成小康社会、加快推进社会主义现代化的宏伟蓝图，发出向实现"两个一百年"奋斗目标进军的时代号召。根据十八大精神，中央又提出要实现中华民族伟大复兴的中国梦。这就对增强创新驱动发展新动力提出了新要求。

　　2013年3月5日下午，习近平总书记参加全国人大十二届一次会议上海代表团审议，他指出，我国经济已由较长时期的两位数增长进入个位数增长阶段。在这个阶段，要突破自身发展瓶颈、解决深层次矛盾和问题，根本出路就在于创新，关键要靠科技力量。要坚持自主创新、重点跨越、支撑发展、引领未来的方针，以全球视野谋划和推动创新，改善人才发展环境，努力实现优势领域、关键技术的重大突破，尽快形成一批带动产业发展的核心技术。要加快经济结构战略性调整，坚持三二一产业融合发展，整体提高先进制造业水平。

对于中国这样一个资源有限、人口众多的发展中国家来说，要实现可持续发展目标，靠传统劳动生产率下扩大生产和规模经济是不行的，必须靠提高资源的转化利用水平，以及增加新产品和新服务。因此，培育和发展新兴产业对中国的可持续发展具有特别重要的意义。这已经成为加快转变经济发展方式、实现经济转型升级的必然要求。

然而，本书对我国新兴产业发展速度最快、规模最大的江苏进行分析后发现，虽然近年来新兴产业在其经济总量中所占比例快速提高，产业结构明显调整，但是经济发展质量并未改善。2004～2011 年，江苏制造业收入增加值率从 26% 一路下滑至 21%。为什么新兴产业发展和产业结构调整未能带来经济发展质量的明显改善？本书提出，在经济全球化和产业国际分工的背景下，不同的国家或地区在培育和发展新兴产业中所处产业链的位置不同，培育和发展新兴产业的路径也不相同。对一个国家或地区而言，存在多种可能的新兴产业培育和发展路径，既有自主培育发展，也有引进发展。不同路径培育和发展新兴产业，需要的资源、环境和能力不同，应该营造的政策、制度和文化不同，对经济发展的促进作用也显著不同。

本书对自主培育发展新兴产业的路径和政策问题进行系统阐释。首先从产业的视角，细分新兴产业形成和发展的主要影响因素与模式；其次从国家或区域的视角，研判培育和发展新兴产业的典型路径；再次通过比较不同的新兴产业培育和发展路径，审视自主培育发展与新兴产业相比引进发展对科技创新资源、服务与环境，制度、政策与文化，以及企业创新动力和能力等的新要求；最后以理论研究成果为指引，分析我国当前新兴产业培育和发展的现状，提出未来我国新兴产业培育和发展的战略、任务与对策。全书共 8 章，可分为 4 个部分。

第 1 部分包括第 1 章和第 2 章，主要是概念界定和相关基础理论介绍。首先界定产业、新兴产业、战略性新兴产业，以及创新、技术创新和产业技术创新等概念，其次讨论技术进步的 S 形曲线、主导设计和技术标准、能力破坏型技术创新等的含义，最后分析产业生命周期不同阶段技术创新的内容和特点。

第 2 部分包括第 3 章和第 4 章，分别从产业的视角和地区的视角，研究新兴产业形成和发展的主要模式以及全球化背景下国家或地区培育和发展新兴产业的典型路径。一方面，从需求和科技进步两个方面分析新兴产业形成和发展的主要影响因素，提出新兴产业形成和发展的典型模式，并对各种模式的特点和差别进行比较。另一方面，考虑产业全球化及其国际分工的时代特点，提出一个国家或地区培育和发展新兴产业的具体路径以及归类形成的两种典型路径，即自主培育发展和引进发展，比较分析不同路径的特点以及在促进国家或地区经济发展作用上的差别。

第5章到第7章构成本书的第3部分。考虑到目前我国自主培育发展新兴产业的能力还不是很强，本部分以产业创新系统理论为基础，通过与引进发展相比较，重点研判对一个国家或地区而言，自主培育发展新兴产业对科技创新资源、服务与环境，制度、政策与文化等的新要求。第5章重点分析自主培育发展新兴产业对科技创新资源、服务和能力的要求；第6章诠释与自主培育发展新兴产业相适应的政策、制度和文化的特点与要求；考虑到自主培育发展新兴产业的核心基础是广大企业具有技术创新的强大动力和能力，调动企业技术创新积极性的核心是营造"创新友好环境"，第7章对企业"创新友好环境"的具体内容和途径进行细致的讨论。

最后一部分即第8章。以理论分析为基础，讨论我国新兴产业培育和发展的现状，通过典型案例剖析当前我国培育和发展新兴产业的主要障碍和问题，提出未来我国培育和发展新兴产业的指导思想和战略、重点任务和对策建议。

本书中相关问题的研究启示我们，目前国际上主流的关于新兴产业培育和发展、产业技术创新等方面的理论，主要是发达国家提出的。由于跟随创新的发展中国家所处的发展阶段和具备的发展条件与发达国家相比有很大的差距，利用国际上现有的理论往往很难说明其发展面临的主要问题，很难解释这些问题出现的原因，很难指出解决问题的方法和途径。目前，跟随创新的发展中国家应如何构建高水平的产业创新体系，突破发达国家构筑的技术壁垒，并突破其技术垄断，自主培育发展新兴产业，提升经济发展质量和效益，实际上都非常缺乏理论方面的指导。为此，迫切需要切实针对跟随创新的发展中国家的实际，开展高水平的、兼有学术价值和实践价值的理论研究。显然，这是需要长期不懈的艰苦努力才可能完成的任务，也是需要多方面的持续协同支持才能完成的任务。

本书的编写及相关研究工作的开展得到了科学技术部创新体系建设办公室项目"创新驱动战略性新兴产业发展的路径和政策研究"（2013CXB14）、国家软科学研究计划项目"我国新兴产业培育的主要障碍和对策研究"（2010GXS1D033）及"全球化条件下政府支持产业技术研发的模式研究"（2011GXS5K095）的支持；

科学技术部创新体系建设办公室、科学技术部办公厅调研室、科学技术部政策法规司和江苏省科技厅的有关领导对于本书相关问题的研究给予了许多具体指导和帮助；东南大学经济管理学院黄超博士、吴利华教授以及博士生王露参与了部分研究工作。在此，对各方面的大力支持和帮助表示衷心的感谢！

自主培育发展新兴产业是一个新的概念，相关的许多问题需要结合实际，充分考虑时代特征，持续开展研究。由于作者水平有限，不足之处在所难免，恳请读者指正。

目　　录

|第 1 章|　财富增长与新兴产业发展

人类社会的发展历史表明，财富增长与产业发展是同步推进的。产业发展又必然伴随着新兴产业的出现，培育和发展新兴产业是人类社会财富增长的重要源泉，是推进人类经济社会发展的主要动力。本章首先剖析财富增长与新兴产业发展的关系，研判培育和发展新兴产业的战略意义；其次讨论产业和产业生命周期等概念；最后给出新兴产业和战略性新兴产业的定义，为后续讨论奠定理论和概念基础。

1.1　财富增长与产业结构演进

1.1.1　财富增长途径

按照迈克尔·波特在《国家竞争优势》（波特，2002）一书中的描述：国家经济发展的根本目标是创造更多的财富，提高人民的生活水平。也即人类经济发展核心是将各种资源高效转化为产品和服务，满足人们日益增长的物质文化需求，并不断创造和积累财富，提升经济社会发展水平（图 1-1）。

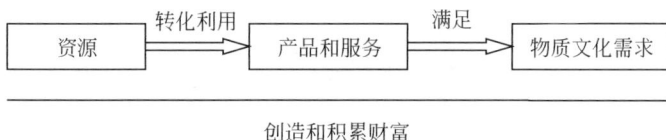

图 1-1　人类经济社会活动

一个国家的财富多少，主要取决于两个方面：一方面是所能利用的资源，另一方面是该国的生产率。生产率是生产部门的产出与投入之比，或者是单位生产要素（劳动、资本等）投入所能获得的报酬。生产率越高，资源的转化利用水平越高，人均国民收入也越高。生产率是经济持续增长的源泉，也是决定一个国家长期生活水平的关键。高生产率不仅会带来高收入，更多的休闲时间，还能增加政府税收，带动公共设施建设，提升人民的生活品质。

财富的主要衡量指标是国内生产总值（GNP），它由扣除了物质消耗以后的价值剩余之和构成，这种扣除了物质消耗的价值剩余被称为附加值。人类社会财富的增长是附加值的增长，增加附加值有两条基本途径：一是在社会总需求不断扩大的前提下，增加产品和服务总量，扩大社会的总生产规模和经济规模，提升附加值总量；二是提高资源的转化利用水平，减少资源消耗，增加单位产品价值中的附加值，提高一定资源消耗下能得到的附加值。前者实质上是通过规模扩大促进经济增长，后者是通过效益改善提升经济发展质量。

当前，不同国家的经济发展水平差距很大，表面原因为各自能利用的资源不同，更根本的原因在于他们将资源转化为产品和服务的能力和效率不同。资源转化利用能力和效率的不同，直接表现为产业结构的明显不同。一国经济发展和财富积累的过程，也是新兴产业不断出现、产业结构不断调整和演进的过程。

1.1.2 财富增长与产业结构演进和新兴产业发展

产业结构是国民经济中不同产业之间的比例关系（张耀辉，2002）。从不同的视角出发，可以形成不同的产业结构分类，常见的有国民经济中三次产业的比例关系，新兴产业、传统产业的比例关系，等等。人类社会的经济发展历史表明，经济发展过程也是产业结构演进的过程，推动产业结构调整和演进是促进经济发展与财富增长的有效途径。

产业结构演进是指经济发展过程中产业结构和内容的不断变化，也可以将这种变化归结为产业成长。产业结构演进始终存在，不可能停止，是经济发展的前提，没有产业结构的演进，就没有经济的发展。产业结构演进不仅能带动经济规模的扩大，而且会提高经济发展质量。

产业结构演进主要有以下几种表现方式。一是产业比例变化。这种情况不涉及产业的产生和消失，只是由于一些产业的规模减小，另一些产业的规模扩大，改变了产业间的比例关系。二是新兴产业出现。这是指诞生了从来没有的产业。实际上，新兴产业必然会出现，这是因为人的需求层次的不断上升要求出现新兴产业以满足新的需求。三是传统产业的萎缩甚至消失。四是分工导致产业内部分化。分工一方面使生产更加专业化，提高资源利用率和社会生产效率，另一方面促进产生新的产业，使产业结构发生改变。

因服务于人的需求层次的提升而发展新兴产业，对财富增长和社会发展具有特别重要的意义。一方面，发展新兴产业能够增加产品和服务的品种与数量，扩大经济规模，促进经济增长，增加人类财富。另一方面，新兴产业得以发展，实际上意味着相比传统产业，其资源的转化利用水平更高，一定资源下产生的附加值更大，只有这样才能把原材料、能源、资金、土地、劳动力等产业发展要素由传统产业吸引到新兴产业发展中来。这样，发展新兴产业还意味着能提升资源转化利用水平，增加一定资源消耗下可得到的附加值，改善经济发展质量。

总之，相比其他几种产业结构演进方式，发展新兴产业能够从规模和效益两个方面实现双轮驱动经济发展，是促进人类社会财富增长的最有效途径之一。

1.1.3 新兴产业发展的战略意义

新兴产业发展和财富增长的关系表明，发展新兴产业具有非常重要的意义。

1. 发展新兴产业是提升经济发展质量的主要途径

推动经济转型，提升经济发展质量，关键是要提高资源转化利用的水平，增加一定资源消耗带来的附加值。新兴产业的发展实际上意味着相比传统产业，其资源的转化利用水平更高，一定资源下产生的附加值更大，只有这样才能把原材料、能源、资金、土地、劳动力等产业发展要素吸引到新兴产业中来。这样，发展新兴产业是大幅提升经济发展质量和效益、推动经济转型升级特别重要和有效的途径。

2. 发展新兴产业是保持经济持续快速增长的强大动力

一般而言，相比新兴产业，传统产业市场需求增长缓慢，依靠发展传统产业实现经济的持续快速增长和创造积累财富是非常困难的。发展新兴产业不仅能够增加产品和服务的品种和数量，扩大经济规模，还能通过让传统产业为新兴产业提供配套创造新的需求，带动传统产业的改造和优化升级，使其重现活力。发展新兴产业为保持经济持续快速增长提供了强大的动力。

3. 发展新兴产业是改善民生的有效途径

市场需求是新兴产业发展的根本动力。随着人民群众收入的增加和消费水平的提高，对生活质量的要求越来越高。发展新兴产业有助于更好地满足人民群众日益增长的物质文化需求。例如，生物医药产业、可再生能源产业等都对提高人民生活水平、改善居住环境具有重要作用。同时，发展新兴产业还可拓宽就业渠道，增加就业，提高社会消费能力，推动人民生活水平的持续改善。据 IBM 公司和我国有关部门的联合分析，若我国在智能电网、宽带、智慧医疗上投资 1000 亿元，就能带动超过 150 万人的就业（中国科技发展战略研究小组，2011）。

1.2 产业与产业生命周期

1.2.1 产业的概念

"产业"是介于微观经济组织和宏观经济组织（国民经济）之间的"集合概念"。它既是具有某种同类属性的企业经济活动的集合，又是国民经济以某一标准划分的部门（苏东水，2000）。它既不是某一家企业的某些经济活动或所有活动，也不是指部分企业的某些或所有经济活动，而是指具有某种同一属性的企业经济活动的总和。一个产业可以由多个企业甚至一两个企业的同类经济活动组成；一个企业往往不只是从事某项单一经济活动，也可能从事多种类型的经济活动，即从事多产业（跨行业）经营。

依据国际上通行的惯例，把产业的范围界定为国民经济的各行各业，大至部门，小至行业，从生产到流通、服务，以至文化、教育等，总之，它涵盖了国民经济各行各业的活动。

1.2.2 产业的分类

目前，产业经济学界对产业集合和划分在运用时强调两个特征（刘志彪和安同良，2009）：第一，基于分析目的的不同，对产业的集合和划分形成了粗细不同的层次和划分方法，不同的划分方法当然会形成不同的结果；第二，产业的集合与划分立足于现实的可用性。因此，不同的产业分析可以采用不同的产业分类方法，并且通常难以保持产业划分和集合的前后一致性。因为在实际应用中，固守理论规范的严密性，硬要保持前后一致性，可能使分析无法进行。

目前，常见的产业划分方法有以下几种。一是以同一商品市场为单位划分的产业，把所有生产同类商品或提供同种服务的企业称为某种产业，如把所有生产组装计算机的企业集合归并为计算机产业。二是以技术、工艺的相似性为依据划分的产业，如水力发电与火力发电两种活动，虽然在提供的产出方面具有同质性，但相互间在技术及工艺上的差别很大，以此为标准可以分别表示这两种产业活动。三是以使用生产要素的特征划分的产业，如技术密集产业、资本密集产业、劳动密集产业的划分具有这一特征。四是按所处不同发展阶段划分产业，如幼稚产业、新兴产业、朝阳产业、成熟期产业、夕阳产业、衰退产业、淘汰产业等。

1.2.3 产业生命周期

产业生命周期是一个产业从形成、产生到衰退的完整过程，或者说一个产业在国民经济中所存在的延续过程。划分产业生命周期的不同阶段，主要是按照该产业在全部产业中所占比重的大小及其增长速度的变化而进行的。产业生命周期要经历产业形成期、产业成长期、产业成熟期和产业衰退期等阶段（图1-2）。

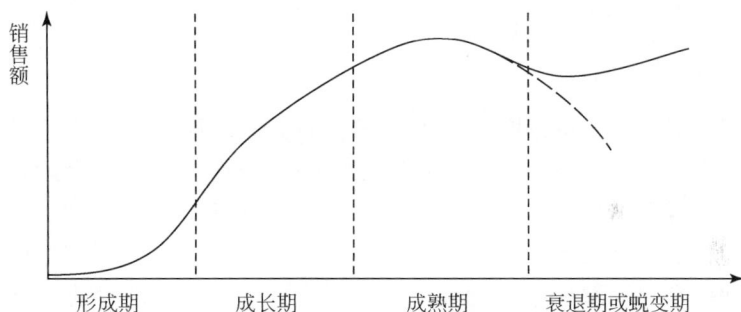

图1-2 产业生命周期图

1. 产业形成期

产业形成是一个产业在一定的母体环境中经过不断发育而逐步形成的过程，是指某些生产或社会活动不断发育，逐步形成进而构成一个产业的基本要素的过程，也是某类新产品被推向市场并逐渐被市场认可，转化为现实需求形成产业的过程。在产业形成期，一般而言，企业数量少，集中程度高；技术不成熟，产品品种单一，质量较差且不稳定；市场规模较小，需求增长缓慢，需求的价格弹性也很小；产业利润微薄甚至全产业亏损；进入壁垒低，竞争程度较弱，产品定价各自为政。这样，产业形成期的增长速度比较慢，曲线的斜率变化不大，平缓上升，这一时期该产业的贡献在整个国民经济中所占的比重还很小。

2. 产业成长期

产业成长是指产业从小到大、由弱到强的过程。随着产业技术的不断改进和完善，产品开始有了统一的标准，呈现多样化、差别化，质量提高且稳定；需求快速扩大，产业利润迅速增长且利润率较高；进入壁垒低，内部竞争压力大，以价格竞争为主要方式。同时，产业质量体系基本建立，消费者对产品已经基本接受，市场不确定因素减少，产业投资风险显著降低，受少数在位企业获取巨额市场利润的诱惑，大量投资者开始进入该产业进行投资，产业规模快速扩大，在整个国民经济中的比重迅速增加。再有，处于成长期的产业，生产的各环节分工协作体系已经建成，在竞争性产业中出现了相互协作、相互补充、配套生产的企业群体。

总之，处于成长期的产业的一个主要特征是该产业的发展速度大大超过了国民经济的发展速度，并且其技术进步迅猛而且日趋成熟，市场需求容量也迅速扩张。在生命周期曲线上表现为斜率较大，上升较快。

3. 产业成熟期

产业经过成长期的迅速增长，其产出的市场容量和产业规模会渐趋于饱和与稳定，发展速度必将放慢，这就意味着该产业从成长期步入了成熟期。这时，生命周期曲线表现为斜率很小，趋势平缓。与产业发展其他阶段相比，产业在成熟期对国民经济的贡献最大。一般而言，产业成熟首先表现为技术上的成熟，意味着这一产业多数厂商普遍采用的是适用的、至少有一定先进性的、稳定性的技术，少数技术水平落后、技术创新乏力的企业将逐步退出。其次表现为产品的成熟，产品的成熟是产业成熟的主要标志，产品的基本性能、式样、功能、规模、结构等趋向成熟，且已被消费者接受。再次是生产工艺的成熟，生产过程已经基本定型，标准化程度很高，产品差异很小。还有，产业竞争上的规范和成熟，产业集中程度高，出现了一定程度的垄断，产业的利润达到很高水平，进入壁垒高，主要表现为规模壁垒，竞争手段转向非价格手段。最后是产业组织上的成熟，意味着产业内的企业间建立起了良好的分工协作关系，市场竞争是有效的，市场运作规则合理，运作水平较高，产业内市场结构较为合理。产业开始出现生产力过剩，市场中厂商数量也相对稳定下来，集中度提高。多数厂商为了稳定自己的目标市场，不断采取改进外观设计、注册不同品牌、加强售后服务等措施增强竞争力。

4. 产业衰退期

当市场上推出了可替代此产业的新兴产业时，该产业对整个国民经济的贡献率就会下降，增长速度开始变为负数，产业发展进入衰退期。这时的生命周期曲线呈现不断下降的趋势，并且其斜率一般也为负数。同时，由于技术老化、产品老化和产业创新能力萎缩、市场萎缩等，市场需求开始减少，价格下跌，销售额下降，利润降低，新产品和替代品大量出现，原有产业的竞争力下降。产品和生产能力大量过剩，厂家纷纷从产业中退出转向其他产业，这就导致产业的衰退。

产业衰退就其表现来说，有相对衰退和绝对衰退两种情况。绝对衰退是指因产业本身内在衰退规律起作用而发生的规模衰退、产品老化或退化、功能减退。这种情况下，产业的物质实体在缩减。相对衰退指的是产业由结构性原因或无形原因引起的产业地位发生衰退，这种情况下并没有发生物质实体上的萎缩。例如，铁路产业的衰退可能就是因为高速公路发展较快导致的相对衰退；电影业的衰退可能起源于电视业的兴起。

关于产业生命周期理论，有几点说明：

一是产业生命周期理论只适合解释部分产业的发展规律，还有一些产业不能完全用生命周期理论解释。例如，有些产业有早熟现象，有些有加速创新和蜕变现象等。

二是产业生命周期具有明显的"衰而不亡"的特征。一个产业进入衰退期，意味着该产业在整个产业系统中的比重不断下降。但世界各国产业结构演进的历史几乎都能表明，相当一部分进入衰退期的产业占整个产业的比重不会趋于零，表现出"衰而不亡"的特征。其主要原因是，随着新兴产业的不断形成和发展，原有产业的比重必然会下降，但对该产业产品的市场需求不会完全消失。因此，真正"死亡"或"消失"的产业并不多见。

三是产业生命周期曲线往往会发生突变，或实现"蜕变"，甚至"起死回生"进入下一个发展周期。有些产业虽已进入了衰退期，但由于技术进步或市场需求变化等原因，往往会重新焕发"青春"，再次显示出成长期甚至成熟期的一些特征。因此，有经济学家认为，只有"夕阳技术"没有"夕阳产业"。

1.3 新兴产业的概念和特点

1.3.1 新兴产业的概念

1. 已有的关于新兴产业的定义

培育新兴产业是一个普遍的现象。但是，学术界对新兴产业发展相关问题的研究历史还非常短暂，关于新兴产业的概念也未达成一致。

迈克尔·波特在《竞争战略》（波特，1997）一书中，将新兴产业界定为新建立的或是重新塑型的产业。他还指出，新兴产业的出现，可能来源于科技创新、新的需求、相对成本结构的改变等多个方面，或是社会和经济发展变化使得某项新产品或新服务具备开创新产业的机会。

苏东水（2000）从技术创新角度将新兴产业定义为以技术层次尚在萌芽阶段，未来具有竞争力、前瞻性以及市场性的先进技术为基础而衍生出来的产业群聚。他认为，新兴产业是相对于传统产业而言的，新兴产业的发展主要受到科学技术水平的影响，与区域的技术创新水平及产业结构有着密切的联系。

周新生（2000）从产业经济学角度对新兴产业进行定义。他认为，新兴产业是指承担新的社会生产分工职能，具有一定规模和影响力，代表着市场对产业结构作为一个经济系统整体产出的新要求和产业结构转换的新方向，同时也代表着新科学技术产业化的新水平，正处于产业生命周期中形成期的产业。

程巍和郎丽（2006）从新兴产业的形成因素着手，指出新兴产业是指技术创新、新的消费需求的推动或其他经济技术因素的变化使某种新产品或者新服务成为一种现实的发展机会，从而新形成或者重新形成的产业。

柯俊杰（2006）从产业生命周期的角度，通过三种不同的角度定义了新兴产业。他认为，新兴产业是处于其生命周期的萌芽阶段与成长阶段的产业。从技术与创新的角度来看，它既可能由全新的发明产生，又可能因技术、产品或服务上的改进与创新产生，是供给推动型新产业；从市场的角度看，新兴产业是由新的消费需求或社会的改变促成的，是需求拉动型新产业；从国际产业分工与产业转移的角度看，新兴产业往往是经济先行者的产业通过分工的形式转移给经济后进者所形成的。

黄南（2008）认为，新兴产业有狭义和广义之分，狭义的新兴产业，主要是指依靠第三次科技革命而发展起来的高新技术产业；广义的新兴产业，是指那些利用先进科技成果而建立起来的一系列对经济发展具有战略意义的产业。特别地，他认为新兴产业处于产业生命周期中的成长期。

赵刚（2010）认为，新兴产业代表未来产业发展的方向，在促进经济增长中发挥着关键作用。他通过列举，将新兴产业界定为伴随信息、新能源、生物、医疗、环保、海洋和空间等新技术的发展而产生的一系列新兴的产业部门。

2. 已有的新兴产业定义的比较

分析已有的关于新兴产业的定义可以发现，它们有相似之处，主要体现在基本分析单元都是产业，而且产业发展处于形成期和成长期，预计这些产业未来有很好的发展前景和空间，甚至能发挥带头作用，成为主导产业。然而，不同的新兴产业的定义差别也很大，主要体现在以下两个方面。

一方面，体现在对"新兴"的界定上。波特认为"新兴"是新建立的或是重新塑型的；苏东水认为"新兴"是其技术层次尚在萌芽阶段，特指技术是新的；周新生认为"新兴"既代表经济系统整体产出的新要求和产业结构转换的新方向，也代表新科学技术产业化的新水平；程巍认为"新兴"代表新的发展机会；黄南认为狭义的"新兴"产业是指高新技术产业，广义的"新兴"产业是指利用先进科技成果建立起来的产业，实际上这两者中的"新兴"都强调技术的新颖性；赵刚认为"新兴"代表产业发展方向，强调发展方向是新的。

另一方面，关于新兴产业产生的源泉，不同的定义也给出了不同的答案。波特认为，新兴产业的出现主要源于科技创新、新的顾客需求、相对成本结构的改变等；苏东水认为，新兴产业发展主要受科学技术的影响；周新生强调新兴产业的发展是社会分工的结果；程巍强调新兴产业的发展或者是由技术创新的结果，或者是由新的消费需求拉动的结果；柯俊杰则强调新兴产业或者是技术推动产生，再或者是由市场需求拉动产生，再或者是由产业转移进入经济后进地区形成的；赵刚和黄南都认为，新兴产业是新技术的发明和运用催生的。

总之，目前几种典型的关于新兴产业的定义存在共性的方面，但是从总体上看还是存在比较大的差别。关于"新兴"的界定，往往分别强调新技术、新产业发展方向和新发展机会；关于新兴产业产生的源泉，涉及技术推动、市场需求拉动、社会分工和产业转移等。

3. 新兴产业的定义

综合上述关于新兴产业的定义，结合研究的特点和需要，本书定义新兴产业是新建立的或是对已有产业重新塑型的产业，当前处于形成或成长阶段，未来具有很好的发展前景和空间。新兴产业可能是由新的需求拉动产生的，也可能是新技术的发明和运用催生的。

对上述定义有如下几点说明：

（1）新兴产业有两种基本形态，一种是过去没有出现过的全新的产业。例如，计算机技术发明后引发的计算机硬件产业和软件产业的发展。另一种是以"创造性毁灭"为特征，导致已有产业依托的核心技术发生根本性变化，产业形态发生根本性转变，由此出现的新兴产业。例如，印刷业是已有的产业，传统的印刷业基于"铅与火"，新的印刷业基于"光和电"，形成了全新的印刷业，即新兴产业。

（2）从产业所处发展阶段看，新兴产业应处于形成或成长阶段，远没有进入成熟期，当前的市场规模一般不太大，但是未来发展前景很好，发展空间很大，有些甚至会发展成为未来的主导产业。

（3）新兴产业的产生有多种原因，既可能是需求拉动产生的，又可能是新技术的发明和运用催生的，也可能是前述两种因素综合作用的结果。

（4）新兴产业应是指在世界范围内是新兴的。通过产业转移，把一个国家的成熟产业转移到另一个国家，对引进产业的国家而言，这些产业可能是新的，但是从世界范围来看，这些产业已经进入相对成熟期，没有很明显的成长空间，不应属于新兴产业的范畴。

（5）新兴产业是一个相对的、动态的概念，今天的新兴产业未来发展进入成熟阶段后就不再是新兴产业，因此要辩证地看待新兴产业。同时，判断哪些产业是新兴产业，应重点关注这些产业是否是全新的或是已有产业的重新塑型？是否处于形成和成长阶段？未来的发展空间是否很大？如果这几个方面的条件都能满足，就应属于新兴产业。

专栏1-1　部分发达国家选择的重点发展的新兴产业

美国：清洁能源、生物工程、新能源汽车、新一代信息通信、纳米技术等产业。

英国：生物产业、先进制造业等。

日本：能源与环境、健康产业。

韩国：能源与环境、新一代运输装备、新兴信息技术产业、生物产业、产业融合、知识服务产业。

1.3.2　新兴产业的特点

1. 创新性

新兴产业是新建立的产业，或者是对已有产业运用新技术重新塑型后的产业。新兴产业的形成，要么是创造出了新的产品，要么是对原有的产品采用全新的技术实现已有的和新的功能。显然，新兴产业的形成应是技术创新的结果，是随着新技术的发明和运用而出现的新的部门和行业。同时，由于新兴产业处于形成期或成长期，产品和生产工艺的性能和各种技术参数远没有定型，主导产品可能还没有完全形成，技术标准可能还没有确定，新兴产业中的企业要在产业发展中获得显著的竞争优势，掌控产业发展的主导权，必须大力开展技术创新活动，抢占技术制高点。可见，新兴产业具有创新性，这种创新性不仅体现在其形成是技术创新的结果，而且企业要在新兴产业发展中赢得竞争优势，必须加强技术创新。

2. 高风险性

新兴产业发展存在多方面的风险。一是技术风险。新兴产业中通常存在很高程度的技术不确定性。什么产品构造将被证明是最好的，何种生产技术将是最有效的，都具有高度的不确定性和风险性。例如，在高清电视技术发展路径上，日本选择了模拟技术，美国虽然起步较晚但选择了数字技术。实践证明，美国的选择更符合市场的需求，而日本在模拟高清电视上20多年的投资没有发挥作用。同时，技术风险还存在于对关键技术无法突破、相关实验基地和设备缺乏、不同环节使用的多种技术之间很难配套等方面。二是市场风险。由于新兴产业的市场需求还不明确，市场范围有限，认同度不高，产量较低，还没有形成独立的生产体系，产品成本和价格都较高，市场盈利不稳定。三是融资风险。由于新兴产业存在比较高的技术和市场风险，投资者投资新兴产业都持非常谨慎的态度，一定程度上限制了投资者进入新兴产业。新兴产业发展过程中，相当比例的创新都会不同程度地遇到资金不足甚至资金链断裂等问题，融资渠道不畅导致创新流产的情况时有发生。四是配套能力不足的风险。任何产业的发展都需要原材料和零部件、生产设备、销售渠道等的配套，新兴产业发展常面临服务设施不配套、互补产品不齐全等问题，形成配套能力不足的风险。五是政策风险。政策风险既可以表现为新兴产业发展所需的政策支持不足，也可以表现为政策干预过度。总之，新兴产业发展一般都会面临技术、市场、融资、配套和政策等多种风险，风险性非常强。

3. 高成长性

新兴产业一般处于产业生命周期的形成期或成长期，其创造的新产品有较大的潜在市场需求，具有很大的成长和发展空间，能达到很高的增长率和发展速度。新兴产业的高成长性也使产业内的企业有机会快速发展，在一定的时期内能快速扩大市场和生产规模，带动盈利水平快速提升。新兴产业内的企业也具有高成长性。

4. 以中小企业为主

新兴产业处于产业生命周期中的形成期或成长期，还直接决定其产业内以中小企业为主，而且处于形成期的新兴产业更是以中小企业为主。这是因为新兴产业发展的基础或者是开发全新的产品，或者是实现对已有产品的重新塑型，这往往是突破性新技术发明和运用的结果或先进技术突破性新运用的结果。新兴产业发展一般与突破性创新紧密相连。然而，已在行业内具有一定的竞争力、形成一定规模的企业，往往重视的是已有产品和生产工艺技术的改进，关注的是局部性改进的渐进性创新。而且这些企业开展渐进性创新能方便地监控质量、速度和成本等各种指标，使其运行状况更接近最佳状态。因此，具有一定规模的企业往往更专注于现有的顾客、产品和技术。新一代技术和产品出现的信号通常非常微弱，一般是从现有市场的边缘产生或者来自一个新的顾客群，与现有产品有完全不同的性价比和价格预期，具有创造需求的潜力。这些特点导致产业中原有的大多数企业几乎都难以识别突破性技术创新带来的机会，往往是新技术、新产品的发明者和创造者要通过创新创业实现新产品的市场化和产业化，带动新兴产业的形成和发展。

5. 对政策的高度依赖性

与成熟产业不同，新兴产业的培育和发展与产业政策密切相关。犹如尚在襁褓中的婴儿对外部环境要求较高一样，新兴产业的培育和发展面临着市场的不确定和技术的不成熟等诸多问题。同时，产业中以中小企业为主，自身的生存和发展能力比较弱，又没有一定的政策保护，主要依靠产业内企业自身的能力去克服发展中面临的种种障碍是非常困难的。

6. 对科技创新能力和人才的高要求性

新兴产业的形成和发展，往往需要研发技术含量较高的新产品、运用现代化的仪器设备、开发高技术集成度的生产技术，如此等等，这些都需要很强的科技创新能力和优质的科技创新成果的支撑，需要高素质科技创新人才的支持。因此，新兴产业发展对科技创新能力和人才素质均有很高的要求。

1.3.3 新兴产业与战略性新兴产业

当前，除新兴产业概念外，学术界和政府部门还广泛运用战略性新兴产业的概念，高度重视战略性新兴产业的培育和发展。2009 年 11 月温家宝总理发表的题为"让科技引领中国可持续发展"的讲话中明确提出：战略性新兴产业必须掌握关键核心技术，具有市场需求前景，具备资源能耗低、带动系数大、就业机会多、综合效益好的特征。

2010 年 2 月，国务院总理温家宝在中央举办的省部级主要领导干部"深入贯彻落实科学发展观、加快经济发展方式转变"专题研讨班上的讲话中指出：战略性新兴产业是新兴科技和新兴产业的深度融合，既代表着科技创新的方向，又代表着产业发展的方向，完全可以推动新一轮产业革命。要把新能源、新材料、节能环保、生物医药、高性能宽带信息网等作为重点，选择其中若干重点领域（如新能源汽车、三网融合等）作为突破口，科学制订发展规划，重点增加研发投入，集中力量，加强攻关，力争在较短时间内见到成效，使战略性新兴产业尽快成为国民经济的先导产业和支柱产业。

综合上述一系列的论述，可以认为战略性新兴产业是新兴产业中最重要的组成部分，除具有新兴产业的基本特点外，还具有以下几个特点。

第一，国家战略必争性。战略性新兴产业应是国家层面的，它关系到综合国力、经济竞争力、科技实力和国家安全，是国家战略必争的产业。国家战略需求涉及国家安全需求、政治需求、经济需求、科技文化需求、环境资源需求等，对于一个国家的生存和发展具有战略意义。当然，不同历史时期国家战略需求的侧重点可能会不同。例如，在国家安全受到威胁时，会更侧重国家安全需求，在国家安全需求得到保障的时候，又会更侧重国家经济和社会需求。因此，战略性新兴产业必须是能够有效满足国家在生存发展过程中形成的战略需求的产业。

第二，突破性。战略性新兴产业是利用重大突破性的科技成果建立起来的对经济发展具有重要战略意义的产业。战略性新兴产业的发展有可能会引发新的产业革命。正如熊彼特（1990）所阐述的那样，企业家的创新冲动导致要素失衡、经济陷入萧条的同时，也唯有新的创新浪潮才能实现要素的再一次重组并实现经济发展新的均衡。全球经济发展历史中无数次的经验表明，受益于科技创新力量的推动，一批又一批新兴产业总能在战胜重大经济危机的过程中孕育和成长，并以其特有的生命力成为新的经济增长点，成为摆脱经济危机的主要力量，并在危机过后，推动经济实现新的突破，进入新一轮繁荣。

第三，先导性。首先，先导性体现在战略性新兴产业的强大带动性上。在其发展过程中可以通过较强的产业关联以及溢出效应带动其他产业的发展，对国家的经济总量和质量的提升起到决定性的作用。其次，先导性体现在战略性新兴产业能演变为主导产业和支柱产业。最后，先导性体现在战略性新兴产业的发展上，能最终改变产业部门的结构和整个国民经济的产业结构，带动经济发展速度和质量实现跨越式提升。

总之，战略性新兴产业是新兴产业中的一部分，具有国家战略必争性、突破性和先导性等重要特征。

1.4　本章小结

国家经济发展的根本目标是创造更多的财富，提高人民的生活水平。一个国家的财富多少，主要取决于两个方面：一方面是所能利用的资源；另一方面是该国的生产率。人类社会财富的增长有两种基本途径：一是在社会总需求不断扩大的前提下，增加产品和服务总量，扩大社会的总生产规模和经济规模；二是提高资源的转化利用水平，减少资源消耗，提高一定资源消耗下能得到的附加值。

人类社会的经济发展历史表明，经济发展过程也是产业结构演进的过程，推动产业结构调整和演进是促进经济发展与财富增长的有效途径。产业结构演进主要有这样几种表现：一是产业比例变化，二是新兴产业出现，三是传统产业的萎缩甚至消失，四是分工导致产业内部分化。

发展新兴产业对财富增长具有特别重要的意义。一方面，发展新兴产业能够增加产品和服务的品种与数量，扩大经济规模，促进经济增长，增加人类财富。另一方面，新兴产业得以发展，意味着相比传统产业，其资源的转化利用水平更高，一定资源下产生的附加值更大，只有这样才能把原材料、能源、资金、土地、劳动力等产业发展要素由传统产业吸引到新兴产业中来。这样，发展新兴产业还意味着能提升资源转化利用水平，改善经济发展状况。因此，发展新兴产业是提高经济发展质量的主要途径，是保持经济持续快速增长的强大动力，更是改善民生的有效途径。

"产业"是介于微观经济组织和宏观经济组织（国民经济）之间的"集合概念"。它既是具有某种同类属性的企业经济活动的集合，又是国民经济以某一标准划分的部门。产业生命周期是一个产业从形成、产生到衰退的完整过程，或者说是一个产业在国民经济中所延续的过程。产业生命周期要经历形成期、成长期、成熟期和衰退期等阶段。

新兴产业是新建立的或是对已有产业重新塑型的产业，当前处于形成或成长阶段，未来具有很好的发展前景和空间。新兴产业的形成可能是新的需求拉动产生的，也可能是新技术的发明和运用催生的。

新兴产业有两种基本形态，一种是过去没有新出现的全新的产业；另一种是以"创造性毁灭"为特征，导致已有产业依托的核心技术发生根本性变化，产业形态发生根本性转变，由此出现的新兴产业。从产业所处的发展阶段看，新兴产业应处于形成或成长阶段，远没有进入成熟期，当前的市场规模一般不太大，但是未来发展前景很好，发展空间很大，有些甚至会发展成为未来的主导产业。

战略性新兴产业是新兴产业中的一部分，具有国家战略必争性、突破性和先导性等重要特征。

第 2 章 | 产业发展与技术创新

新兴产业的特点表明，培育和发展新兴产业的核心基础是技术创新。研究新兴产业的培育和发展，首先要分析产业发展与技术创新之间的关系。此分析可以从两个不同的视角进行：一是分析不同产业的技术创新程度和技术含量上的差异，由此分类形成了高技术产业、中低技术产业等不同的产业类型；二是分析产业发展不同阶段中，技术创新与产业发展之间的关系。

本章主要是基于产业生命周期模型，分析产业发展不同阶段技术创新的特点。首先界定创新、技术创新和产业技术创新等概念；其次介绍产业发展与技术创新之间关系的相关理论，包括产业技术进步的 S 形曲线、主导设计和技术标准以及能力破坏型技术创新；最后详细分析产业发展不同阶段技术创新的特点和作用。

2.1 创新、技术创新和产业技术创新的概念

2.1.1 创新的概念

创新的概念是由美国经济学家熊彼特（J. A. Schumpeter）在 1912 年出版的《经济发展理论》一书中首先提出的。熊彼特提出的创新是指把生产要素的新组合引入经济中，即建立一种新的生产函数。他提出了五种类型的创新：①开发一种新的产品；②采用一种新的生产方法；③开辟一个新的市场；④控制原材料或半制成品的供应来源；⑤实现工业的新组织。

熊彼特关于创新的定义，实际上界定创新是一种以创新为手段、以促进经济发展为目标的经济活动，其创新包含产品创新、工艺创新、服务创新、市场创新、渠道创新、组织创新等。或者进一步归类，至少包含技术创新、市场创新、管理创新等。其中，技术创新是各种类型的创新中非常重要的一种，是我国自主创新战略实施中的核心任务。

当前，国际上科学技术的快速发展不仅极大地支撑引领着经济的发展，而且显著促进着社会的进步，成为提升国防安全、公共基础设施建设、环境保护、公共卫生等领域的公共服务水平的基本途径。显然，创新的概念不仅存在于经济发展方面，而且已经拓展到社会发展领域。当前的各类创新活动，包括科技创新活动，既有以加速经济发展为目的具有经济性质的活动，也有以促进社会进步为指向的具有社会性质的活动。这样，创新的概念形成了"广义"和"狭义"之分，传统的熊彼特对创新的概念界定是狭义的，强调创新是一种经济活动。广义的"创新"既包括经济活动，也包括社会活动，其定义为通过开发新产品（包括公共产品和私人产品）、提供新服务、采用新的生产工艺技术、创造新需求（包含公共需求和私人需求）、实现新的组织和制度等多种途径，支撑引领经济发展，促进社会进步。

2.1.2　技术创新的概念

自熊彼特于 20 世纪初提出创新概念和理论以来，对以促进经济发展为目标的技术创新研究，经历了 20 世纪 60 年代之前的开创研究、20 世纪 70 年代至 80 年代初的系统研究和 20 世纪 80 年代至今的综合研究等几个阶段。在这一过程中，学术界对技术创新概念进行了反复讨论，形成了多种不同的定义。分析各种定义的差别，主要集中在三个问题上。首先是技术创新涵盖的范围问题。狭义的定义仅限于与产品直接相关的技术变动，广义的则包括产品和工艺，甚至把非技术性的创新也包括在技术创新的范围内，如组织创新、制度创新等。其次是关于技术变动的强度问题。有人认为，只有技术的根本性变化才是创新，有人主张创新既应包括技术的根本性变化，又应包括技术的渐进性变化。最后，是关于创新的新颖程度问题。有人主张技术创新只限于"首次"，有人则主张包括创新的扩散性应用，即认为只要是在某一区域内是新的就应算是创新。虽然目前对技术创新的定义多种多样，但各种观点基本都认同，技术创新是科技和经济相结合的活动，是以技术为手段、以产生经济效益为目的的经济活动，衡量技术创新成功与否的核心指标是产生的经济效益。

为此，本书定义技术创新是指在根据新的市场需求和/或新的技术机会产生技术新构想之后，经过应用研究、试验开发或技术集成与组合，开发新产品和新工艺并实际应用和商业化，产生经济效益的所有活动构成的有机过程。具体而言，技术的新构想是指产品和工艺等方面的新构想，构想可能来源于科学发现、技术发明、新技术的应用，也可能来源于市场需求；应用研究、试验开发或技术集成和组合是实现技术新构想的基本途径；实际应用是指形成新产品或新工艺，或对产品、工艺的改进；经济效益是指近期或未来的利润、市场占有率等。商业化是指全部活动出于商业目的；全过程则指从新构想产生到获得实际应用的全部过程，这一过程如果终止于新设想或研究开发，则不能称为技术创新。

对技术创新概念的理解，需要注意以下几个方面：

（1）技术创新是基于技术的活动。技术创新与非技术创新的区别在于基本手段不同。在企业经营活动中，不仅有技术创新，还有组织创新、管理创新和制度创新等，它们都可能产生商业价值，带来经济效益。但为避免混淆，在概念上应将其涵盖的范围加以限定，将技术创新与非技术创新区别开来。当然，概念上区别并不意味着技术创新不涉及管理、组织、制度的创新，实践中技术创新往往伴随着相应的组织、管理甚至制度的创新。

（2）技术创新所依据的技术变动允许有较大弹性。在技术创新的定义中未强调技术突破（根本性变动），允许将技术的增量性变动包括在技术创新的概念之中，也即不仅包括形成新产品和新工艺，也包括对老产品和老工艺的改进。在实现方式上，可以是在研究开发获得新知识和新技术基础上实现的技术创新，也可以是将已有技术进行新组合，在不产生新知识和新技术的基础上进行的技术创新。

（3）技术创新是技术与经济相结合的概念。技术创新不是纯技术活动，是以满足市场需求为核心的经济活动，是以技术为手段实现经济目的的活动。因此，技术创新的关键在于商业化，检验技术创新成功与否的基本标准是产生的经济效益。

2.1.3 产业技术创新的概念

产业技术创新是指基于某个产业的技术创新。长期以来，学术界和产业界更多关注技术创新活动中企业的个体行为，对企业间的相互关系尤其是产业的整体技术创新行为关注得相对较少。

根据创新对象的不同，技术创新可分为国家、区域、产业和企业等不同层次的技术创新。产业技术创新是中观层面的技术创新。从相互之间的关系来看，产业技术创新是企业技术创新的最终归属，国家技术创新主要体现在产业技术创新上，因此，产业技术创新是从企业技术创新到国家技术创新的桥梁（罗积争和吴解生，2005）。

关于产业技术创新的概念，目前学术界给出的定义不多。少数几个学者从不同的视角进行了不同的界定。庄卫民（2005）对产业技术创新的定义是：产业技术创新是以市场为导向，以企业技术创新为基础，以提高产业竞争力为目标，以技术创新在企业与企业、产业与产业之间的扩散为重点过程的，从新产品或新工艺设想的产生，经过技术的开发（或引进、消化吸收）、生产、商业化，到产业化整个过程的一系列活动的总和。

刘婧姝（2007）认为，产业技术创新应该包括两个层次。第一个层次是产业内企业技术创新的过程，即新产品或者新工艺从研究开发到市场实现的过程，其中包括企业决策、研究开发、中间试验、产品商业化生产以及产品销售等环节。第二个层次是产业组织层面的技术创新，是企业技术创新以后，将技术创新成果转化为整个产业技术创新成果的过程，这个过程可以通过两种途径实现，或者由单个技术领先企业通过技术扩散进而实现产业内的共同创新，或者由几个大型企业主动联手，根据市场需求开展有针对性的研发活动，最终实现整个产业技术水平的提升，形成产业的竞争优势，提高产业竞争力。

综合已有的定义，本书界定产业技术创新是以产业的市场需求为导向，以产业内相关主要企业的技术创新为基础，以提高产业技术创新能力和竞争力为目的，充分运用新的市场需求和/或新的技术机会产生技术新构想，经过应用研究、试验开发或技术集成与组合等阶段，开发新产品和新工艺并实际应用和商业化，产生经济效益的所有活动构成的过程。

关于产业技术创新的定义，有如下几点说明：

（1）产业技术创新机会既可能来自新的需求，也可能来自新的技术发明，但是产业技术创新的核心指向是更好地满足市场需求，产生经济效益，增强产业的核心竞争力。

（2）由于产业内往往涉及原材料和零部件供应商、产品制造商和生产设备提供商等多种类型的企业，产业技术创新往往需要产品创新、配套零部件创新以及生产工艺技术和设备等多方面的协同创新，所以产业技术创新必须以产业内主要企业的技术创新为基础，不是单个企业技术创新的概念。

（3）一个国家某个产业的技术创新能力的强弱不是由其产业内个别企业的技术创新能力决定的，而是由原材料和零部件供应商、产品制造商和生产设备提供商等一系列相关企业的创新能力综合决定的。产业内某个或某些企业技术创新能力很强，而其他相关企业技术创新能力比较弱，导致部分技术必须依赖于其他国家的企业，即该国在该产业的技术创新能力方面存在短板，会直接影响产业的技术创新能力和国际竞争力。

（4）产业技术创新不是孤立存在的，往往还与其他产业发生直接联系。例如，环保产业技术创新，往往与冶金、化工、机械、电子等产业的技术创新相互依赖、相互影响、相互制约。

（5）产业技术创新具有高度的综合性。其综合性主要表现在两个方面。一方面，产业技术创新是新旧技术的整合过程。为实现产业技术创新的目标，往往要实现各种有用的新旧技术重新整合运用，使产业技术的整体功能得到增强或升级。另一方面，产业技术创新往往需要各种创新路径，如引进创新、模仿创新、集成创新等。

（6）产业技术往往会经历从个性到共性再到个性的发展过程。在产业发展的形成期，产业技术类型多样，有些产业技术类型甚至连基础性技术都完全不同。随着产业的主导产品和技术标准的出现，形成了产业的共性技术，在产业快速成长阶段，产业内企业间的技术差异比较小。随着产业发展进入成熟期，企业间的竞争越来越激烈，各企业又会根据自己的技术状况和市场定位，在共性技术的基础上开发具有个性特色的技术和产品。产业技术往往会经历从个性到共性再到个性的发展过程。

总之，产业技术创新与企业技术创新既有紧密的联系，又存在较大的差别，关系比较复杂。

2.2　产业技术创新的相关理论

系统分析产业发展与技术创新之间的关系，需要对相关的基础理论有一定的了解。现分别介绍产业技术进步的 S 形曲线、主导设计和技术标准以及能力破坏型技术创新等内容。

2.2.1　产业技术进步的 S 形曲线

虽然一项新技术的发明最初常表现为一个随机的过程，但是技术一旦出现，其演化一般具有稳定的模式，这种稳定的模式可以用技术性能特征的变化来反映。所谓技术性能，是指产品设计者或技术使用者的兴趣特征。

大量的实证研究表明，产业内核心技术性能变化一般都表现为一条 S 形曲线。用技术性能作为纵轴，时间作为横轴（如果在技术进步过程中，技术研发投入保持稳定，即单位时间的投入是常数），其产业技术进步可以用图 2-1 描述（纳雷安安，2002）。

S 形曲线说明，在开始投入进行技术研发的初期，技术性能提升的速度比较缓慢；随着时间和研发投入的不断增加，技术性能会加速提升；当技术性能达到

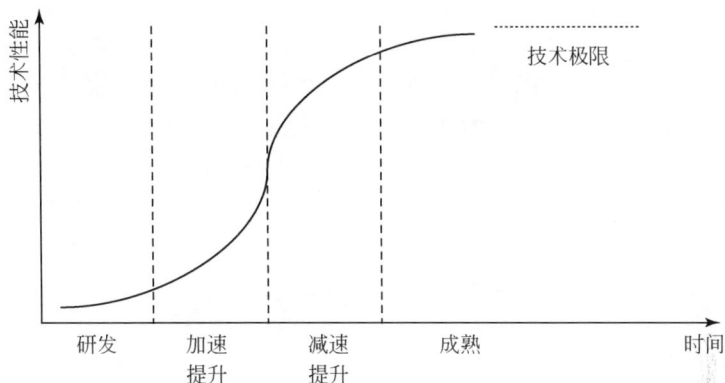

图 2-1　产业技术进步的 S 形曲线

一定的水平后，其性能进入减速提升期；随着技术越来越成熟，性能越来越接近其极限，提升变得非常缓慢，趋于稳定。由此，产业技术进步分为四个阶段：研发阶段、加速提升阶段、减速提升阶段和成熟阶段。

在产业技术进步的不同阶段，技术创新的特点，产品在市场上的表现也明显不同，由此反映出的产业形态也明显不同。

1. 研发阶段

由于处于技术和产品产生初期，人们对技术的了解还很少，大量的研发投入是用于探求不同的技术改进路径或寻找不同的技术进步促进因素，真正能用于改进技术性能的投入所占比例其实比较低，技术进步比较缓慢。在初始阶段，技术和市场都充满了大量的不确定性。在新技术基础上开发的产品或者服务可能是不成熟、不可靠或者昂贵的，但可能适合市场中某些特定用户的需求，以此维持企业的生存。在这个阶段，充满了各种各样的相互竞争的设计，企业通过对产品的各种特性和结构参数进行试验来评估市场的反应，最后制造商和客户对于期望的产品性能在某种程度上达成一致。

在研发阶段，技术潜力远远没有挖掘出来，核心性能特征几乎没有得到提高，人们不了解技术特征和对市场的适应性。在技术被发明后，一般要经过相当长的一段时间才会投入使用。例如，喷气发动机技术专利出现在 1921 年，但是进一步实验几乎耗费了 20 年，直到 1939 年第一架喷气式飞机才成功起飞。

2. 加速提升阶段

随着研究人员对技术的了解越来越深入，技术改进的路径和主要影响因素越来越明确，特别是制造商和客户对于期望的产品性能在某种程度上达成一致，会形成一种主导设计。主导设计建立一种稳定的技术结构，这样后续的产品、材料和制造工艺上的创新都明确围绕着主导设计展开，这种情况下技术创新投入的效果自然越来越好，技术进步开始加快，技术性能会得到快速提升。

一旦一种可行的设计和生产过程建立之后，技术性能会迅速提高。企业参与产品生产的时间越长，积累的经验就越多，这些经验能够加速技术性能的提升。这种现象在许多行业都可以观察到，通常叫作学习曲线或经验曲线。这些经验不仅限于生产技术诀窍，还包括设计和原型构造等活动。

3. 减速提升阶段

当技术性能达到一定的水平后，技术创新的重点需要发生转变，一方面投入的重点转移到工艺创新上，使得主导设计的制造更有效和更有效率；另一方面投入重点放在渐进创新上，在主导设计的结构下提高组件和产品的性能。在该阶段，虽然技术性能还能比较快地提升，但是提升的速度会逐渐下降。

4. 成熟阶段

当技术性能达到一定的水平后，开始接近其固有的极限，技术进步的边际成本开始增加，投入的回报又开始减少，S形曲线再次变得平缓。

总之，产业发展不同阶段技术创新的特点明显不同，在产业形成期，重点是产品创新。随着主导设计的形成，产业进入成长期，产品技术创新方向更加明确，产品性能加速提升，同时工艺创新越来越得到重视，之后工艺创新越来越活跃。该发展规律可以用图 2-2 所示的 A-U 模型表示。

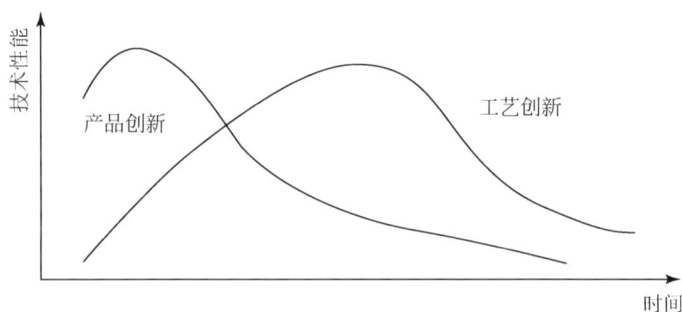

图 2-2　A-U 模型

需要说明的是，少数产业不符合 A-U 模型反映的规律。在部分产业，表现为在任何主导设计形成之前就已经形成大规模的工艺创新。

2.2.2 主导设计和技术标准

技术进步的 S 形曲线表明,除艺术、烹饪等少数产业之外,绝大多数产业技术发展过程中都会有一个阶段,该阶段会出现主导设计,并逐渐发展成为大家必须遵循的技术标准。主导设计和技术标准一旦出现,无论是生产者还是客户都会基于主导设计和技术标准,通过技术创新努力提高产品制造、交付、市场化以及使用的效率,而不是继续去开发其他新技术。之所以绝大多数产业会迫于压力选择某一主导设计而不是选择多种技术,有多方面的原因。

1. 学习效应

所谓学习效应,是指人们重复做某一项工作时,会在重复的过程中不断改进工作方法,提高工作效率,降低成本。例如,人们对比研究了航天器和比萨饼两个完全不同的行业后均发现,随着产量增加,不管是比萨饼还是航天器,单位产品成本都在下降。

大量的实证研究结果表明,技术研发和应用具有学习效应。一项技术被采用得越多,技术发展得就越快,技术应用的效果就越好,技术性能改进的效率也就越高。具体而言,一项技术一旦被采用,就会有销售收入和创造利润,技术所创造的利润中的一部分可以用于进一步开展研发活动,对原有技术进一步改进。对该技术的应用越多,对它的改进就越多,与这个技术相关的学习能力累积就会越多,就可以寻找更为有效的方法改进和使用该技术,与之相关的技术开发也会更加有效。显然,技术被采用得越多,就会使得技术本身的性能和技术应用的效果变得越好。

技术研发和应用的学习效应表明,当制造商和客户对于期望的产品性能在某种程度上基本达成一致时,选择合适的主导设计,可以围绕主导设计及其技术持续地研发和推广应用,产生更大的学习效应,提高技术研发和应用的效益。

学习效应还表明,如果企业率先研发和应用新技术,可以有更多的时间进行学习和积累经验,改进自己的技术开发和应用方法,提高技术开发的效率和应用水平,获得先发优势。那些后进入的企业会发现,由于学习效应的存在,相比率先研发和应用新技术的企业,自己研发和应用的效率低、成本高。这在一定程度上解释了为什么企业一旦在技术研发上落后就很难赶上的现象。

2. 网络外部性

所谓网络外部性，是指在一个具有网络外部性特点的市场里，使用产品的收益会随着使用同类产品用户的增加而增加。例如，对铁路和通信网络而言，都会随着相连的铁路网和通信网络的增大而变得更有价值。显然，在同一个通信网络中使用电话的人数越多，使用电话能够通话的人数就越多，安装电话的价值就越大；反之，如果仅有很少一部分人拥有电话，安装电话的价值就不大。

网络外部性在没有实体网络的市场中也会出现。例如，当产品的兼容性比较重要时，一个产品用户的收益将会随着使用同类产品用户数的增加而增加。某个用户在选择使用什么样的计算机平台时，可能更多的是考虑基于该平台的用户数目，而不是仅考虑其技术性能。该平台的用户数量越多，能够与之方便地交换文件的用户就越多。同时，用户在某一个特定平台上培训的价值也会随着该平台安装用户的增加而增加。如果用户必须在某一个平台上接受培训，一定会选择他认为能够使自己的培训技能得到广泛运用的那个平台。

当配套产品比较多和比较重要时，市场的网络外部性会更加明显。许多产品只有在具有一整套配套产品的情况下才能发挥作用，如 DVD 要发挥作用，必须要有配套的影碟。一些公司既生产主要产品，也生产它的配套产品，如柯达公司既生产照相机，也生产胶片。但也有一些公司需要其他公司来为自己的产品提供配套产品或服务，如计算机制造商一般需要其他的软件公司为自己的客户提供软件和服务。显然，产品的用户越多，就越能够吸引大量的生产厂家为其生产配套产品。这样，主要产品和配套产品之间能形成相互促进效应，即配套产品的可获得性影响用户对主要产品的选择，用户规模又影响配套产品的可获得性（图 2-3）。具体而言，就是用户规模越大吸引的配套产品越多，反之，配套产品越多吸引的用户越多。

相互促进效应可以通过微软公司在操作系统市场上以及后来在图形用户界面市场上的主导地位生动地加以说明。由于 Windows 操作系统具有大量的用户，大多数软件厂商都考虑基于 Windows 操作系统设计开发自己的软件产品。这样，微软公司在 Windows 操作系统用户上的先发优势带来了其在 Office 等一系列配套软件产品上的配套优势。网络外部性使得微软公司轻而易举地将几家可能成为竞争对手的公司，如 Geoworks、NeXT 等赶出了市场。

网络外部性和主要产品用户数与可获得配套产品的相互促进效应表明，形成主导设计可以充分利用网络外部性和相互促进效应，提高技术研发和应用的效益。

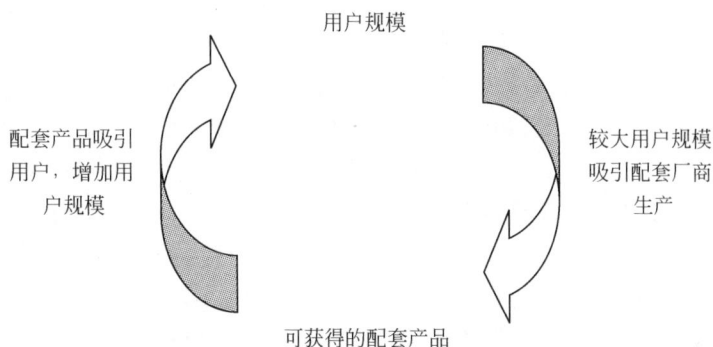

用户规模

配套产品吸引
用户，增加用
户规模

较大用户规模
吸引配套厂商
生产

可获得的配套产品

图 2-3　主要产品用户数与可获得配套产品的相互促进效应

资料来源：Schilling，2005

3. 政府管制

在一些行业，为了保证技术的兼容性和保障消费者的利益，政府会强制介入，在法律框架下选择一个主导设计，通过标准化将其作为技术标准。所谓技术标准，是对一个或几个生产技术设立的必须符合一定要求的标准以及能达到此标准的实施技术。具体包括以下两层含义：一是规定技术必须达到的水平，低于该水平的技术即为不合格或不符合要求的技术；二是技术标准中的技术是完备的，若生产达不到该技术标准，可以向标准体系寻求技术许可，从而获得相应达标的生产技术。

标准化和建立技术标准的基本目的是"获得最佳秩序和社会效益"。所谓要获得最佳秩序，就是通过标准化，在企业内部和企业之间建立起互相适应、完全配套的标准体系，使每个企业的生产、技术、安全、管理活动井然有序，避免混乱。所谓要获得最佳社会效益，就是通过标准化和制定技术标准，保证各种配套产品的技术和性能相互兼容，降低消费者的配套和消费成本。同时，在综合考虑技术的先进性和经济的合理性基础上制定合适的技术标准，可以把部分人的熟练技术和先进经验，用文字记载下来，纳入标准，并进行推广，变为整个企业的经验，使企业有关人员都能掌握，变为企业的财富，提升企业的经营管理水平和经济效益。

标准化是在经济、技术、科学及管理等社会实践中，对重复性事物和概念通过制定、发布和实施标准达到统一，以获得最佳的秩序和社会效益。因为标准化的范围和对象是"在经济、技术、科学及管理等社会实践中"的"重复性事物和概念"。对一个企业来说，企业的经济活动、技术活动、科研活动和管理活动的全过程及其要素都可作为标准化的领域和对象。只要这些企业活动和要素具有"重复性"，都可以进行标准化。所谓"重复性"，是指同一事物和概念反复或重复出现，如同一产品的反复生产、同一检验方法的反复使用、同一管理事项的重复进行等。因为这些事物和概念的多次重复活动就产生了按统一标准进行的客观需要和要求。如果同一事物和概念在反复多次进行时没有统一的标准可遵循，就失去了共同的客观依据，没有统一的衡量准则和尺度。那样，企业就无法正常进行生产和管理活动。全部企业活动就将因失去准绳而陷入一片混乱。

当政府在一个行业中强制性地选择某一技术作为技术标准的时候，基于这个标准的技术必然会主导对有可能进入市场的其他技术的选择，该技术标准的设计者必然会在市场竞争中处于非常有利的地位。主导设计和技术标准的作用体现在多个方面。

1) 主导设计和技术标准对企业技术发展的影响

主导设计和技术标准的存在会对市场及其中的企业带来很大的影响。

一方面，主导设计和技术标准会使大部分市场被一个或几个技术及其主导设计和标准所主导，可能只有很少的替代性技术依靠占有的一小部分市场而生存下来。主导设计会促使市场向自然垄断发展，能将自己的技术发展成为市场上主导设计和标准的公司通常可以获得巨大利润；反之，如果公司的技术没有在市场上被选择为主导设计，可能被迫采用其他公司的主导设计和技术，这会使得自己的技术投资、学习积累的经验以及形成的品牌等失去价值，更可怕的是还可能被市场拒之门外。因此主导设计和标准的竞争是高风险和非常残酷的，最终往往会导致"赢者通吃，败者完败"局面的出现。这也就不难理解为什么当前流行一种说法：一流公司制定标准，二流公司出让技术，三流公司生产产品。

另一方面，主导设计和技术标准的存在还可能会使其拥有者在几代产品上都占有主导地位。当一家企业的技术被选择作为主导设计时，该技术会被不断研发和应用，能延长技术的生命周期。同时它将影响生产者和消费者就该技术积累的知识和经验，会促进该行业中基于该技术的解决问题的技术方法的产生。这样，拥有主导设计和技术标准的公司将会更加注意在自己已有知识的基础上去研发新技术，引导该领域未来的技术走向，使得公司能处于影响行业技术发展方向的有利位置，极大地影响未来几代产品的技术走向。

主导设计被采纳后会有很大的回报，意味着技术发展轨迹具有路径依赖的重要特征。同时还意味着目前看起来技术发展上比较小的进步，由于可能影响主导设计和技术标准，将来会有较大的发展。在技术成为主导设计的过程中，技术水平及其可靠性等技术本身的性能当然是直接影响因素，但它还受到与技术无关的其他因素的影响。首先，技术研发时间因素非常关键。如果技术被率先研发成功并被确立为主导设计，后来研发的技术即使被认为能取代前者并且更优，也很难在市场上立足。其次，技术由谁研发以及由谁应用也很重要。如果一个非常有影响力的公司发起一项新技术，它可以对供应商和分销商等施加压力来获得支持，这项技术有可能获得市场的主要份额，并将其他技术阻挡在市场之外。最后，主导设计与市场需求相匹配也非常关键。主导设计并不一定是最先进的技术，更倾向于将能够最好实现市场需求的技术整合形成一个统一体，而不是在技术的任一个单一维度上追求性能的最优化。

2）主导设计和技术标准对消费者的影响

传统的经济理论强调通过保护自由公平的市场竞争、限制垄断来保护消费者的利益。但是，许多行业存在收益的规模递增规律，使得如何保护消费者利益问题变得复杂起来，这在针对微软公司的反垄断案（反托拉斯案）中鲜活、生动地反映出来。在针对微软公司的反垄断案中，一部分人认为微软公司采用了反竞争的手段，损害了消费者的利益。但是另一部分人认为，微软的做法是合适和必要的，它在个人计算机操作系统市场上的绝对垄断和优势地位，保证了用户间的相互兼容，带来更多的应用软件，因而对消费者是有利的。

当一家企业在市场上具有一定的垄断地位时，管理部门如何对其进行管制？从理论上看，应比较网络外部性带来的效益和市场垄断产生的成本。所谓网络外部性效益，是指由于大部分市场消费者采用同一种产品，可以更容易获得配套产品、用户间的兼容性更强、有更多的利润和投入用于推进技术进步等，由此带来的价值的总和；市场垄断成本，是指由于大部分市场消费者采用同一种产品，垄断者可能收取更高的价格、产品的种类更少、可替代技术的创新被扼杀等必须承担的成本。如果网络外部性带来的效益高于市场垄断产生的成本，可以支持垄断的存在。

2.2.3　能力破坏型技术创新

从不同的角度对技术创新进行分类，可以分为不同的类型。按照创新的程度，可以分为突破性创新和渐进性创新两类。

所谓突破性创新，是指技术上有重大突破，发明出了人类历史上从来没有过的全新的技术，如蒸汽机、计算机、互联网等的发明就属于突破性创新。突破性创新建立在新知识基础之上，这些创新或者带动新产品和新技术标准的形成，或者破坏现有的技术标准，重建新的技术标准，使现有技术失去价值，对该行业内原有的企业技术创新能力形成破坏，成为能力破坏型技术创新。例如，从 17 世纪到 20 世纪 70 年代，工程师广泛使用计算尺计算桥梁的结构性能、飞机的航程和油耗等。在 20 世纪 50~60 年代，美国著名的计算尺生产商 Keuffel & Esser 公司还每月生产 50 万支计算尺。但是，20 世纪 70 年代初价格低廉的计算器的出现，使得计算尺很快被淘汰，成为博物馆的展览品。Keuffel & Esser 公司由于没有生产计算器需要的电子元器件技术，于 1976 年退出市场。计算器技术的出现对 Keuffel & Esser 公司，乃至计算尺行业而言是一种能力破坏型创新，这种创新使得计算尺产品和行业被淘汰。

所谓渐进性创新，也属于能力增强型创新，是建立在现有的知识和技术基础，以及已有规范、标准基础上，对已有产品和工艺进行局部改进和创新。例如，英特尔公司的每一代微处理器（286、386、486、奔腾、奔腾 Ⅱ、奔腾 Ⅲ、奔腾 Ⅳ）都是建立在前一代技术基础之上的。因此，每一代新微处理器的创新都补充和增强了英特尔现有的技术和创新能力，使之更有价值。

技术进步的 S 形曲线表明，技术发展是周期性的，每一条新的 S 形曲线从初始的一个缓慢上升的阶段开始，接着进入快速进步阶段，然后回到衰减阶段，并最终被新的能力破坏型技术所取代。新的能力破坏型技术的出现能够颠覆现有的产业竞争结构，产生新的赢家和输家。熊彼特把这个过程称为创造性的破坏，并认为这是资本主义社会中技术进步的关键性推动力量。

技术进步的 S 形曲线还可以说明：几乎在所有的技术变革中，原先的领先者都让位于新的领先者，大批的领先者衰落甚至消亡，代之以新起者。例如，处于电子元器件真空管制造商世界前 10 名的企业，在 20 世纪 50 年代中期开始的晶体管代替真空管的技术跳跃中，无一幸免地败落下来，如今在世界巨大的半导体市场中，这些企业已微不足道。这一现象的重大经济意义为能力破坏型技术创新的管理在技术创新管理中具有极其重要的意义，为发展中国家和地区及企业带来了跨越式发展的机会。

对原来的技术领先者而言，阻碍其接受和应用新的能力破坏型技术，主要有两个方面的原因：一是觉察和接受能力破坏型技术的障碍；二是实际应用上的障碍，即存在转换成本。

1. 企业觉察和接受能力破坏型技术的障碍

能力破坏型技术的出现尽管是一种技术突变，但并不是在一夜之间发生的，新技术替代原有技术往往需要很长时间，技术替代的信息必然会传达到企业，企业也有足够的时间作出反应。然而，诸多原因阻碍了企业对能力破坏型技术信息的觉察、理解及运用。

首先，因为产业中现有企业都是建立在渐进式技术创新基础之上的，倾向于采用相对稳定的创新方式及创新管理体系和流程，在既定的轨道上以企业比较容易驾驭的方式进行。这样，企业能够与现有市场和用户更紧密地结合起来，对产品进行渐进式的改进和提高。同时，企业也能够更方便地对创新的质量、速度和成本等进行监督和控制，使其更接近最佳状态。这种以渐进性为本质的创新是在不发生技术变革时企业成功经营的关键。这样，企业的注意力会主要集中在如何改进现有技术以更好地满足市场和用户的需求上，而难以识别能力破坏型技术即将出现的微弱信号，察觉能力破坏型技术变革创造的机会。

其次，即使现有企业能够感觉到能力破坏型技术变革创造的机会，真正具体地把握和利用这种机会也面临许多困难。因为像基因工程和 Internet 技术等能力破坏型技术变革的发生，往往导致其相关产业发生革命性的变化，要求企业以一种全新的方式做事，同时要求企业必须建立一套完全不同于传统技术环境下的创新组织管理方式。而原有技术水平越高的企业，其组织惯性也越大。在觉察到能力破坏型技术变革创造的机会后，很容易受传统的经验、处理问题的方式的束缚，倾向于采用旧的解决问题的方法解决新的问题。这种趋向性有时还很难调整，往往在用原来的方法解决问题失败后，才能迫使企业重新评估原有的方法，发展形成新的方法，形成新的组织惯例。这种在竞争过程中发展起来的、得到不断强化的组织结构和组织管理方式，实际上已经成为在技术突破发生时企业及时利用新技术的障碍，严重影响其利用技术突破机会的能力和可能性。

再次，现有企业的技术创新主要采用市场需求导向型战略，导致企业往往仅关注那些已经出现的创新需求或者有明确信号的创新需求，容易忽视引领新需求和新趋势的能力破坏型技术创新提供的机会。创新实际上是技术和市场的有效结合。创新管理的大量研究成果表明，理解用户需求，确认市场发展趋势，对企业的成功创新不可或缺。然而，能力破坏型技术带来的市场机会往往不是目前市场的延续，与目前市场的关联度很低。这样，基于对目前市场需求状况的分析，把握能力破坏型技术带来的市场机会，不仅很难发挥作用，而且可能产生误导。

最后，突破性创新产品往往要进入新的市场，相比渐进创新产品进入现有市场，既存在较大的技术风险，又存在较大的市场风险，企业利用突破性创新产品提供的机会，风险是非常高的。现有的企业，往往很难承受这么大的风险，这也使得相当一部分企业没能勇于利用突破性创新提供的机会。

另外，企业文化也阻碍突破性新技术的运用。孤立地看待技术，把技术看成是与意识、文化不相关的"纯技术"是一种错误观念。长期处于某一行业的企业，必定围绕其技术组织生产经营活动，不可避免地用技术体系、管理体系、组织措施、教育培训体系等来保障企业目标的实现，形成企业特有的文化。因此，技术会深深地植根于企业文化之中，企业文化也有力地保证了技术的实施。但是，当这种文化形成以后，就具有相当大的稳定性，应用全新的技术会受到原有技术"文化偏好"的阻碍，会有意无意地袒护原有技术、贬低新技术。企业的管理人员、工程技术人员和其他职工曾经为创造和实施某种技术付出了巨大努力，并对其产生了深厚的感情，现在要放弃这种技术是一种痛苦的抉择。况且，技术的更替必然伴随知识、技能的更新，原有技术骨干或被新人代替，或要重新学习，都将付出代价，这些都成为不可忽视的障碍。试想，将一个以制造帆船而闻名的企业改造成为一个蒸汽船制造企业，这个企业面临的岂止是一种技术的更新，简直就是一场脱胎换骨的"革命"。

利用能力破坏型技术机会，企业文化起着特别重要的作用，观念和文化是最可怕的阻力。一个立志于创新的企业，必须建立起富于创新的企业文化。

2. 企业应用能力破坏型技术的障碍——转换成本

阻碍企业应用能力破坏型技术创新机会的另一个原因是存在转换成本。因为能力破坏型技术的应用要求企业从一种技术活动转向另一种技术活动。这种技术转换的代价称为技术转换成本。

能力破坏型技术的应用产生的转换成本主要表现在这样几个方面。一是有形资产提前报废损失。技术转换可能导致尚未到达使用寿命的机器设备、厂房设施等提前报废，使专用原材料、配件报废。二是停产、减产损失。技术转换可能导致生产过程中断，造成停产、减产损失。三是企业产品的自我替代损失。技术转换过程是新旧产品交替过程，企业推出新产品可能导致原有产品销量下降或价格下跌。四是职工的结构性过剩。技术转换可能导致原有工程技术人员和技术工人技能的过时，使部分职工不能适应新技术的需求。五是技术配套体系失效。技术跳跃可能使已建立的配套协作网络、资源供给网络、信息网络、产品销售网络等失效。六是技术体系和管理体系的失效。技术转换带来的技术、知识、技能更新，产品和工艺的变更，营销系统和组织结构的改变，可能导致原有技术体系和管理体系的失效。

总之，技术转换成本主要是有形资产和无形资产的损失。造成损失的原因是资产的专用性。为了提高技术运用的效率和企业经营效益，企业必须构筑起高效率的专用性有形资产和无形资产。这种有形资产和无形资产存量越大、专用性越强，则技术转换成本越高，构成阻碍企业应用能力破坏型技术的阻力也就越大。

3. 技术后进者可以充分利用能力破坏型技术出现带来的机会

当技术发生变革时，技术领先者与后进者、新介入者几乎处于同一起跑线上，谁先觉醒，谁先行动，谁就可以取得竞争的主动权。实际上，对技术后进的企业，能力破坏型技术的出现带来了实现技术跨越式发展的机会。

尽管能力破坏型技术出现带来的机会对现有的领先者和后进者是相同的，但领先者在机会利用上处于不利的地位。这是因为：第一，领先者在技术和市场上占领先和主导地位，所投入的资源量大，形成的专用资产存量高，技术跳跃的转换成本高，代价大，决策十分艰难；第二，领先者深深陷入上一轮技术跳跃的成功之中，需要慢慢消化成功的果实，在品尝胜利果实的过程中构筑意识上、情感上、文化上保护原有技术而拒绝新技术的氛围。

相对于领先者而言，后进者转换成本的包袱和文化障碍要小得多，在新技术应用的竞争中，后进者具有"后发优势"。理解这一优势，对后进者至关重要，后进者可以用较小的代价，跳过技术发展的某些阶段，抓住新出现的技术机会，在新一轮技术竞赛中获得胜利。

2.3　产业发展不同阶段的技术创新

产业发展的过程也是持续技术创新的过程。但是在产业发展的不同阶段，技术创新的任务和特点显著不同，现运用产业生命周期模型，结合前述多种相关的产业技术创新理论，从产品创新、工艺创新、市场特征和企业发展等方面分析产业发展不同阶段技术创新的主要任务和特点（吕明元，2009）。

2.3.1　产业形成期的技术创新

产业形成期是一个产业在一定的母体环境中经过不断发育而逐步形成的过程，也是某类新产品被推向市场并逐渐被市场认可、转化为现实需求并初步形成产业的过程。

1. 产品创新

产业形成期的产品创新，是整个产业技术创新的焦点，是推动产业发展的主要力量，工艺创新、组织创新等处于从属地位。产业形成期的产品创新具有多方面的特点。

首先，该阶段的产品创新，往往会形成多种基础技术差异比较大、设计方案有很大不同的产品，多种差异比较大的产品设计方案之间相互激烈竞争，抢占主导地位。未来能成为主导设计的产品创新，会使其技术创新获得很大的回报；反之，未能成为主导设计的产品创新会被淘汰出局，带来比较大的损失，该阶段产品创新彻底失败的可能性很大，风险非常高。

其次，由于处于技术和产品产生初期，人们对技术的了解还很少，大量的研发投入用于探求不同的技术改进路径或寻找不同的技术进步促进因素，真正能用于改进技术性能的投入所占比例其实比较低，产品的技术性能改进往往比较缓慢，稳定性比较差，价格还比较高。

最后，由于产业形成期的市场还很小，用户数量少，企业只能针对特定的少数用户群体的需要改进产品的设计，对产品的各种特性和结构参数进行优化，在制造商和特定的市场用户之间对于期望的产品性能在某种程度上达成一致。同时，产品生产需要的一些重要零部件和原材料很难由优质的供应商提供，需要企业自己想办法解决许多配套问题，产品技术创新涉及的问题比较多，范围比较广，难度比较大。

2. 工艺创新

产业形成期的工艺创新一般处于产品创新的从属地位，较少出现根本性工艺创新，生产以通用设备为主。安装和使用这些通用设备，有效运用于创新产品的生产，需要清除不少技术障碍，解决不少技术问题，使得新产品的设计与生产工艺越来越相互配套。

由于产业形成期的产品改进不断进行，工艺创新虽然处于从属地位，但也需要不断改造和提升，由此对生产一线的技术工人要求比较高，要求他们具有较强的学习能力，不仅要很快学习和掌握使用各种生产设备生产出合格的新产品，还要尽快积累生产技能、生产经验和技术诀窍，不断提高产品的生产质量和效益。

企业经营管理者也要不断探寻新的方法改进工厂的布局，优化原材料和零部件的采购，寻找更高效的劳动力和资金的筹集与运用方法等。

3. 企业、产业和市场

熊彼特的创新经济学认为，新技术、新工艺与组织创新和市场结构等之间存在密切的互动关系，不同的技术创新活动需要建立与其相对应的企业组织，会形成不同的市场结构。

首先，在产业形成期，由于大企业很难觉察和利用突破性技术创新带来的机会，该阶段的企业绝大多数是新创业企业，规模比较小，企业的组织管理规范性不强，控制不严。同时，该阶段的技术和产品还处于不断尝试、改进和完善的过程中，技术和产品快速发展和变化。技术范式的不确定及转换，对原有市场占有格局形成冲击，导致市场结构变动频繁。市场中，企业不仅规模普遍较小，而且数量较多，市场集中程度较低，进入条件较低，他们之间往往难以达成协议和妥协，采取各种手段进行激烈的竞争，企业的进出比较频繁，淘汰率比较高。这种情况下，通过激烈的竞争很容易产生适应技术和产业发展方向的技术创新，淘汰没有市场的技术创新，有利于加快技术创新的步伐。然而，也正是由于这样的市场结构特征，形成期的新兴产业很难得到稳定收益，给新技术的推广带来比较大的困难，企业发展的难度比较大。

其次，由于产业形成期往往存在多种基础技术和形成的设计方案差别很大的产品，这些产品之间相互竞争会导致其中的一种或极少数几种成为主导设计。一旦某个或某些企业的创新产品设计在激烈的竞争中获胜，成为主导设计，就能凭借技术壁垒获得创新带来的垄断收益，形成显著的竞争优势。反之，如果某些企业的创新产品设计未能成为主导设计，在竞争中落败甚至被淘汰出局，原有技术优势及市场份额将会被取代，面临前期投资难以收回的风险。因此，在产业形成期，企业必须高度重视技术范式更替和主导设计竞争可能给企业带来的影响。虽然在产业形成期，技术创新和主导设计竞争等带来的一系列的风险因素对新产业的形成产生一定的阻碍作用，但更应该看到技术创新对产业形成的强大推动作用。技术创新带来的产品差别化，会使技术创新能力强和成效好的企业获得差别化的垄断利润，吸引更多新企业进入，产业的规模加速扩大。同时，新产品的引入、企业的竞争使相关产品有了长足的发展，会在一定程度上促进产业利润的提升，推动整个产业的成长。

再次，在产业形成阶段，为了使新产品尽快被市场接受，企业必须加强营销、广告等方面的投入，激发顾客的购买欲望。由于缺乏客户特点、竞争对手、产业销售额及市场占有率等方面的可靠信息，企业在信息高度不对称的条件下决策，容易失误。

最后，产业形成阶段的技术创新打破了原有的市场均衡，产品供需平衡开始变化，随着新产品供给和需求量的增加，产业发展方向也发生调整，建立在供求基础上的价格机制在企业竞争中的作用也逐渐形成，为产业成长创造条件。新产品的需求弹性较大，价格对成本和需求的反应都比较敏感，从而使产量提高，并可能获得较高的收益。当该产业能够获得高于一般产业部门的平均利润时，其他产业的生产要素就会向该产业转移，促进产业进入快速成长阶段。20 世纪 20 年代汽车产业的发展就是如此。

产业形成阶段的一系列特点导致企业家精神显得尤为重要。那些具有较强的企业家精神和较强技术鉴别与开发能力的企业，若能准确地把握技术方向与市场机会，并将技术开发与市场开拓有效结合起来，极有可能取得巨大的商业成功。产品创新也是一种博弈的结果，企业家如何决策对新产品开发的投资，直接影响新兴企业、新兴产业的形成。企业家的正确决策能使新产品、新工艺、拥有稳定而充足的资金、人力资源和组织支持。

2.3.2 产业成长期的技术创新

产业成长期是指产业形成以后，不断吸纳各种资源而使自身快速成长和壮大的过程。产业成长既意味着产业在量上的快速扩张，如企业数量增加和规模提升、生产能力扩大等；也指产业在内涵方面有质的提升，如技术进步、管理水平提高、产品质量改进和产业组织优化等。

1. 产品创新

经过产业形成期对新技术的比较、筛选与完善，技术开发人员对新产品及其相关技术的了解越来越深入，技术发展的方向及技术改进的路径越来越明确，产品创新者与其用户对于期望的产品性能要求越来越趋于一致，反映技术发展方向和市场需求、优秀的产品主导设计即可以形成。例如，汽车产业发展过程中的福特 T 型车和计算机产业发展过程中的 IBM 360 计算机系统，都是技术资源与市场需求的统一体。

主导设计确定后，即建立了一种稳定的技术架构，后续的产品创新主要是在既定的技术发展方向上围绕产品的性能改进和完善、稳定性提升等向前推进。这种情况下，技术和市场的不确定性均大大降低，技术创新投入的目的越来越明确，投入效果越来越好，技术进步开始加速，产品技术性能会得到快速提升。

随着企业参与新产品的研发和生产的时间越来越长，积累的经验和掌握的诀窍越来越多，这些经验和诀窍的积累会进一步加速产品技术性能的提升。这种现象在许多行业都可以观察到，即学习曲线或经验曲线。

2. 工艺创新

主导设计出现后，稳定的技术架构已经形成，工艺创新成为产业技术创新的重点。工艺创新涉及新产品生产需要的原材料和零部件、生产工艺技术等的技术创新，其主要目的是大量运用各种先进的生产设备，降低新产品的生产成本，提升新产品的生产能力，更好地满足市场需求，扩大市场规模，为技术创新带来良好的回报。

参照图 2-2 的 A-U 模型，产业成长期技术创新的典型特点是产品创新率在降低，工艺创新率在提高，并出现交替。这一时期，根本性的工艺创新频率比较高，专用生产设备逐步取代通用设备，部分生产过程实现自动化，使企业中原来由工人操作完成的一些程序性工作改由先进的生产设备替代完成，从而需要减少工人数量，提高劳动生产率，节约人力和生产成本，出现了由分工的专门化导致的专门机器，生产工艺逐渐变得专门化和具有刚性。例如，电灯的发明，随着爱迪生研制的白炽灯成为主导设计，出现了专用的玻璃吹制设备、大容量真空泵和其他新的制造技术。机器设备的大量使用可以大幅提高生产能力和生产规模，获得很显著的规模经济效益。通过提升规模，分摊企业在研发、服务、广告等方面的投入，降低企业的生产成本，使企业乃至产业获得成本竞争力和价格竞争力。

随着新产品生产规模的不断扩大，围绕该新产品生产的相关配套企业逐渐形成，专业化分工越来越细化。例如，硅谷 IT 行业的发展带动了软件开发、IT 咨询等大量服务于新创企业的专门机构（企业）的出现。显然，以主导设计为核心的产品创新将带来一系列的创新机会，带动与新产品生产相关的原材料和零部件、生产设备等产业群的形成，不断快速扩大产业的规模。

3. 企业、产业和市场

对产业成长期进一步细分，又可以分为启动、加速和高涨三个阶段。在启动阶段，即产业成长初期，通过产业形成期的培育形成了一定的市场规模，虽然该阶段产业规模和增速以及市场容量变化并不大，但是新产品进入市场展示良好的获利前景，带动产业投资规模急剧扩张，社会生产要素开始向该产业集聚，企业数量大幅增加，技术、各种生产经营关系及产业组织形态处于不稳定状态。进入加速阶段后，主导设计形成后，技术创新的重点转变为工艺创新，投资活动及企业进入活动仍较活跃，产业生产能力和生产规模加速增加，产出增长率加速提升，规模经济效益愈发显现，企业数量加速增加，市场容量急速增大，利润水平快速上升，技术、各种生产经营关系及产业组织形态趋于稳定，产业的生产经营以量的扩张为主调，产业内竞争开始出现。进入高涨阶段后，产业的投资活动及企业进入活动减弱，产业规模及其生产、市场规模虽然仍在增长，但是增长速度开始下降，技术、生产经营关系及产业组织形态逐步稳定，生产者行为趋于成熟。

处于成长阶段的产业，市场需求的高速膨胀超过了产业内生产能力的扩张，产业内产品或服务供不应求，企业一般会获取超额利润，吸引潜在进入者进入该产业领域。企业的大量涌入，促使市场集中度降低，在位企业的扩张和潜在进入者的进入逐渐使供需达到基本平衡，超额利润趋于减少。

在产业成长期，掌控主导设计和技术标准的企业将赢得明显的竞争优势。但是这并不意味着这些企业能对市场形成垄断，其他一些有较强技术实力和独特资源优势的企业，通过在产品性能、可靠性等方面对主导设计进行技术改进，可以增强市场开发和售后服务水平，也能获得巨大的商业利润。

2.3.3　产业成熟期的技术创新

产业经过成长期的迅速增长，其市场容量和产业规模会逐渐趋于饱和与稳定，发展速度必将放慢，生命周期曲线表现为斜率很小、变化平缓，这就标志着该产业从成长期步入成熟期。

1. 产品创新

产品成熟是产业成熟的主要标志。产业成熟期对应于技术学习曲线上的成熟期。在产业成熟期，产品的基本设计、性能、功能、结构日趋标准化，比较大的产品创新很少，不同企业产品之间的差异比较小，产品创新对产业成长的贡献较小。企业继续开展技术创新的重点是渐进式的工艺创新，以降低生产成本、改进产品质量、提高劳动生产率为核心。

2. 工艺创新

进入产业成熟期，技术创新的重点是渐进式的工艺创新。该阶段的工艺创新有自己的特点。

首先，工艺创新数量继续增加，创新效益仍然比较高，能带来产品质量的显著改进和劳动生产率的进一步提升，但是其创新频率逐渐降低，创新成本增加，表现出资本密集型创新的特性。

其次，该阶段的工艺创新会使得生产设备以及原材料和零部件等的专用性更强，生产工艺的专用化程度更高，刚性更强，但会使产品的质量稳定性和一致性更好，性能更可靠，成本更低。这在制造业表现得尤为明显。从用简单的工具代替手工劳动，到用机器代替人工劳动，再到现代计算机控制的数字化、自动化、智能化制造系统，劳动工具和生产设备的变革大幅度提高了劳动生产率，有力地促进了制造业和整个社会生产力的发展。

最后，生产工艺创新还使企业的生产规模迅速提高，工厂规模快速扩大，产品生产高度专业化，生产程序与生产工艺日趋标准化，生产过程越来越呈现出标准化、集约化、系统化、专业化的特征。

3. 企业、产业和市场

通过产业形成阶段和成长阶段的激烈竞争，只有一小部分企业能顺利进入成熟期，并发展成为产业中少数几个规模巨大的企业，其他多数企业将会被市场竞争所淘汰。进入产业成熟期后，产业内企业间建立起了良好的分工协作关系，市场竞争有效，产业内市场结构和市场运作规则合理，运作水平较高，市场绩效较高，企业规模大小适当。

产业成熟期的产品和工艺进入相对稳定的状态，企业组织的调整对产业发展的影响更加凸显，组织创新更加重要。虽然经过成长期的磨合、改进，产业成熟期的企业组织模式趋于完善，并呈现出越来越大的刚性，调整范围有所局限，创新的幅度较小。但这种较小幅度的组织创新足以推动产业的进一步发展。组织创新促进了企业规模的变化，从而使系统管理更加有效。

产业成熟期的市场集中度高，企业数量少，市场占有率高，对市场价格的影响作用大，价格竞争越来越激烈；市场越来越成熟，竞争机制越来越完善，大规模生产使制造效率大大提高，平均生产成本保持在较低水平，企业由此享受到规模经济带来的好处。生产过程和企业组织日趋专业化和纵向一体化，形成一些企业集团，产品的零部件通常由某些企业集团的专业化分公司或独立的供应商供给。

随着产业内企业不断进行纵向和横向的整合，新企业面临着很高的进入门槛，市场价格稳定在一定范围内。产业内竞争激烈，产业利润率水平趋于社会平均利润率。这一阶段当然也会有一些创新，只是实质性的创新大多是在外部因素的刺激下产生的。例如，政府的法律法规对企业的节能减排提出了新的更高的要求，迫使汽车产业不得不进行创新；化学工业中合成纤维技术创新，迫使纺织工业的创新；集成电路的发展导致手表工业的创新；计算机排版系统的创新导致印刷业的创新。这个阶段往往是技术创新与管理创新相结合，提高产业的市场应变能力。

2.3.4 产业衰退期的技术创新

一般而言，产业成熟就预示着产业成长期的结束，但现实情况是有许多产业在产业成熟期的后期以及产业衰退期的早期又有了进一步的蓬勃发展。第二轮技术创新的发起使得产业实现新一轮的成长。因此，需要研究产业衰退期的特征及其与技术创新之间的关系。

1. 产业衰退期的特点

产业衰退期是产业发展生命周期的最后一个阶段。产业衰退期内，产品和工艺都基本停滞在成熟期的水平，直接导致该产业的产品需求量减少，市场份额逐渐降低。

产业衰退是对产业自身的否定并孕育新的产业和产品的过程。在此过程中，老产业与新产业形成并存，使产业经济体不断推陈出新，从而保持旺盛的活力，推动产业结构调整和国民经济不断发展。

2. 产业衰退的原因

首先，技术创新是一个产业的生命力所在，技术创新的缓慢增长或停滞直接影响到一个产业的成长周期。由技术进步的 S 形曲线可知，随着时间的延长，产品和工艺创新变得越来越难，产业内产品和生产工艺技术指标会趋于稳定。这种情况下，产业创新能力不足或衰退，导致产品出现老化迹象，利润水平下降，影响产业的市场竞争力，导致产品市场的萎缩，引起企业乃至产业的衰退。

其次，当技术创新仅仅是导致已有产品的生产效率提高时，如果这些产品的需求弹性较小，不仅该产业一般不会吸引新进入者，还将促使该产业的生产要素向外流动。因为这些产品已趋于成熟，产品价格对成本的反应、需求对价格的反应已不再敏感，其产量的大幅度提高将降低该产品的价格，使其收入下降。在此情况下，快速的技术创新往往更倾向于使该产业部门收缩，尤其是减少劳动力等的消耗。例如，我国 20 世纪五六十年代的农业创新就是如此。

再次，由于退出壁垒、路径依赖等问题，衰退期的产业很难进行技术创新，只能趋向于衰退。退出壁垒是指某一产业的在位厂商不能赚取到正常利润甚至亏损而决定退出时所负担的成本。

最后，在产业的成长过程中，一些技术或制度安排有利于产业发展而被保持下来，出现一种自我强化的现象，使环境成为适合自身生存而不利于其他技术或制度生存的生态场，实现自我增强的良性循环。随着产业衰退期的到来，由于强烈的路径依赖，原有技术或制度越来越不适应社会经济环境的不断变化，产业不能适时地作出调整，依赖原路径继续发展，影响到进一步的创新，进而衰退成为必然。由此，一些学者才提出能力破坏型创新的重要性。

3. 产业的衰退和成长

根据产业生命周期理论，产业衰退是必然的，但现实的产业周期并不是那么阶段分明，一个产业将要衰退时，往往意味着另一次的产业成长机会。也就是说，产业衰退的出路是另一次的成长，而新一轮产业成长的推动力无疑还是技术创新，包括结构调整和根本性创新。结构调整主要指衰退产业的产品结构调整、技术结构调整、组织结构调整、资产结构调整等，是在原产业基础上的适当变动。例如，减少传统技术产品或低档次产品的生产，适当淘汰过时的生产方式，提高高新技术产品的产量等。

根本性创新在产业衰退期具有能力破坏型创新的特征，即将原有的生产模式彻底替换掉，在产业固定资产、人力资源、企业规模等的基础上进行突破性的技术创新。它与创建新企业和新产业的不同之处就是，衰退产业的创新拥有一定的市场基础，更有利于创新的应用和市场的形成。并且，企业利润的降低和市场对该衰退产业产品替代品的需求，使得企业具有进一步创新的积极性和要求，从而有利于整个产业的发展。

2.4 本章小结

熊彼特关于创新的定义是"狭义"的，强调创新是一种以创新为手段、以促进经济发展为目标的经济活动，其创新包含产品创新、工艺创新、服务创新、市场创新、渠道创新、组织创新等。实际上，当前科学技术的快速发展不仅极大地支撑、引领经济发展，而且显著促进社会进步，成为提升国防安全、公共基础设施建设、环境保护、公共卫生等公共服务水平的基本途径。因此，广义的"创新"既包括经济活动，也囊括社会活动，其定义为通过开发新产品（包括公共产品和私人产品）、提供新服务、采用新的生产工艺技术、创造新需求（包含公共需求和私人需求）、实现新的组织和制度等多种途径，引领经济发展，促进社会进步。

技术创新是创新活动中的一类。它是在根据新的市场需求和/或新的技术机会产生技术新构想之后，经过应用研究、试验开发或技术集成与组合，开发新产品和新工艺并实际应用和商业化，产生经济效益的所有活动构成的有机过程。产业技术创新是以产业的市场需求为导向，以产业内相关主要企业的技术创新为基础，以提高产业技术创新能力和竞争力为目的，充分运用新的市场需求和/或新的技术机会产生技术新构想，经过应用研究、试验开发或技术集成与组合等阶段，开发新产品和新工艺并实际应用和商业化，产生经济效益的所有活动构成的过程。

虽然一项新技术的发明最初通常表现为是一个随机的过程，但是技术一旦出现，其演化一般具有稳定的模式，表现为一条S形曲线的形式。即产业技术进步分为四个阶段：研发阶段、加速提升阶段、减速提升阶段和成熟阶段。

技术进步的S形曲线表明，绝大多数产业技术发展在一定阶段会出现主导设计，并逐渐发展成为技术标准。之所以绝大多数产业会迫于压力选择某一主导设计而不是选择多种技术，有多方面的原因，包括学习效应、网络外部性和政府管制等。

所谓突破性创新，是指技术上有重大突破，发明出了人类历史上从来没有过的全新的技术，如蒸汽机、计算机、互联网等。突破性创新建立在新知识基础之上，这些创新或者带动新产品和新技术标准的形成；或者破坏现有的技术标准，重建新的技术标准，使现有技术失去价值，对该行业内原有的企业技术创新能力形成破坏，成为能力破坏型技术创新。

产业发展的过程也是持续技术创新的过程。但是在产业发展不同阶段，技术创新的任务和特点显著不同。产业形成期的产品创新，是整个产业技术创新的焦点，工艺创新、组织创新等处于从属地位。产业成长期在主导设计出现后，稳定的技术架构已经形成，工艺创新成为产业技术创新的重点。进入产业成熟期，技术创新的重点是渐进式的工艺创新。产业衰退期的产品和工艺都基本停滞在成熟期的水平，但产业衰退是对产业自身的否定并孕育新的产业和产品的过程。

|第 3 章| 新兴产业形成和发展的动因及典型模式

　　新兴产业的形成和发展有多种驱动力量,不同力量驱动新兴产业形成和发展的模式及特点明显不同。本章首先从需求拉动和科技创新推动等两个维度分析新兴产业形成和发展的主要驱动因素,建立新兴产业形成和发展模式分析模型,明确其各种可能的模式;其次分别针对市场需求和公共需求,通过案例分析,诠释需求拉动新兴产业形成和发展的各种典型模式的特点;最后比较分析市场需求和公共需求拉动新兴产业形成和发展模式的差别,讨论比较分析带来的启示。

3.1　新兴产业形成和发展的驱动因素及模式分析

　　图 1-1 已经说明,人类社会发展的核心目标是将有限的资源转化为各种产品和服务,以满足人们日益增长的物质文化需求,并创造和积累社会财富,提升经济社会发展水平。显然,人类经济社会发展活动必须关注两个基本问题。一是要根据人类需求的递进规律,更好地满足人们日益增长的物质文化需求。这既包括更好地满足人们不断发展的新需求,也包括由满足小范围的个人需求逐步扩大到满足大范围甚至全人类的需求。二是要提高资源转化为产品和服务的效率和效益,既使得同样的资源消耗能创造更多的财富,又能增强人类社会的可持续发展能力。这样,从本质上讲,驱动新兴产业形成和发展的动力主要有两个:一是需求拉动;二是科技创新推动。

3.1.1　需求拉动

　　需求变化可以从多种途径拉动新兴产业的形成和发展,包括需求层次提升、需求品种扩大以及人类社会面临的环境和资源压力形成的新需求等。

1. 需求层次提升

马斯洛的基本需求层次理论认为，人人都有需求，且需求有不同的类型，包括生理需求、安全需求、归属与爱的需求、尊重需求和自我价值实现需求等五类（图3-1）。生理需求是满足人体生命的必然需求，如吃饭、穿衣、睡觉等，这是人的最基本的需求。安全需求是保护自身安全、免受外来因素伤害的需求，如免受疾病、犯罪、意外事故、经济损失等伤害的需求。归属与爱的需求是指亲情、友情等的需求。人处于社会环境中，人与人之间的交往是生活的重要组成部分；尊重需求是指处于社会中的每个人都希望受到其他人的尊重，由此引发了对权力、荣誉、社会地位等的需求。自我价值实现需求，是指人们希望从事各种劳动，为社会作出自己的贡献，并由此引发的工作、学习等需求。

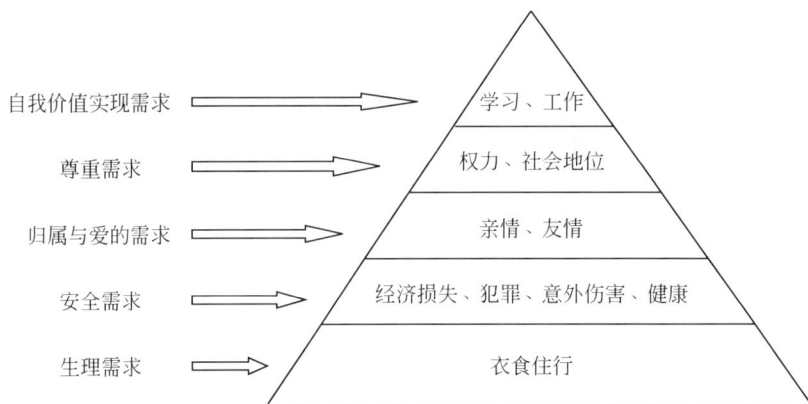

图 3-1　人的基本需求层次模型

马斯洛的基本需求层次理论还认为，人的需求有层次性，其中生理需求、安全需求、归属与爱的需求都属于低一级的需求，尊重需求和自我价值实现需求是高级需求，一个人对尊重和自我价值实现的需求是无止境的。同一时期，一个人可能有几种需求，但每一时期总有一种需求占支配地位，对行为起决定性作用。任何一种需求都不会因为更高层次需求的发展而消失。各层次的需求相互依赖和重叠，高层次的需求发展后，低层次的需求仍然存在，只是对行为影响的程度大大减小。某一层次的需求相对满足了，就会向高一层次发展，追求更高一层次的需求就成为驱使行为产生的动力。

需求的多样性、层次性和无止境性导致人类社会存在着日益增长的物质文化需求。根据人类需求的递进规律，更好地满足人们不断增长的新的物质文化需求，必须不断创造和供应各种新的产品和服务。新需求的不断形成和成长，造成了对新供给的强大拉力。在需求拉力的作用下，生产新产品的企业将逐渐出现并发展起来，一定条件下这些新企业的群体就可能发展成为新兴产业，形成一种新的供给力量。

2. 需求品种扩大

按照公共经济学理论，人类社会需求分为满足私人个别需求的私人产品和满足社会公共需求的公共产品。社会公共需求是相对于私人个别需求而言的，是社会作为一个整体或以整个社会为单位提出的需求。社会公共需求的主要特征：一是整体性，它由所有社会成员作为一个整体共同提出，或者说大家都需要，不是由一个或一些社会成员单独或分别提出的；二是集中性，它需要由整个社会集中执行和组织；三是强制性，它只能依托政治权力、动用强制性的手段，而不能依托个人意愿、通过市场交换的行为加以实现。总之，社会公共需求实质上是不能通过市场得以满足或者通过市场解决得不到令人满意的保障的需求。

判别某种产品究竟是满足社会公共需求的公共产品还是满足私人需求的私人产品，主要基于公共产品具有的两个本质特征：一是受益的非排他性；二是消费的非竞争性。所谓受益的非排他性，是指产品在消费过程中所产生的利益不能为某个人或某些人所专有，要将一些人排斥在消费过程之外，不让他们享受这一产品的利益是不可能的，或者说不能阻止不付费者对产品的消费，不付任何费用的人同支付费用的人一样能够享有产品带来的益处。例如，消除空气中的污染是一项能为人们带来好处的服务，它能使所有的人生活在新鲜空气中，要让某些人不享受到新鲜空气的好处是不可能的。

消费的非竞争性，是指一部分人对某一产品的消费不会影响另一部分人对该产品的消费，一些人从这一产品中受益不会影响其他人从这一产品中受益，受益对象之间不存在利益冲突。例如，一国的国防保护了所有公民，其费用以及每个公民从中获得的好处不会因为多生一个孩子或有一个人出国而发生变化。

根据上述两个特征对产品进行分类，如果某个产品既具有受益的非排他性，又具有消费的非竞争性，则一定属于公共产品范畴；反之，如果某种产品只向为其付款的个人或企业提供，在消费上具有竞争性，并且很容易将未为其付款的个人或企业排除在受益范围之外，属于私人产品。

除私人产品和公共产品外，还有一些产品，或者可能具有消费的非竞争性，但不具有受益的非排他性；或者具有受益的非排他性，但不具有消费的非竞争性。这种既带有公共产品特性、又带有私人产品特性的产品，称为准公共产品。

具体分类见表3-1。

表 3-1 产品的分类

项目		排他性	
		有	无
竞争性	有	私人产品 （食品、衣服、家用电器）	共同资源 （公共渔场、牧场）
	无	俱乐部产品 （有线电视、电话、电力）	纯公共产品 （国防、治安、基础研究）

从表3-1中可以看出，公共产品基本可以分为三种类型。第一类是纯公共产品，即同时具有非排他性和非竞争性，如国防、治安、环境保护、基础科学研究等。第二类公共产品的特点是消费上具有非竞争性，但是却可以较轻易地做到排他，如有线电视、电话、电力、公共桥梁等，可以通过收取门票等方式将部分人员排除在消费者之外，有人将这类物品形象地称为俱乐部产品。第三类公共产品与俱乐部产品刚好相反，即在消费上具有竞争性，但是却无法有效地排他，如公共渔场、牧场等，有学者将这类产品称为共同资源。

显然，当前经济社会的快速发展，使得人类需求的产品和服务类型不断扩大，特别是对包括纯公共产品和准公共产品在内的公共产品需求不断增加，也成为带动新兴产业形成和发展的重要力量。

3. 应对资源和环境压力带来的新需求

工业化革命以来，人类生活和生产方式的变化导致资源消耗快速增加，资源不足和短缺的格局很快形成。同时，大量资源消耗带来的环境污染问题随之发生，环境污染问题相继爆发，已经直接影响到人类自身的生存和发展。当前，可持续发展的理念越来越深入人心，人类社会发展对环境保护、资源高效和清洁利用、新能源开发利用等方面的需求越来越强烈，形成了一系列新的、多数属于公共产品范畴的新需求。

提升环境保护、资源利用和新能源开发等的水平，必须要研发一系列新的技术，开发大量的新的产品，这实际上也带动了新兴产业的形成和发展。一是提升环境保护水平，需要进行大量的废水、废气和固体废弃物的处理和再利用，需要研究和开发大量新型高效的环境保护技术和产品，带动环境保护等领域新兴产业的形成和发展。二是因为目前人类社会消耗的主要还是煤炭、石油等传统能源，随着传统能源越来越稀缺，如何提升能源的利用水平，使得传统能源的使用更加高效和清洁，需要研究和开发大量传统能源的高效和清洁利用技术和产品，也会带动新兴产业的形成和发展。三是随着传统能源的不断减少甚至枯竭，寻找新的替代能源已经成为当前人类社会发展面临的共同和紧迫的任务，为此需要研究开发大量的高效和清洁利用太阳能、风能等新能源的技术和产品，还会带动新兴产业的形成和发展。

综上所述，人类社会不断出现的新需求是促进新兴产业形成和发展的核心力量。人类需求又可以分为不同的类型，既有私人需求，又有社会公共需求。通过提供私人产品和公共产品满足新的不同的需求，都可以带动新兴产业的形成和发展。

3.1.2 科技创新推动

需求是拉动新兴产业发展的核心力量。但是，新的需求要转变为现实的需求，并带动新兴产业的形成和发展，必须有有效供给的支持。所以，经济学特别强调"有效供给创造需求"。同时，当今世界新的供给的产生往往需要依靠科技创新。科技创新也是推动新兴产业形成和发展的关键力量。

从不同的视角分析可以发现，科技创新推动新兴产业的形成和发展有不同的途径。从技术来源角度看，一种是原创性技术的突破带动新兴产业的形成和发展，另一种是先进技术扩散到其他领域带动新兴产业的形成和发展；从科技创新对产业的影响看，一种是科技创新带动全新产业的形成，另一种是科技创新实现对原有产业的重新塑型。

1. 有效供给创造需求

所谓"有效供给创造需求"，包含三个方面的含义。一是能够满足社会需求、有消费者的供给才是有效的供给。反之，如果某种或某些供给没有社会需求，或者供给量远远大于市场的需求量，就会成为无效的供给。无效供给不仅不能创造需求，还会因为供给对需求的限制，使经济不能正常平衡，带来资源的浪费。二是供给将潜在的需求显现出来，形成现实的需求，供给是发现潜在需求的唯一途径。需求要由供给来满足，但需求者究竟需要什么功能、款式、性能、使用方法的产品，其自身经常无法说清楚，因为产品的研究、开发、设计和生产不是消费者的任务，消费者的任务只是在市场上对正在出售的产品进行甄别、判断和选择，如果没有供给者提供具体的商品，消费者很难作出明确的需求说明，只能将潜在需求隐藏在自己的意识之中。但是一旦供给提供了某种商品，消费者就会感受到这是否是他所需要的，此时需求才被启发出来。三是供给为需求提供了收入支持。显然，需求要由收入来保证。而需求者的收入恰好来自供给者对其提供的生产要素报酬。企业将收入加以分解，分配给所有的生产要素。有效供给才能保障要素收入与需求价值相等。如果供给无效，产品不能为市场接受，要素所有者就得不到收入，这时的供给和需求就无法一致。

有效供给创造需求，使潜在的需求显现出来，变成现实的需求，必须进行各种新产品的研发和设计，必须高效地进行各种新产品的生产和供应，由此必须进行技术创新。可以说，当今社会各种新产品的开发以及新兴产业的形成和发展，都是依靠科技进步和技术创新实现的。没有科技革命发生以及科学技术的支持和推动，人类社会就不可能形成如此多的产品和产业。因此，有效供给的形成必须依靠科技创新，科技创新是推动新兴产业形成和发展的核心力量。

2. 科技创新促进新兴产业形成和发展的途径

新兴产业，或者是新建立的产业，或者是对已有产业重新塑型的产业。这样，科技创新推动新兴产业的形成和发展，主要有两条途径：一是催生全新的产业；二是重新塑型原有的产业。所谓催生全新的产业，就是根据人类需求层次的变化和升级的需要，开发全新的产品，满足人们新的或更高层次的需求，由此带动全新的产业的形成和发展。人类社会需求层次变化的特点表明，随着需求层次的提高，需求越来越趋于个性化、快速化和集成化。这时，人们通过依靠常识、感觉、体验、经验等积累的知识和技术设计出新的好产品满足这些新的复杂需求，已经变得非常困难，需要求助于科学的原理，需要利用大量的先进技术，需要依靠科技创新。

所谓重新塑型原有的产业，是指利用能力破坏型技术创新带来的机会，对当前已有的产业和产品运用现代高新技术进行根本性的改造，使得这些产品和产业发展依托的基础技术发生根本性的变化，一方面使产品的性能更优，使用更方便，另一方面使相关资源的转化利用效率更高、效益更好。例如，在印刷业，计算机和激光照排技术取代传统的活字印刷技术，使得印刷业由"铅与火"的时代进入"光与电"的时代，就是对传统的印刷业的重新塑型。这样，既导致传统印刷业的衰退和消亡，又带动了新型的印刷业的诞生和发展，形成了新的产业。

3. 促进新兴产业形成和发展的技术来源

科技创新推动新兴产业发展，需要运用大量先进的技术。这些技术的来源主要有两条途径。

一条途径是科学的新发现带动技术的新突破，形成原创性、突破性新技术，这些新技术的产业化促进新兴产业的形成和发展。这方面的案例大量存在，如计算机的发明带动了全新的计算机硬件、软件等一系列产业的形成和发展。像计算机这样的原创性和突破性的重大技术发明及其产业化，往往能带来一系列新兴产业的形成和发展，甚至引发新的产业革命，对人类社会生产和生活方式产生巨大的影响。

另一条途径是已有的先进技术扩散运用到新的领域，带动新兴产业的形成和发展，信息技术就是这方面的典型代表。例如，信息技术推广应用到休闲娱乐等领域，创新设计出了卡拉 OK 机、电子游戏机等一系列的新产品，由此带动了卡拉 OK 机制造业、卡拉 OK 歌厅娱乐业、电子游戏机制造业等新兴产业的形成和发展。卡拉 OK 机、电子游戏机等产品的开发，并没有带动重要的新技术的发明，主要运用先进且相对比较成熟的信息技术，这些成熟技术的扩散运用也能带动新兴产业的形成和发展。

总之，新兴产业的形成和发展不仅要有需求的拉动，还必须有有效供给的推动。当今社会要形成新的有效的供给，必须依靠科技创新。科技创新推动新兴产业的发展，既可以是催生全新的产业，也可以是重新塑型原有的产业，其所涉及和运用的技术，既可以是原创性和突破性的新技术，也可以是充分运用已有的先进技术。科技创新推动新兴产业形成和发展的途径比较多样。

3.1.3 新兴产业形成和发展的典型模式分析模型

一系列的分析表明，新兴产业的形成和发展受到需求拉动和科技创新推动等多种因素的影响。现实中，不同类型新兴产业的形成和发展，各种影响因素发挥的作用显著不同，有些更多的是科技创新推动的结果；有些更多的是因为需求的拉动。同时，新兴产业形成和发展的方式也有差别，有些是开发满足新需求的全新产品，形成全新的产业；有些是对原有产品和产业重新塑型，以资源更节约、环境更友好、投入产出比更高、性能更优的产品满足用户已有的需求。这样，研究新兴产业的形成和发展，需要分析其各种典型的模式。在此基础上，剖析不同模式的特点，以更好地把握其发展规律，深化对其的认识。

已有分析表明，影响新兴产业形成和发展的主要因素有两类：一类是需求；

另一类是科技创新。对需求进一步细分，其既可能来源于私人需求，也可能来源于公共需求；既可能是满足原有需求，也可能是满足新的需求。关于科技创新，既可以是新发明技术的应用，也可以是已有技术扩散实现新的应用。这样，新兴产业形成和发展的主要影响因素有六个，分别是私人需求、公共需求、原有需求、新需求、新发明技术应用和已有技术应用（图 3-2）。

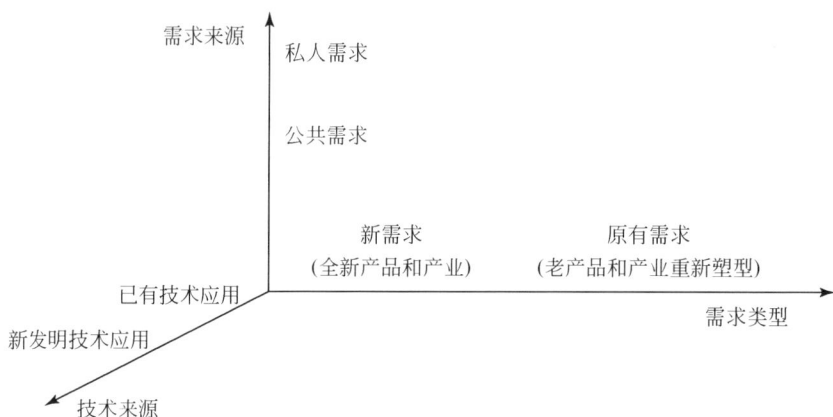

图 3-2　新兴产业形成和发展的典型模式分析模型

对上述各类因素进行组合分析，总计可以罗列出八条新兴产业的形成和发展模式。现按照需求来源的不同，分别针对私人需求和公共需求等两类情况，详细讨论各种新兴产业的形成和发展模式及特点。

3.2　市场需求拉动新兴产业形成和发展的模式及特点

一般而言，市场经济体制下私人需求实际上即为市场需求，市场需求是拉动新兴产业形成和发展的重要力量。在市场需求拉动下，可以有四种新兴产业的形成和发展模式，各种模式的特点显著不同。

3.2.1　市场需求拉动新兴产业形成和发展的典型模式

私人需求可以简单地分为原有需求和新需求两类。在市场经济体制下，满足新的私人需求对应于形成新的市场，更好地满足原有私人需求对应于更好地满足原有市场。在市场需求拉动下，从技术和市场相结合的角度分析，可以发现有四种典型的新兴产业的形成和发展模式（图 3-3）。

图 3-3　市场需求拉动新兴产业形成和发展的模式分析

模式Ⅰ是"新发明技术、新市场",即突破性的技术发明和运用创造出新产品和新市场,满足新的私人需求,带动新兴产业的形成和发展。例如,突破性新技术计算机技术的发明创造出了全新的产品——计算机,计算机的广泛运用创造出了新的巨大的市场需求,由此催生出计算机这一全新的产品的出现以及计算机硬件和软件等新兴产业的形成和发展,形成了新的经济增长点。

模式Ⅱ是"原有技术、新市场",即已有先进技术的创新性运用创造出新的产品和市场,满足新的私人需求,带动新兴产业的形成和发展。例如,日本通过已有信息技术的创新性应用,发明了卡拉 OK 机,不仅催生了卡拉 OK 机制造业的形成和发展,还带动了卡拉 OK 厅等娱乐服务业的发展。再如,计算机技术和网络技术的创新性运用形成了网络游戏等新的产品和产业,创造了新的消费产品和服务领域,带动了新兴产业的形成和发展;原子能和核技术渗透运用于医学领域,形成了 γ 照相机和单光子发射型计算机断层显像仪(ECT)等一系列全新的医疗显像设备,由此带动形成新的核医学仪器设备及其产业的形成和发展。

模式Ⅲ是"原有技术、原有市场",该模式是充分运用已有的先进适用技术,改变传统产品和产业依托的基础性技术,实现对已有产业的重新塑型,更好地满足原有的市场需求,形成全新的产品和产业形态,实现产业替代,促进新兴产业的形成和发展。例如,已有信息技术在印刷业的应用使得该产业运用的基础性技术由传统的"铅与火"转变为"光与电"。虽然还是印刷业,其运用的技术已经发生了根本性的变化,产业生产运作方式也发生了巨大的变革,效率和效益得到很大的提升,使得传统的印刷业趋于消亡,新的印刷业快速形成和发展。再如,数字图像技术的运用产生的数码相机,几乎已经替代了传统的胶片相机和胶片产业,促使传统的胶片相机产业趋于消亡,发展形成了新兴的数码相机产业。

模式Ⅳ是"新发明技术、原有市场",该模式是借助于突破性新技术发明带来的机会，改变传统产品和产业依托的基础性技术，实现对已有产业的重新塑型，形成全新的产品和产业形态，实现产业替代，促进新兴产业的形成和发展。例如，高清电视技术，如液晶电视技术和等离子电视技术的发明和应用取代了阴极射线管（CRT）电视技术，使得 CRT 电视被新的高清电视取代，CRT 电视产业趋于消亡，新兴的高清电视产业得以快速发展。

总之，在市场需求的拉动下，新兴产业的形成和发展模式比较多样，既可以通过突破性新技术的发明和应用形成新的产品和产业；也可以通过已有先进技术的创新性应用催生新的产品和产业的形成；还可以通过将新发明技术或者已有先进技术运用于传统产业，实现对其重新塑型，形成和发展新兴产业。

3.2.2 市场需求拉动新兴产业形成和发展的典型案例分析

为更深入地理解市场需求拉动下各种新兴产业形成和发展模式的特点，本节通过两个典型案例展开分析。

案例 3-1 卡拉 OK 机的诞生及其相关产业的形成和发展

卡拉 OK 机最早产生于日本，"卡拉 OK"的日文原意是"无人伴奏乐队"，简单来说就是应用现代电子音响设备录制好伴奏音乐，使普通的歌唱者也能有高质量的伴奏，很好地适应了人的需求层次提升的需要。卡拉 OK 机及其相关产业的发展，是已有先进技术的创新性运用创造出新的产品和市场，满足私人新的需求，带动新兴产业形成和发展的典型案例。

通过人工乐队演奏乐曲为人们伴唱，已具有非常悠久的历史，但过去只有专业歌唱者能有条件享用，普通大众根本不可能有此奢望。然而，卡拉 OK 机的发明使大众都能够在演唱时获得专业、高质量的音乐伴奏，既满足了人们需求层次提升的需要，又形成了新产业。

20 世纪 60 年代末期，音频技术的进步促进了盒式录音机的问世，盒式录音机的左（L）右（R）立体声磁带可以录制两个音源，一个是伴奏音乐，另一个是人声歌唱，从而将伴奏音乐和人声有效地进行了区分。1971 年，一位顾客希望在沙龙乐队当鼓手的井上大佑能够到某旅行地表演，由于工作繁忙井上未能到场，但根据这位顾客喜欢和习惯的音调和节拍录制了一盘伴奏带，没想到结果大受好评。随后，请求制作伴奏带的客户越来越多，井上和六位乐队成员敏锐地捕获到消费者的这类需求，组建了一家叫作"新月"的公司，生产了 11 部 8-Juke 伴唱机，并出租给当地的酒吧，这也成为全世界第一批卡拉 OK 机。8-Juke 是一个红、白颜色的木箱，装配了麦克风、放大器和八音轨的卡带播放机，可以重放录制的八音道的磁带，为演唱者提供伴奏。8-Juke 的诞生使得普通民众像专业歌手那样在完整的背景乐队伴奏下唱歌成为可能。随后，卡拉 OK 机开始被广泛接受并迅速得以普及，带动相关硬件、软件、文化及服务业的发展，成为一个具有崭新业态和相当规模的新兴产业。

20 世纪 70 年代到 90 年代前期，大部分卡拉 OK 系统都基于磁带技术，由点歌器、录像机、功率放大器、监视器以及录像带等组成，歌曲存放在录像带上，由录像机进行播放，主要设备都集中在操作房，由操作员根据顾客需要手工进行点歌。第一代卡拉 OK 系统的普及，极大地带动了录像带及录像机、功率放大器等产品的应用和相关企业的发展。例如，日本的索尼公司、松下公司、JVC 公司等都是全球录像机和录像带生产的顶级企业，拥有众多专利技术并参与制定了大量相关国际标准，在这些企业的带动下，功率放大器、音响、话筒等周边产品生产企业迅速发展，使得日本国内很快形成了以卡拉 OK 系统为目标产品的新兴产业集群，并在全球处于主导地位。

进入 20 世纪 90 年代后期，信息技术迅猛发展，促使卡拉 OK 系统朝数字化技术方向演进。电脑取代了传统的点歌器，硬盘和高密度光盘等数字存储设备成为存储歌曲的主要载体，影碟机替代了传统的录像机，融合了计算机技术、网络技术和多媒体技术的视频点播（video on demand，VOD）卡拉 OK 系统得到广泛应用。在此背景下，相关日本企业也随之转变技术轨迹，基于信息技术继续开发卡拉 OK 系统的相关产品。例如，日立、松下、索尼、先锋、东芝、三菱电机、胜利等企业都在高密度光盘方面处于全球领先地位，索尼、先锋、雅马哈、松下、山水等企业则是全球最著名的影碟机、功率放大器、高保真音响及话筒等设备制造商，日本继续在全球保持卡拉 OK 系统这一新兴产业的领导地位。

事实上，卡拉 OK 机的发明除了带动了硬件设备制造业的发展外，还促进了文化产业和服务业的发展。由于卡拉 OK 伴奏乐是具有版权的音乐作品，卡拉 OK 的普及为唱片公司及音乐制作人创造了新的利润，促进了文化产业的发展。由于受到消费者的广泛欢迎，各种带有卡拉 OK 的活动场所也成为娱乐活动的首选之地，各地都涌现出大量的卡拉 OK 歌厅，极大地促进了娱乐业和服务业的发展。

卡拉OK系统这一新兴产业的形成和发展，是模式Ⅱ即"原有技术、新市场"的典型代表。该新兴产业的形成和发展历程告诉我们，卡拉OK系统的相关技术都源于当时电子信息领域的已有技术，开发卡拉OK机并没有发明具有突破性的新技术，关键是井上及其六位乐队成员敏锐地捕捉到了消费者的新需求，开发出新产品，很好地满足了消费者的这些潜在的精神文化需要，从而创造出了巨大的市场空间，带动了一个完整的新兴产业的形成和发展。由此启示我们，敏锐地捕捉消费者的新需求，并瞄准新的需求开发新产品，只要这些新产品能够很好地满足新的需求，哪怕这些新产品中没有突破性新技术的运用，只是对已有先进技术的独创性运用，也可以带动新兴产业的形成和发展，产生良好的效益。因此，培育和发展新兴产业，需要注意充分发挥市场需求的拉动作用。

案例3-2　数码相机的诞生及其对原有胶片相机产业的影响

自1991年柯达试制成功世界第一台专业数码相机以来，数码相机在全球迅速得以普及。方便实用、价格低廉的数码相机目前几乎已经成为消费者的首选产品，也带动了数码相机这一新兴产业近年来的迅猛发展。数码相机产业的形成和发展，是通过在传统产业中运用新的先进技术，改变传统产品和产业的技术基础，形成全新的产品和产业形态，实现对原有产业重新塑型、促进新兴产业形成和发展的典型例子。

传统的照相机是一种利用光学成像原理形成影像并使用底片记录影像的设备，被摄景物反射出的光线通过照相镜头（摄景物镜）和控制曝光量的快门聚焦后，被摄景物在暗箱内的感光材料上形成潜像，经冲洗处理（即显影、定影）构成永久性的影像，这种技术被称为摄影术。自从1822年法国的涅普斯在感光材料上制出了世界上第一张照片以来，摄影技术不断发展，1888年美国柯达公司生产出了一种新型的感光材料——柔软、可卷绕的"胶卷"，这是感光材料的一个飞跃。同年，柯达公司发明了世界上第一台安装胶卷的可携带式方箱照相机。此后胶卷式照相机在全世界逐渐普及，带动感光材料、胶片、光学镜头、取景器等相关产品制造企业的迅速发展，掌握胶片照相机众多核心技术的柯达、富士等企业甚至成为胶片照相机的代名词。

进入20世纪90年代以来，半导体和信息技术的发展对传统的胶片照相机带来巨大冲击。数码相机和胶片相机在工作原理上并没有太大的区别，都是将被摄景物发射或反射的光线通过镜头在焦平面上形成物像，区别在于光线在数码相机中不是被聚焦在胶片上，而是被聚焦在图像传感器上。图像传感器是一种感光的半导体芯片，它在接触到光线时会产生电流。接触到的光线越多，产生的电流强度就越大。数码相机的图像传感器有着数以百万计的采样点，每个采样点都可以独立对光线作出反应。这种采样点也被称为感光点，它是一个非常微小的收集光线区域。数码相机的本质特征在于数字化，它用电子元件 CCD 代替物理载体胶卷对光线进行感应，产生电子信息，并通过内部转换机制以数字的形式来存储图像。虽然数码相机在色彩还原方面不如胶片相机准确，反应速度和处理速度也处于劣势，但是数码相机具有胶片相机无法实现的特殊功能，如可随拍随看、可任意校正色彩、可选择图像大小和品质、可调整光线敏感度、图像传送快且便于后期处理、可按需要选择要冲洗的照片等。

随着感光器件 CCD 的像素不断提高，各种附加功能不断增加，数码相机拍摄的图像效果也越来越接近于胶片相机。在此背景下，数码相机迅速占领了胶片相机的原有市场，使得胶片相机逐步淡出，只能生产胶片相机的企业逐渐被淘汰。富士、索尼、松下、三星、柯尼卡、美能达、尼康等许多公司加入到数码相机研发和生产的行列中，不同型号的数码相机如雨后春笋般不断推出。随着数码相机全面进入消费者视线，相机与计算机相结合、数字图像输入输出等也成为人们关心的话题，惠普、明基等大量 IT 企业也介入数码相机的生产制造，各大公司纷纷推出高像素、低价格的普及型数码相机，促进了数码相机的普及化。在此背景下，光学镜头、光电转换器件（CMOS/CCD）、模/数转换器、微处理器、内置储存器、液晶屏幕、可移动储存器、接口（计算机/电视机接口）、锂电池等数码相机零部件制造企业迅猛发展，进而形成具有全新业态的数码相机这一新兴产业。

数码相机这一新兴产业的形成和发展，是模式Ⅲ即"原有技术、原有市场"的典型代表。数码相机面对的市场与传统胶片相机基本相同，都是满足消费者的摄影需求。同时，从信息技术角度看，数码相机的发明并没有基于新的技术突破，主要是已有技术的独创性新运用。这就启示我们，运用已有的先进技术实现对传统产业的根本性改造，也可以形成全新的产品和产业形态，催生新兴产业的形成和发展。因此，大力运用先进技术改造传统产业，也是新兴产业形成和发展的有效途径之一。

3.2.3　市场需求拉动新兴产业形成和发展的特点及其启示

结合理论分析和典型案例剖析可以发现，市场需求拉动下，新兴产业的形成和发展有多方面的特点。

1. 突破性新技术的发明和运用是战略性新兴产业形成和发展的基础，必须大力提升高校和科研院所的原始创新能力

分析表明，市场需求拉动下存在多种新兴产业的形成和发展的模式，但是，突破性新技术的发明和运用满足人们新的需求，带动新的市场的形成，即模式 I "新发明技术、新市场"，往往是最具革命意义的新兴产业的形成和发展模式，是培育和发展战略性新兴产业的基础。

实际上，分析人类经济社会及其产业的发展历史，剖析第二次和第三次产业革命发生的动因和特点可以发现，催生电力、化工、计算机、航空航天、生物医药等全新的、战略性新兴产业的形成和发展，无不与科学的重大发现和突破性新技术的发明密切相关，重大科学发现和突破性技术发明是培育和发展战略性新兴产业的基础和源泉。因此，要形成战略性新兴产业的培育和发展能力，必须大力发展科学技术事业，加快形成强大的原始创新能力，实现原创性和突破性新技术的发明和运用。

分析科学和技术发展史还可以发现，历史上的重大科学发现和重要技术突破几乎都来源于大学和科研院所。1946 年，第一台电子计算机在美国宾夕法尼亚大学由莫奇莱和埃克特研制成功；1969 年，互联网最先实现是在加利福尼亚州大学洛杉矶分校、斯坦福研究院、加利福尼亚州大学圣巴巴拉分校和犹他大学，主要贡献者是来自加利福尼亚州大学洛杉矶分校的 L. Kleinrock 教授；英国剑桥大学的 Jin Watson 和 Francis Crick 提出了 DNA 双螺旋结构模型，由此改变了整个生物学的面貌，使生物学进入了崭新的分子生物学时代。因此，培育和发展战略性新兴产业，必须大力提升高校和科研院所的原始创新能力。否则，新兴产业的形成和发展就成为无源之水、无本之木。

2. 适应于需求层次的提升，独创性地运用已有的先进技术，可以有效带动新兴产业的形成和发展

虽然新兴产业、特别是战略性新兴产业形成和发展的基础是科学的重大发现和突破性新技术的发明运用，但是这并不意味着突破性技术发明运用是新兴产业形成和发展的唯一源泉。分析新兴产业的形成和发展模式可以发现，独创性地运用已有的先进技术，实现已有技术的突破性和创新性的新运用，开发出能满足人们新需求的新产品，适应于人们需求层次提升的需要，也能带动新兴产业的形成和发展。卡拉 OK 机产业的形成和发展就是这方面的典型案例。

卡拉 OK 机产业的形成和发展对我国这样的发展中国家具有特别重要的启示。虽然近年来我国的科学技术事业快速发展，自主创新能力快速提升，但是到目前为止，我国取得的重大科学发现和突破性新技术发明还较少，原始创新能力还不强，但这并不意味着在新兴产业的培育和发展上就一定会无所作为。我国完全可以充分利用人口多、市场大、需求独特等优势，通过大力推进已有先进技术的突破性和创新性应用，满足人们快速发展的更高层次的新需求，带动新兴产业的形成和发展，培育和发展新兴产业。

3. 充分利用能力破坏型技术出现带来的机会重新塑型原有产业，是发展中国家培育和发展新兴产业的有效途径

技术进步的 S 形曲线表明，技术发展是周期性的，每一条新的 S 形曲线从初始的紊乱阶段开始，进入快速进步期，再到衰减阶段，并最终会被新的能力破坏型技术所取代。几乎在所有的技术变革中，能力破坏型技术的出现一般都会导致原来的领先者让位于新的领先者，大批的领先者衰落甚至消亡，代之以新起者。这样的发展规律为发展中国家实现追赶甚至超越，以及培育和发展新兴产业提供了机会。当技术变革发生时，原来的技术领先者几乎与后进者、新进入者处于同一起跑线上，谁先觉察到新技术变革带来的机会并有效加以利用，谁就更可能在新一轮的技术进步中取得竞争的主动权，成为主导者和领先者。因此，发展中国家应该充分利用能力破坏型技术出现的机会，有效发挥"后发优势"，用较小的代价跳过技术发展的某些阶段，抓住新出现的技术机会，重新塑型原有产业，在新一轮技术竞赛中取得胜利，培育和发展新兴产业。

4. 市场需求拉动新兴产业的形成和发展，不仅具有较高的技术风险，更面临很大的市场风险，需要充分发挥市场机制的作用

新兴产业的形成和发展模式表明，不管通过什么样的路径培育和发展新兴产业，其基础都是切实针对市场需求，或者运用已有的先进技术，或者运用原创性发明的新技术，开发全新的产品，并更好地满足人们的原有需求或新需求。显然，培育和发展新兴产业，首先需要解决一系列的技术问题，需要有效应对技术风险。同时，即使解决了新产品开发的各种技术问题，开发出了性能良好的新产品，这些新产品能否被市场接受，能否形成比较大的市场规模，仍然具有很大的不确定性，面临很大的市场风险。而且科技创新规律表明，新产品的新颖性越强，被市场接受的不确定性越大，风险越高。显然，相比传统产业的技术改造提升，培育和发展新兴产业面临的风险更多更大，难度更高。

在培育和发展新兴产业过程中，要有效应对巨大的技术和市场风险，依靠预测和计划、"集中力量办大事"等办法很难有效解决问题，这是因为很难有人和组织具备这样的能力，能够预先判断未来什么时间会实现什么样的新的技术突破；能够预测新的技术突破会带动什么样的全新的产品的出现并能很好地满足市场需求；能够确知新的产品会有多大的需求和形成多大的市场规模。也就是说，很难判断在各种可能的新技术和新产品设计中哪些将来能被市场很好地接受，能够发展成为新兴的产业。

风险管理理论告诉我们，应对不确定性的最有效办法是鼓励和保障多样性。这样，面对高度的风险性和不确定性，培育和发展新兴产业，必须充分发挥市场机制的作用，通过鼓励广大企业积极开发各种类型的新技术和新产品，并支持不同企业就不同的技术路线、产品设计等进行充分和有效的市场竞争，在市场竞争中决出胜者，淘汰落后者，才能有效促进新兴产业的形成和发展。

5. 创新创业和小微企业成长对新兴产业的形成和发展至关重要

新兴产业的形成和发展，要么是形成全新的产业，要么是利用能力破坏型技术创新带来的机会重新塑型原有产业。在新兴产业的形成过程中，由于已有大企业或者很难察觉和利用突破性新技术的发明带来的机会，或者即使察觉到但是由于多种障碍的存在也很难有效利用这种机会，几乎在所有的技术变革中，原先的领先者都让位于新的领先者，大批的领先者衰落甚至消亡，代之以新起者。这实际上意味着，在新兴产业的形成过程中，创新创业企业和小微企业成长至关重要，新兴产业形成和发展的过程就是创新创业企业和小微企业成长的过程。培育和发展新兴产业，必须大力支持创新创业企业和小微企业的成长。

同时，在新兴产业的形成过程中，企业不仅规模普遍较小，而且产业进入条件较低，企业数量较多，市场集中程度较小，相互竞争激烈，很难得到稳定的收益，淘汰率比较高，企业发展的难度也比较大。这样，积极培育和发展新兴产业，必须营造良好的创新创业企业和小微企业成长环境。没有这样的环境的支持，新兴产业的形成和发展是非常困难的。

3.3 公共需求拉动新兴产业形成和发展的模式及特点

不仅市场需求能够促进新兴产业的形成和发展，公共需求也能发挥很大的作用。公共需求与市场需求的特点不同，促进新兴产业形成和发展的模式及其特点也明显不同。

3.3.1 公共需求拉动新兴产业形成和发展的典型模式

1. 根据公共产品的差异分类

根据公共经济学理论，按照是否具有消费的非竞争性和非排他性特征，可以把公共产品分为纯公共产品、俱乐部产品和共同资源等多种类型。由于不同类型公共产品的供给机制可以不同，其拉动新兴产业形成和发展的模式及特点也有所不同（表3-2）。

表3-2 公共需求拉动新兴产业形成和发展的模式及其比较

公共产品类型	影响因素	消费模式	新兴产业发展模式
纯公共产品、共同资源	公共需求、政府财力	免费消费	政府主导模式
俱乐部产品	公共需求、消费者消费能力、政府财力	适当付费消费	政府与市场相结合模式

对纯公共产品和共同资源，由于具有消费的非排他性特点，这类公共产品的供给往往只能依靠政府。为满足人民群众对这些类型的公共产品不断增长的新需求，可以在政府部门的主导下，充分利用先进技术甚至突破性的新技术开发新产品，满足公共需求，带动新兴产业的形成和发展。这种情况下，政府部门在综合考虑国家发展和人民群众对公共产品的新需求，以及政府的财政力量等因素基础上，直接主导相关的新兴产业的形成和发展。例如，我国航天等产业的形成和发展就是其典型代表。

对俱乐部产品，由于具有消费的排他性特征，可以通过收取费用等方式将部分人员排除在消费者之外，这类公共产品的供给可以同时发挥政府的干预调节作用和市场机制的作用。推动这类新兴产业的形成和发展，充分运用先进技术，甚至突破性的新技术开发满足公共需求的新产品，既要考虑人民群众的消费需求和能力，又要综合考虑政府的财政补贴和支持能力。例如，我国高速铁路等产业的发展就是其典型代表。

2. 根据技术来源和公共需求类型分类

类似于市场需求拉动新兴产业形成和发展模式的分类方法，也可以从技术来源和公共需求类型两个维度相结合的角度对公共需求拉动新兴产业形成和发展的模式进行分类，由此可以分为四种模式（图 3-4）。

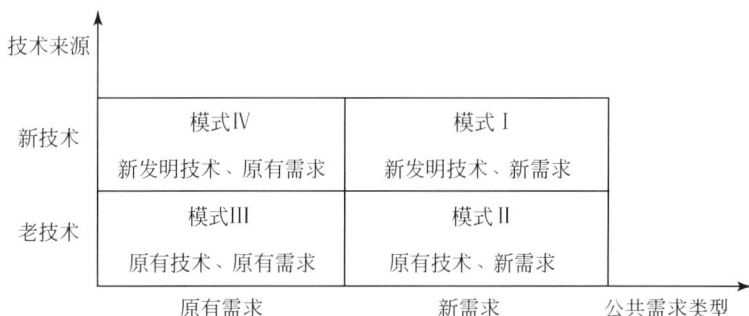

图 3-4　满足公共需求的新兴产业形成模式分析

模式Ⅰ即"新发明技术、新需求"。这种模式是指突破性的新技术发明和运用创造出全新的公共产品，满足人民群众新的公共需求，带动新兴产业的形成和发展。例如，航天技术和产品的开发使得人类社会对宇宙和太空有了全新的认识，给人们带来了全新的关于宇宙和太空的新知识，满足了人们对新知识的公共消费需求，同时也带动了航天产业的形成和发展。

模式Ⅱ即"原有技术、新需求"。这种模式是通过已有先进技术的创新性运用创造出新的公共产品，满足人民群众新的公共需求，带动新兴产业的形成和发展。例如，工业化的快速推进既大大加速了人类财富的积累，显著提升了民众的物质生活水平，也带来了严重的环境问题。为有效保护环境，需要大力开发和运用环境检测以及能有效处理污水、废气和固体废弃物等的新技术和新产品，目前这些新产品开发实际上大量运用了传统的化工等产业的已有技术。显然，利用已有技术开发满足新的公共需求的新产品，既可以更好地满足民众新的公共需求，也可以带动环保等新兴产业的形成和发展。

模式Ⅲ即"原有技术、原有需求"。这种模式是通过充分运用已有的先进技术，改变传统的公共产品和产业发展依托的基础性技术，实现对已有公共产品和产业的重新塑型，形成全新的产品和产业形态，实现产业替代，更好地满足公共需求，促进新兴产业的形成和发展。例如，为广大民众提供良好的信息服务是最传统和最典型的公共服务之一。传统的信息服务主要采用纸质媒体传送，计算机及网络技术为核心的信息技术的推广运用不仅使得政府部门提供信息服务的及时性、准确性和完整性发生了革命性的变化，带动了公共服务水平的大幅度跃升，而且带动了电子政务相关产业的形成和发展。

模式Ⅳ即"新发明技术、原有需求"。这种模式是借助于突破性新技术发明带来的机会，改变传统的公共产品和产业发展依托的基础性技术，实现对已有公共产品和产业的重新塑型，形成全新的公共产品和产业形态，实现产业替代，更好地满足公共需求，带动新兴产业的形成和发展。例如，蒸汽机的发明和铁路技术的发展带动了铁路运输业的发展。但是传统的铁路的运行速度不能满足当今人们的出行要求。高速铁路（简称高铁）技术的发明和运用，不仅满足了人们要求以更快的速度出行的需要，而且带动形成了高铁这一新兴产业的形成和发展。

总之，在公共需求拉动下，新兴产业的形成和发展模式比较多样，对这些模式的分类既可以按照公共产品的不同类型进行，也可以依据技术来源和公共需求类型的不同进行。显然，新兴产业形成和发展的模式不同，其满足的需求、技术来源等也明显不同，而且各具特色。

3.3.2 公共需求拉动新兴产业形成和发展的典型案例分析

为更深入地理解公共需求拉动新兴产业形成和发展的各种模式及其特点，本节通过两个典型案例展开分析。

案例3-3 高速铁路及相关产业的形成和发展

按照国际铁路联盟的规定，铁路提速达到时速200千米以上，新建铁路达到时速250千米以上，就能被称为高速铁路。高速铁路建设是一个集各项最先进的铁路技术、运营管理方式、市场营销和资金筹措等于一体的十分复杂的系统工程，它包含基础设施、机车车辆、站车运营规则等多方面的技术与管理问题。进入20世纪70年代以后，由于能源危机、环境恶化、交通安全等问题的困扰，人们重新认识到铁路的价值。特别是高速铁路以其速度快、运能大、能耗低、污染轻等一系列的技术优势，适应了现代经济社会发展的需要，满足了人们快速、便捷、安全出行的需求，在部分国家得到快速发展。

航空行业象征交通运输的速度，高速公路则代表交通运输的灵活，大吨位船舶的使用体现交通运输的容量。这些交通行业的快速崛起，对传统交通运输方式——铁路构成极大的威胁与挑战。然而，新技术的注入，使集航空的速度与航海的容量于一体的新一代高速铁路诞生了。国际上首条高速铁路是日本的新干线，于1964年正式开始营运。新干线列车由川崎重工建造，行驶在东京—名古屋—京都—大阪的东海道新干线上，营运平均时速271千米，营运最高时速300千米。

我国的高速铁路业起步于20世纪初期，充分利用我国幅员辽阔、需求巨大的特点，经历了引进消化吸收再创新的典型发展路径。2004～2005年，中国南车青岛四方、中国北车长客股份和唐山车辆公司先后从加拿大庞巴迪、日本川崎重工、法国阿尔斯通和德国西门子引进技术，联合设计生产高速动车组，并按照动车组的车体、转向架、牵引控制、牵引变压器、牵引变流器、牵引电机、制动系统、列车网络控制系统、动车组系统集成技术等关键和主要配套子系统，安排各子系统的技术引进消化吸收和再创新平台。2007年4月18日，140对、时速200千米以上的国产动车组在全国铁路第六次大提速时首次闪亮登场，列车共同的名字叫"和谐号"，中国开始有了属于自己的高速列车。2008年2月26日，铁道部和科学技术部签署了"中国高速列车自主创新联合行动计划"，共同研发运营时速380千米的新一代高速列车。2008年8月1日，京津城际铁路开通运营。中国高铁从时速200千米一跃登上了时速350千米的平台，中国的动车组赶上了世界先进水平。也是从京津城际高铁之后，中国高铁开始向更远方延伸。2008年，时速250千米的合宁高铁、合武高铁、胶济高铁、石太高铁相继建成通车；2009年12月武广高铁开通；2010年郑西高铁、沪宁高铁、沪杭高铁陆续建成通车；2010年12月3日，京沪高铁试运行跑出了最高运行时速486.1千米的世界纪录。截至2010年7月，我国已投入运营的高速铁路（包括新建高速铁路和既有线路提速达到时速200～250千米的线路）6920千米，成为世界上高速铁路系统技术全、集成能力强、运营里程最长、运行速度最高、在建规模最大的国家。

经过原始创新、集成创新、引进消化吸收再创新的有机结合，高铁技术的九大核心技术以及大量的配套技术都已被我国企业掌握，同时带动了高铁相关产业的形成和发展。面对前景广阔的中国高铁市场，全球最先进的道岔技术、最优质的无砟轨道技术、最稳定的高速列车技术等纷纷以最高的性价比涌向中国。国外先进技术引进后，科学技术部与铁道部整合了全国的科技资源，打破了部门、行业、院校、企业的体制壁垒，打造了高铁这一战略性新兴产业的公共创新平台，充分调动各方积极性，既降低了创新的风险与成本，又加快了成果的转化和运用水平，使基础研发到产业化生产的时间缩短了十几倍。我国高铁不仅将核心技术学到手、用到位，而且还根据我国国情、路情，不断填补高铁技术空白，将高铁理论与技术发展到新的高度。目前，我国高铁不仅在关键技术领域取得一系列重大创新成果，还建立了具有自主知识产权、世界一流水平的中国高铁技术体系。从 2003 年到 2010 年 7 月，我国已申请高铁技术相关专利约 2000 件，其中已经授权的专利约 1500 件。在高铁工程技术提高的同时，与之相关的新材料等产业也随之进步。时速 350 千米动车组牵引电机上的瓷瓶是一个很好的例子。起初考虑到国内技术未达到标准，牵引电机上的这个起绝缘作用的高压端子瓷瓶必须从外国进口，南车株洲电机有限公司与温州一家企业联合进行国产化攻关，利用国内技术填补了这项空白。在高铁制造中，我国依靠攻关取得突破的成果有百项之多。

我国高速铁路的发展不仅突破了一系列世界性的技术难题，而且催生了一批高铁技术研发、设计、装备制造和工程承包的龙头企业或高新技术企业。还是因为高铁技术的不断提升，需要大量采用冶金、机械、精密仪器、电力设备和信息控制等行业的高新技术产品，从而极大地带动了这些行业的技术创新和产业发展，促进了多个行业的产业结构优化和升级。同时，高速铁路的发展还大大缩减了人们的出行时间，促进了铁路沿线地区经济的发展，节约了能源，减少了环境污染，很好地满足了我国幅员辽阔、人口众多、运输量快速增长的需要。

高铁的发展提供的服务是比较典型的俱乐部产品，该产业的形成和发展是充分考虑我国广大民众对基础设施建设的需求，借助于突破性的铁路新技术发明带来的机会，改变传统的产业发展依托的关键性技术，实现对已有产业的重新塑型，实现产业替代，满足了人们要求以更快的速度出行的需要，带动新兴产业形成和发展的典型案例。我国高铁产业的形成和发展历程及经验表明，加强基础设施建设，不仅能够提供更好的公共产品和服务，还可以有效促进新兴产业的形成和发展。

然而，要充分运用公共需求带动新兴产业的形成和发展，政府的科学决策发挥着至关重要的作用。政府决策直接决定着能否在我国形成和发展高速铁路产业；政府决策是引进发展高速铁路还是引进消化吸收再创新发展高速铁路，直接决定着我国高速铁路产业的形成和发展路径，直接影响着我国这一产业的发展水平和国际竞争力。因此，尽管公共需求可以带动新兴产业的形成和发展，但是其带动效果直接受到政府决策的影响，政府的决策直接决定相关新兴产业的发展速度、质量和水平。

案例3-4　污水处理及其产业的形成和发展

工业革命的发生和人们生活水平的提高大幅提升了水资源的消耗，污水大量产生。如果污水不能得到有效的处理，不仅会严重影响人们的身体健康，还会使生产和生活用水大量减少。在这样的背景下，污水处理技术、相关产品和相关产业逐步发展起来。

早在工业革命以前，人们就已经有了使用下水道排放污水的历史。从美索不达米亚帝国（公元前3500～前2500年）的雨水排水系统到古希腊人（公元前500年～前300年）通过下水道将污水引入农田的排水方法，人们已经意识到应采用一些简单的、自然净化的方法对污水进行处理。19世纪早期，因为工业革命步伐加快而出现的环境问题引起了社会的广泛关注，人们认识到污水容易引发疾病，促进了水处理技术的发展。在1850～1950年的一个世纪间，出现了一系列污水处理技术，如土地处理、化学处理、沉淀处理、生物滤池、活性污泥等多种方法。虽然当时并未形成环保产业，但这些污水处理技术为环保产业的发展奠定了基础。

20世纪50年代以后，全球人口急剧增加，工业化进程加速推进，人类对水资源的需求以惊人的速度增长，而日益严重的水污染却使可利用的水资源快速减少，全球水资源状况迅速恶化，严重危及人类的生存和发展。随着公众的环保意识日益增强，保护环境的要求越来越高，发达国家的环保产业逐步发展起来。早期污水处理除了建立水质标准之外，重点在于推广现有技术，并在现有技术的基础上开发新的污水处理工艺，如营养物去除、污泥处理及处置、污水厌氧处理、计算机模拟和控制、芦苇墙/人工湿地、膜处理等。芬兰是世界上城市和工业废水处理最发达的国家之一，早在20世纪初就在首都赫尔辛基建造了第一家城市污水处理厂，污水处理在德国也已有近百年的历史，但是总体而言国际上污水处理厂的大规模建设开始于20世纪70年代。

改革开放以来，随着我国经济的快速发展，水污染问题日益突出，并且呈现出以泰晤士河黑臭缺氧为代表的第一代水污染、重金属和有毒化学品为代表的第二代水污染，以及以营养元素超量为代表的第三代水污染几乎同时出现的特征。目前，我国的水污染治理需求与发达国家相比更为紧迫。1957 年我国开始对电渗析和离子交换膜进行研究。1978 年我国成功地用高分子混凝剂——磁凝聚法和磁盘法处理炼钢污水。国家"七五"、"八五"、"九五"科技攻关课题的设立和攻关，使我国污水处理新技术、污泥处理新技术、再生水回用新技术等都取得长足进步，同时国外的污水处理新技术、新工艺、新设备被引进我国，污水处理产业得到快速发展。发展路径大致为从解放初期全国仅有几个城市建设了不到 10 家污水处理厂，到国内首个大型污水处理厂——天津市纪庄子污水处理厂的诞生，再到后来引进外资建设的高碑店污水处理厂、天津东郊污水处理厂、成都三瓦窑污水处理厂、杭州四堡污水处理厂、沈阳北部污水处理厂、郑州王新庄污水处理厂等。截至 2006 年，我国共有污水处理厂 937 家，其中最多的是江苏省，共有 154 家，其次是山东和广东，分别为 104 家和 84 家。

现代污水处理技术按处理程度划分，可分为一级处理、二级处理和三级处理。一级处理主要去除污水中呈悬浮状态的固体污染物质，经过一级处理的污水中的生化耗氧量（BOD）一般可去除 30% 左右，还达不到排放标准；二级处理主要去除污水中呈胶体和溶解状态的有机污染物，去除率可达 90%以上，使有机污染物达到排放标准；三级处理进一步处理难降解的有机物、氮和磷等能够导致水体富营养化的可溶性无机物等，主要方法有生物脱氮除磷法、混凝沉淀法、砂率法、活性炭吸附法、离子交换法和电渗分析法等。

大量污水处理厂的建设直接带动了我国污水处理产业的形成和发展，产业产值大幅增长，从 2005 年的约 20 亿元增长到 2009 年的约 100 亿元，发展规模以上企业 249 家，形成了具有一定规模的污水处理产业。随着我国经济发展水平和人民生活水平的提高，未来我国的污水处理产业还有比较大的发展空间。

污水处理产业的形成和发展，是在水资源保护和利用这一新的公共需求的拉动下，创造发明新的先进技术开发新产品、提供新服务、实现新兴产业发展的典型案例。案例 3-4 表明，随着社会的进步和人民生活水平的提高，民众对公共产品和服务的需求，不仅数量在不断扩大，而且类型也在不断增加，这为新兴产业的形成和发展创造了新机会。及时把握人们对公共产品和服务的新需求，在政府强有力的推动下，加强新技术的研发和新产品的开发，促进新兴产业的形成和发展，不仅能更好地满足人民群众的新需求，而且会促进经济的发展和社会的进步。

污水处理产业的形成和发展还表明，公共需求带动新兴产业的形成和发展，一方面与产业发展需要的技术发展水平密切相关，先进适用的技术是支撑产业形成和发展的必要条件；另一方面国家的经济发展水平和政府财力是决定产业形成和发展水平的核心影响因素，一个国家的经济越发达，提供的公共产品和服务水平越高，相关的新兴产业的形成和发展越快，水平越高。

3.3.3　公共需求拉动新兴产业形成和发展的特点

结合理论分析和典型案例剖析可以发现，满足公共需求带动新兴产业形成和发展，有多方面的特点。

1. 公共需求是拉动新兴产业形成和发展的重要力量

案例分析表明，新兴产业的形成和发展，不仅可以发挥市场需求的拉动作用，也可以充分利用公共需求的带动作用。当今社会许多重要的新兴产业，如环保、国防、航天、重大基础设施建设等相关产业的形成和发展，都是公共需求拉动的结果。因此，政府部门在制定规划和政策促进新兴产业的形成和发展过程中，既要注意通过培育和发展新兴产业满足市场需求，也要充分考虑公共需求的需要。

我国高铁的发展历程和经验还表明，巨大和独特的需求是国际竞争中可以有效运用的非常重要的力量。我国高铁及其产业的发展，得益于能成功地引进多个国家的先进技术，并消化吸收再创新，这是我国高铁及其产业快速形成和发展的重要原因之一。然而，我国其他为数不少的产业领域，在走引进消化吸收再创新的发展道路时，要么就根本无法引进外国公司掌控的核心技术；要么即使能引进，但外国公司的知识产权保护等多种因素使我国企业很难实现消化吸收再创新。为什么高铁行业能够成功实现国外核心技术的引进，重要原因之一是从世界范围来看，对高铁有需求的国家很少，对高铁有巨大需求的国家更少，外国公司开发和掌握的核心技术能够运用的机会非常有限，为了能够进入中国这个巨大的市场，不得不在技术转让等方面给予我国比较多的便利和优惠。毋庸置疑，巨大的需求对高铁产业的形成和发展发挥了重要的作用。因此，通过公共需求带动新兴产业的形成和发展，应该特别注意充分发掘需求推动这一独特的力量。

2. 政府决策直接影响满足公共需求的新兴产业的形成和发展

通过满足公共需求带动新兴产业的形成和发展，政府决策发挥关键性的作用。高铁、污水治理等满足公共需求的新兴产业的形成和发展历程表明，随着广大民众公共需求水平的提高，在一定时期内优先满足民众的哪些公共需求，以什么样的水平满足民众的公共需求，选择什么样的发展途径满足民众的公共需求，直接决定了哪些新兴产业能够形成和发展，以及新兴产业形成和发展的速度、规模和质量。因此，政府部门在提供公共产品和服务以满足公共需求的决策过程中，要通过科学决策把公共需求的满足与新兴产业的形成和发展有机结合起来，一方面充分发挥公共需求对新兴产业形成和发展的拉动作用，另一方面注意通过加快新兴产业形成和发展更好地满足公共需求。

3. 国家的经济发展水平和财政能力，是影响满足公共需求的新兴产业形成和发展的重要因素

通过满足公共需求带动新兴产业形成和发展，政府的公共服务水平和能力是直接影响因素。政府能够提供的公共服务越多，水平越高，对新兴产业形成和发展的需求就越大。同时，政府的公共服务水平又与国家的经济发展水平和财政能力紧密相连，一般情况下，国家的经济发展水平越高、财政能力越强，可以提供的公共服务就越多，并且水平也越高。因此，国家的经济发展水平和财政能力是影响新兴产业形成和发展的重要因素。

4. 自主创新能力是满足公共需求的新兴产业形成和发展的基础

高铁、污水治理等产业的形成和发展历程也表明，当今世界培育和发展新兴产业以更好地满足民众的公共需求，必须大量研发新技术和开发新产品，必须依靠科技创新。如果一个国家的科学技术发展水平不高，新技术研发和新产品开发能力不强，只能通过引进新技术和新产品更好地满足公共需求，必然导致该国的相关产业很难快速形成和高水平发展，反而帮助其他国家发展了相关的产业。因此，要把满足公共需求与促进新兴产业形成和发展有机结合起来，必须加快科学技术的发展，增强自主创新能力。

5. 满足公共需求的新产品开发和运用主要面临技术风险，有利于发挥"举国体制"的作用

满足市场需求的新技术研发和新产品开发不仅面临技术风险，而且面临市场

风险，很可能即使研发出了很先进的技术，开发出了性能很好的产品，但是不易被市场接受，导致新产品开发的失败，相关企业的大量投入不能获得应有的回报，直接影响其生存和发展。然而，满足公共需求，研发新技术和开发新产品，特别是开发纯公共产品和共同资源，民众消费这些产品往往是政府为其付费和买单，虽然也可能出现公共服务过度供给的问题，但是由于开发这类公共产品和提供公共服务的企业主要依靠财政投入，一般不存在不能收回投资的风险，其主要面临的是技术风险。这样，满足公共需求带动新兴产业的形成和发展，相比满足市场需求的新兴产业形成和发展，面临的风险更小，更能够发挥政府的引导甚至主导作用，更能够有效运用"集中力量办大事"的制度优势，更能够发挥"举国体制"的作用。

6. 满足公共需求的新兴产业形成和发展，可以充分发挥市场机制的作用

高铁、污水治理等产业的形成和发展历程还表明，满足公共需求带动新兴产业形成和发展，政府应该和可以发挥极其重要的作用。但是，这并不意味着这类新兴产业的形成和发展都应由政府包办。大量案例证明，民营企业完全可以通过市场机制参与满足公共需求的新产品开发甚至提供公共服务。在我国高铁产业形成和发展的过程中，有大量的民营企业参与配套研发和生产部分零部件；在我国污水处理产业形成和发展过程中，不少民营企业不仅参与环保设备的研发和生产，甚至参与污水处理企业的运营。这些都说明，满足公共需求的新兴产业的形成和发展，可以充分发挥市场机制的作用，让民营企业充分参与。这样，不仅能加快满足公共需求的新兴产业的形成和发展，还会显著带动民营企业的发展，加快公共产品相关技术向市场需求的产品转移，促进技术转移扩散和社会进步。

3.4 市场需求和公共需求拉动新兴产业形成和发展模式的比较

市场需求和公共需求都是促进新兴产业形成和发展的重要力量。比较这两种需求拉动新兴产业形成和发展的特点可以发现，他们有许多共同点。例如，都以科学技术发展为基础，需要具有较强的自主创新能力，都需要政府的支持和良好的环境。但是，他们之间又存在许多显著的差别。

3.4.1 市场需求和公共需求拉动新兴产业形成和发展模式的差别

市场需求和公共需求促进新兴产业形成上的差别，可以用表 3-3 描述。

表 3-3 市场需求和公共需求促进新兴产业形成上的差别

比较内容	市场需求带动新兴产业形成和发展	公共需求带动新兴产业形成和发展
需求类型	市场需求	公共需求
主要效益	经济效益	社会效益
主要风险	市场风险和技术风险并存	技术风险
管理和运行机制	市场机制	计划机制
投资主体	企业	政府
主要影响因素	科技发展水平和自主创新能力 经济发展水平 市场运行环境	科技发展水平和自主创新能力 经济发展水平和财政能力 政府决策水平和协调能力

市场需求和公共需求促进新兴产业形成和发展，所针对的需求类型明显不同，前者主要满足的是市场需求，通过满足市场需求产生经济效益；后者主要满足的是公共需求，主要产生的是社会效益。

由于通过市场需求和公共需求带动新兴产业形成和发展所满足的需求和产生的效益不同，直接决定了其管理和运行机制的不同。通过满足市场需求带动新兴产业的形成和发展，不仅面临很大的技术风险，更要应对巨大的市场风险。这种情况下，不管是个人还是组织都极难充分和准确地掌握有关新兴产业形成和发展的相关信息，极难对新兴产业的形成和发展进行预测与规划，由此也极难选择合适的时机通过集中相关的各种资源直接推动特定新兴产业的形成和发展。通过满足市场需求带动新兴产业的形成和发展，只能采取市场机制，以多样性应对高风险性，让企业作为投资的主体，通过广大企业在市场中的公平和有效竞争，淘汰不适应市场需求的新技术和新产品设计方案，逐渐确立主导设计和技术标准，带动新兴产业的形成和发展。

通过满足公共需求带动新兴产业的形成和发展，针对的是公共需求，主要面临的是技术风险，不确定性相对比较低。这种情况下，可以充分发挥政府的干预和调节作用，根据国家或地区经济发展和社会进步的新需要，充分考虑人民群众的新需求，分析和确定未来一段时间应该优先满足的新的公共需求，谋划需要开发的新技术以及新的公共产品和服务，明确需要形成和发展的新兴产业。在此基础上，通过组织运用相关资源，发挥"举国体制"的优势和作用，支持和促进新兴产业的形成和发展。

新兴产业的形成和发展能力及水平受到多种因素的影响。已有分析表明，不管是通过市场需求还是公共需求带动新兴产业的形成和发展，其发展水平均受到该国的科技发展水平和自主创新能力以及经济发展水平的影响。同时，由于市场需求和公共需求带动新兴产业形成和发展的机理不同，影响各自发展水平和能力的因素不同。由于前者需要通过运用市场机制促进其形成和发展，营造公平和有效的市场竞争环境尤其重要；后者主要通过政府干预和调节作用发展，政府的决策水平、财政能力和协调能力是影响其形成和发展的主要因素之一。

总之，满足市场需求带动新兴产业的形成和发展，必须充分发挥市场机制的作用，必须营造公平和有效的市场竞争环境，必须促进企业发展水平的提升。通过公共需求促进新兴产业的形成和发展，可以充分发挥政府的干预和调节作用，通过提升政府的决策水平和协调能力，发挥"举国体制"和"集中力量办大事"的优势，加快新兴产业的形成和发展。

3.4.2 比较分析带来的启示

通过一系列的比较和分析，对采取有效举措加快新兴产业的形成和发展带来一系列的启示。

（1）促进新兴产业的形成和发展，可以综合运用科技和市场等多种力量。通过构建新兴产业形成和发展模式的分析模型，并进行一系列的典型案例分析发现，新兴产业形成和发展的动力，既可能来自新的需求的拉动，也可能来自新技术的发明及其扩散应用的推动。再对需求拉动情况进一步细分，促进新兴产业的形成和发展，既可能来自市场需求的拉动，也可能来自公共需求的带动。这样，驱动新兴产业形成和发展的力量较多，模式比较多样。在推动新兴产业形成和发展的过程中，要注意充分发挥各种力量的作用，并将其有效整合，加快新兴产业的形成和发展。

（2）已有先进技术的突破性和创新性运用，是新兴产业形成和发展的有效模式。促进新兴产业形成和发展，既可以通过发明突破性的新技术和开发全新的产品实现，也可以通过突破性和创新性地运用已有的先进技术达到目的。目前，我国的原始创新能力还不强，突破性的新技术发明还极少，但是可以充分利用我国人口众多、需求巨大等优势，通过突破性和创新性地运用已有的先进技术，促进新兴产业的形成和发展。

（3）新兴产业的形成和发展模式不同，运用的推进策略也应不同。加快新兴产业的形成和发展，既可以发挥市场需求的拉动作用，也可以运用公共需求的带动作用，模式比较多样。由于不同模式下新兴产业形成和发展的机理和路径不同，需要的推进机制也应不同。通过市场需求拉动新兴产业的形成和发展，必须充分发挥市场机制的作用，政府的核心任务是营造公平和有效的市场竞争环境。通过满足公共需求促进新兴产业形成和发展，政府部门能够通过科学的规划和决策，发挥"举国体制"和"集中力量办大事"的优势，加快新兴产业的形成和发展。这样，政府部门在制定政策和采取举措推进新兴产业的形成和发展过程中，必须注意针对不同的情况采用不同的推进策略。

（4）满足公共需求带动新兴产业的形成和发展，其路径选择不同对带动效果影响很大。满足新的公共需求是带动新兴产业形成和发展的有效途径。但是，要充分发挥公共需求的带动作用，需要选择合适的路径。例如，对高铁的发展而言，如果完全依靠引进国外的技术和设备发展高速铁路，只是更好地满足了民众希望出行便捷对基础公共设施的需求，不能有效带动高铁制造业这一新兴产业的形成和发展；不同的是，如果强调的是引进消化吸收再创新，自主发展高铁，不仅能更好地满足民众新的公共需求，还有效带动了我国高铁设备制造业这一新兴产业的形成和发展。因此，最大限度地发挥公共需求对新兴产业形成和发展的促进作用，需要提升政府的科学决策水平，把公共需求的满足与新兴产业的形成和发展有机结合起来。

（5）原始创新能力和产业协同创新能力是支撑新兴产业形成和发展的重要基础。新兴产业的形成和发展模式分析模型表明，新兴产业的形成和发展要么依靠突破性新技术的发明和运用，要么依靠已有先进技术的突破性和创新性运用。这就意味着要培育和发展新兴产业，必须提升科学技术发展水平，形成比较强的原始创新能力。同时，新兴产业的形成和发展，不仅涉及新产品的开发和创新，还必须有新产品生产需要的原材料和零部件的配套开发和创新，需要有新产品生产需要的生产工艺设备的配套开发和创新，新兴产业形成和发展必须具有产业内相关联的多类企业的协同和配套创新能力。显然，如果缺乏原始创新和协同创新能力，培育和发展新兴产业就成为无源之水、无本之木。为此，必须调整我国的科技管理体制和政策，把科技创新的重点由以跟随模仿为主向原始创新转变，由关注独立创新向加强协同创新转变，在突破性新技术发明及其创新性运用上实现突破。

（6）加快新兴产业的形成和发展，必须营造良好的创新创业和小微企业成长发展环境。已有分析表明，市场需求带动新兴产业的形成和发展，需要有良好的环境，其中最关键的是要营造良好的创新创业和小微企业成长发展的环境。实际上，运用公共需求带动新兴产业的形成和发展，也需要营造良好的创新创业和小微企业成长发展环境。这是因为通过公共需求拉动新兴产业的形成和发展，往往需要发展一大批相互关联的企业。高铁产业的形成和发展需要发展铁路机车制造业、铁路工程施工等一系列的配套企业；污水处理产业的形成和发展需要发展污水处理设备制造业等一系列的配套企业。如果有良好的创新创业和小微企业成长发展环境，来保障相关企业更好地创建、成长和壮大，不仅使各类需求能得到更好的满足，相关的产业也能得到更好更快的发展。

3.5　本 章 小 结

驱动新兴产业形成和发展的动力主要有两个：一是需求拉动；二是科技创新驱动。需求拉动包括需求层次提升、需求品种扩大以及人类社会面临的环境和资源压力形成的新需求等。科技创新推动，一种是原创性技术的突破带动新兴产业的形成和发展，另一种是先进技术扩散到其他领域带动新兴产业的形成和发展。

影响新兴产业形成和发展的因素比较多样，不同类型新兴产业形成和发展的过程中，各种影响因素发挥的作用显著不同，有些更多的是科技创新推动的结果，有些更多的是因为需求的拉动，新兴产业形成和发展有多种不同的模式。通过细分，新兴产业形成和发展的主要影响因素主要有私人需求、公共需求、原有需求、新的需求、新发明技术应用和已有技术应用。

在私人需求（即市场需求）拉动下，从技术和市场相结合的角度分析，可以发现有四种典型的新兴产业的形成和发展模式。市场需求拉动新兴产业的形成和发展有多方面的特点：一是突破性新技术的发明和运用是战略性新兴产业形成和发展的基础；二是适应于需求层次的提升，独创性地运用已有的先进技术，可以有效带动新兴产业的形成和发展；三是充分利用能力破坏型技术出现带来的机会重新塑型原有产业，是发展中国家培育和发展新兴产业的有效途径；四是市场需求拉动新兴产业的形成和发展，不仅具有较高的技术风险，更面临很大的市场风险，需要充分发挥市场机制的作用；五是创新创业和微小企业成长对新兴产业的形成和发展至关重要。

公共需求也是带动新兴产业的形成和发展的重要力量。满足公共需求带动新兴产业形成和发展有显著的特点：一是政府的决策水平直接影响满足公共需求的新兴产业的形成和发展水平；二是国家的经济发展水平和财政能力是影响新兴产业形成和发展的重要因素；三是自主创新能力是新兴产业形成和发展的基础；四是满足公共需求的新产品开发和运用主要面临技术风险，有利于发挥"举国体制"的作用；五是满足公共需求的新兴产业的形成和发展，可以充分发挥市场机制的作用。

市场需求与公共需求拉动新兴产业形成和发展，存在显著的差别。首先是满足的需求和产生的效益不同。前者主要满足的是市场需求，通过满足市场需求产生经济效益；后者主要满足的是公共需求，主要产生的是社会效益。其次是面临的风险不同。前者不仅面临很大的技术风险，更要应对巨大的市场风险；后者主要面临技术风险。最后是投资主体和运行机制不同。前者的投资主体是企业，主要依靠市场机制；后者的投资主体是政府，可以发挥计划机制的作用。

分析新兴产业的形成和发展模式带来多方面的启示：一是促进新兴产业的形成和发展，可以综合运用科技和市场等多种力量；二是已有先进技术的突破性和创新性运用，是新兴产业形成和发展的有效模式；三是新兴产业的形成和发展模式不同，运用的推进策略也应不同；四是满足公共需求带动新兴产业的形成和发展，其路径选择不同对发展效果的影响很大；五是原始创新能力和产业协同创新能力是支撑新兴产业形成和发展的重要基础。

|第 4 章| 全球化背景下国家或地区培育和发展新兴产业的路径及特点

当今世界的基本特征之一就是全球化，全球化改变了传统的产业发展模式，越来越多的产业发展实现了跨地区甚至跨国家的分工，产业的国际化分工特点越来越显著。在产业国际化分工的过程中，不同国家或地区的资源禀赋和创新能力等的不同，使其在产业国际分工中所处的区段和地位明显不同，直接导致不同国家或地区在新兴产业培育和发展过程中能发挥的作用不同，也使得不同的国家或地区培育和发展新兴产业的路径不同。为此，需要针对国家或地区研究新兴产业的培育和发展路径及其特点。

本章首先分析全球化的基本特征和动因以及全球化背景下产业国际分工的特点；其次基于对新兴产业培育和发展过程的分析，提出国家或地区培育和发展新兴产业的四种典型路径，分析各种路径的基本特点；最后通过典型案例剖析研究了不同的新兴产业培育和发展路径对国家或地区经济社会发展的作用，比较了它们之间的差别。

4.1 经济全球化及其产业国际分工的特点

4.1.1 经济全球化及其基本特征

经济全球化是社会生产力和科学技术不断发展的结果，是各种经济资源和生产要素突破国界、在全球范围内自由流动和优化配置的过程，是各国经济日益开放和不断融合向全球市场化发展的过程，是一体化与多样化、合作与冲突共存的过程，是经济发展概念更新和范式转换的过程。

经济全球化最显著的特征是各国经济发展的相互依存度更大，联系更为密切。具体而言，经济全球化的基本特征主要有以下几点（关进礼，2008）。

（1）市场全球化。世界市场自建立之初，存在着各种各样的人为障碍和贸易壁垒。各国在利用世界市场发展本国经济的同时，也制定了各种限制政策与措施，在不同程度上阻拦外国产品进入本国，以此保护本国市场和经济发展。虽然在不同的发展时期，世界市场上贸易障碍的强弱程度不尽相同，但世界市场与贸易障碍却总是相伴而生。然而，在全球化浪潮的推动下，当今世界逐渐形成了由发达国家、发展中国家等广泛参与的真正全球统一的大市场。这种全球性的市场，其联结的媒介显著增多，除了国际商品贸易、国际直接投资有了更大发展外，还发展了国际技术流动、国际劳务流动等新的联结纽带，使全球各国和各地区之间的经济联系和相互依存越来越密切。

（2）生产全球化。生产全球化是经济全球化的主要特征，也是推动经济全球化的主要动力。20世纪90年代以来，国际产业分工进一步向广度和深度发展，从广度上讲，参与国际产业分工的国家和地区已遍及全球；从深度上讲，国际分工越来越细，已由过去单一的垂直型分工发展为垂直型、水平型和混合型多种分工形式并存的新格局。同时，国际直接投资迅速发展，通过投资设厂，在生产领域和在生产过程中把各国经济紧密联系起来。

（3）企业全球化。跨国公司既是生产和资本国际化的产物，又进一步促进生产和资本的国际化和全球化。跨国公司在全球经济活动中的地位十分重要，一直是国际直接投资的主导力量。全球化的发展使跨国公司的生产在全球范围内组织，竞争也在全球范围内展开。20世纪90年代以来，跨国兼并现象比较突出，并呈现出兼并规模大、数量多、涉及金额巨大等特点。这种企业的兼并浪潮客观上加速了经济全球化的进程。

（4）贸易全球化。贸易全球化有多种表现形式。首先，国际间的产业转移使各国间交流产品的必要性大大增加。其次，新科技革命推动下的高效率大批量生产，也要求在全球范围内开拓市场，扩大国际贸易规模。再次，人们生活水平的提高增加了对国外产品的需求，从而促进贸易全球化。最后，便捷灵活的贸易方式和国际协调对贸易的限制减少，促进了贸易全球化。第二次世界大战后，国际贸易总量和规模不断扩大，而国际贸易的进一步增长又有力地推动了经济全球化的发展。

（5）市场经济体制全球化。虽然西方发达国家实行市场经济已有几百年的历史，第二次世界大战后相继取得民族独立的发展中国家也大多选择了市场经济体制，但真正意义上的市场经济体制全球化还只是20世纪末的事。目前，市场经济体制已成为不同制度国家的共同体制，从而为市场经济体制全球化奠定了制度性的基础。经济全球化以市场经济体制的全球化为基础，没有市场经济体制的全球化就没有生产要素的国际间的自由流动，也就谈不上真正意义的经济全球化。

（6）金融全球化。20世纪90年代以来，随着现代信息通信技术飞速发展和广泛运用，尤其是随着各国对资本流动管制的解除和"电子货币"（信用卡）的流行，货币的国际交换和流动的规模日益扩大，使经济信息在全球迅速、准确地传递，大大促进了国际性金融市场的发展，加速了金融的全球化。

4.1.2 经济全球化的动因

近年来，之所以经济全球化步伐不断加快，有多方面的原因（陈九龙，2002）。

（1）经济全球化的根本动力是资本追求利润最大化。资本的本性是无限地榨取剩余价值，实现资本的增值。对市场的占有和扩大市场份额，增加规模经济，是资本增值的主要和有效途径。要满足规模经济的要求，单靠国内市场是远远不够的，必须开拓国际市场，必须广泛落户，以寻找能够产生剩余价值的所在。正如马克思所说："创造世界市场的趋势已经直接包含在资本的概念本身中。"这也就说明，经济全球化是不可逆转的，它具有必然性。

（2）科学技术的快速发展和广泛运用为经济全球化提供了基础和保障。20世纪以来，特别是第二次世界大战以后，以信息技术、现代交通运输技术、新材料技术、空间技术、海洋技术等为代表的现代高技术群的出现，大大加快了各个国家、各个地区之间的信息流、物资流、资金流、技术流和人流的流动速度，使相隔数千里甚至上万里的世界瞬间变成了一个地球村，从而在很大程度上缩小了人际、组织、民族、国家间交往的时空，为加速经济全球化的进程奠定了坚实的物质技术基础，提供了可靠的信息、交通工具和手段。

（3）发达国家的商品、资本的过剩和技术的超前与其资源、能源、市场、廉价劳动力缺乏之间的矛盾是经济全球化的内在动因。事实上，20世纪以来，世界经济的国际化趋势一直在逐渐发展，大体经历了商品国际化、资本国际化和生产国际化三个阶段。而经济全球化只是这种世界经济发展过程中的突变和飞跃。跨国公司的出现是经济全球化的主要承担者和体现者。由于它们拥有雄厚的技术和资金资源，储存大量的过剩商品，加之受到本国、本地区生产资源、消费市场和有限廉价劳动力的限制，这就迫使他们要进行商品、资本和技术的输出。尽管这种输出客观上促进了输入国的经济、技术和社会的发展，但其主观动机则是以获取最大的经济利润为目的。因此，经济全球化进程中，发达国家是主要提倡者和推动者。

（4）发展中国家为了缩小与发达国家在经济、技术和综合国力上的差距，无论是主动还是被动，都不得不投入到经济全球化的浪潮中去，这是客观上促进经济全球化的又一内在动因。由于种种原因，20世纪后半期，发展中国家的科学技术、生产力、经济和社会等的发展水平与发达国家的差距越来越大。一些发展中国家为了缩小这一差距，便积极地融入世界经济体系中，以吸收发达国家的技术、资金和先进的管理经验来发展本国的经济。此举产生了显著的效果，20世纪 70 年代到 80 年代发展起来的韩国、新加坡、泰国，以及我国的台湾和香港地区就是最明显的例证。正是基于这些后起的工业化国家和地区的影响，其他一些发展中国家和地区才清楚地认识到，只有顺应经济全球化的客观潮流，采取正确的政策和措施，使本国的经济尽快地、更好地融入国际经济体系，才能不被经济全球化的浪潮所淹没。当然，发展中国家不管是主动还是被动，是乐观还是悲观，是积极顺应还是消极接受，实际上表明他们已被纳入经济全球化的潮流中。事实上，若没有发展中国家参与经济全球化，新的世界经济格局和秩序的形成则是不可能的，至少是不完善的。

4.1.3 全球化背景下产业国际分工的特点

经济全球化的核心是产业全球化和产业国际分工的细化。产业全球化是指产业组织在全球范围内的扩张和活动，产业结构在全球范围内的演变和升级（王述英和姜瑛，2001）。一个国家的产业政策和产业转型往往会受到全球产业发展的影响，因此只有紧紧把握产业全球化发展的脉搏，并大力推进产业全球化，才能最终走向经济全球化。

随着信息技术和交通运输技术等的发展，国际贸易与投资扩张进入了全新的时期，国际分工不断细化，世界各国之间的经济依存度进一步提高，国际产业分工呈现出一些新的特点。

第一，产业分工层次进一步细化。早期的分工主要表现为产业间分工，即发达国家与发展中国家分别以工业和传统农业为主推进自身产业的发展。从 20 世纪 60 年代开始，国际分工通常表现为产业的梯度转移，即发达国家将大量的劳动密集型和资本密集型产业转移到发展中国家或地区，国际分工逐步由产业间分工转变为由于产品差异化和规模经济而产生的产业内分工；20 世纪末，在信息技术革命的基础上，国际分工进一步细化，向垂直分工与水平分工立体交叉的方向推进，并且产业间的转移突破了传统的模式，发展中国家的产业链延伸到发达国家，与发达国家共享产业价值链。

第二，产业分工内涵进一步深化。20 世纪中叶前期，世界各国按照各自的资源条件和比较优势参与国际分工，并通过国际贸易的方式分享分工带来的利益；第二次世界大战后，随着跨国公司的兴起，国际分工出现了贸易、生产、投资全球化的趋势，一些缺乏生产优势的劳动密集型产业被大规模地从发达国家转移到发展中国家，具有明显的生产性分工的特征。近年来，在经济全球化和网络经济条件下，跨国公司将产品的技术开发、生产、销售等不同环节，甚至是生产过程的不同工序、区段、模块分散到世界各地，利用当地的优质资源进行专业化生产，将产业分工由贸易分工、生产分工转变为要素分工和价值链分工，形成了世界性的产业分工网络，每一个生产环节都已成为世界生产体系的一部分，成为商品价值链中的一个环节。

第三，产业分工形式进一步多样化。以前产品从研发、设计、生产、销售等所有环节都是在企业内部完成，随着产业细分，企业逐渐将一些弱势项目或者成本较高的业务外包给其他企业，走委托制造甚至委托设计之路。例如，NIKE 公司几乎不做任何制造，它只对产品的开发、设计、市场和品牌加以控制，将运动鞋的生产环节转移到劳动成本相对较低的亚洲地区，却可以获得产品 80% 以上的利润，外包生产模式已经成为全球产业分工的潮流。

第四，产业分工的形成机制发生变化。即由市场自发力量决定的分工向由企业主要是由跨国公司经营的分工转变，向由地区产业集团成员内组织的分工发展，出现了产业协议在国际范围内、跨国公司间的分工。

总之，当前的产业国际分工越来越细化、越来越多样化、越来越复杂化，要素分工和价值链分工的特征非常显著，每一生产环节都已成为世界产业分工网络和生产体系的一部分，成为商品价值链中的一个环节。

专栏 4-1　个人计算机产业的国际分工

目前个人计算机产业是一个全球化网络运作的产业，该网络由独立的系统、元器件、外围设备及软件供应商组成。虽然该产业的创新步伐很快，但由于Wintel PC 架构标准处于统治地位，当前其创新在很大程度上属于渐进性创新。

该产业创新活动的全球分工有如下特点：元器件层面的研发（概念设计和产品规划）在美国和日本进行；新平台（尤其是笔记本电脑）的应用研发在台湾进行；成熟产品的开发及大部分生产和维护工程在中国进行。

美国的个人计算机企业和产业发展得益于在创新中的劳动力国际分工，这种分工有利于快速创新，同时加速了新技术运用于新产品的速度。人们对更加小巧、更具移动性的产品需求日益增加，这有利于发挥美国在产品架构设计及初期研发方面的实力。生产活动从美国向外转移，推动了亚洲的新产品开发活动，但是数量相对较少的设计工作大部分仍然留在美国。

资料来源：National Research Council，2008

4.2　全球化背景下国家或地区培育和发展新兴产业的路径

全球化背景下产业分工的国际化，使得新兴产业的形成和发展往往不一定会完全在一个国家或地区完成，不同的阶段有可能在不同的国家或地区实现。不同的国家或地区在新兴产业形成和发展过程中的进入阶段不同，其发挥的作用自然不同，所处产业链的位置也会不同，获得的效益当然也不相同。这样，不同的国家或地区培育和发展新兴产业有多种不同的路径选择。本节主要分析新兴产业培育和发展过程基础上研究国家或地区新兴产业形成和发展的典型路径。

4.2.1　新兴产业的形成和发展过程

根据产业生命周期模型，从全链条的视角看，可以将新兴产业的形成和发展过程进一步细分，划分为新产品研发阶段、新兴产业孕育阶段、新兴产业成长启动阶段、新兴产业加速成长阶段和新兴产业快速发展阶段。

第一阶段，新产品研发阶段。该阶段或者是运用已有的先进技术实现突破性和创新性的新运用，或者是基于科学的重大发现和技术的突破性发明形成的新技术，要么开发能够满足新需求的新产品原型，要么开发能够完全替代原有产品的新产品原型。

第二阶段，新兴产业孕育阶段。该阶段是新产品原型开发企业联合相关企业、高校和科研院所等组成联合体，并综合考虑市场需求特点及技术发展趋势，把新产品原型有效转化为适应市场需要的新产品，实现规模化生产，并推向市场，实现从新技术到新产品再到进入市场的转化。

第三阶段，新兴产业成长启动阶段。在新产品进入市场后，通过对新技术的比较、筛选与完善，技术开发人员对新产品及其相关技术的了解越来越深入，技术发展的方向及技术改进的路径越来越明确，产品创新者与其用户对于期望的产品性能要求越来越趋于一致，反映技术发展方向和市场需求的优秀产品的主导设计在相互竞争中逐渐脱颖而出，并基本形成。

第四阶段，新兴产业加速成长阶段。新产品的主导设计形成后，研发工作围绕主导设计集中开展，一方面使得产品性能快速改进，另一方面重点是加强生产工艺技术和设备的研发，使得生产工艺技术水平快速提升，生产成本大幅下降，产品质量迅速改进，市场规模开始快速扩大，新兴产业进入加速成长阶段。

第五阶段，新兴产业快速发展阶段。产业发展进入减速成长阶段后，主要是对产品及其生产工艺持续进行渐进性创新，不断改进其产品及其生产工艺技术水平，形成大规模、低成本的生产能力，并带动形成比较大的市场规模，成为重要甚至支柱产业。

4.2.2　国家或地区培育和发展新兴产业的典型路径

由于不同国家或地区的技术、人才、资金等各类资源禀赋和比较优势不同，在新兴产业培育和发展过程中的进入阶段和所处的位置明显不同。结合产业生命周期模型，在全球化背景下，对一个国家或地区而言，根据其企业在新兴产业培育和发展过程中所能进入的阶段和发挥的作用不同，将其培育和发展新兴产业的路径分为原创培育发展路径、产品创新发展路径、产品引进和工艺创新发展路径以及完全引进发展路径。

1. 原创培育发展路径

所谓原创培育发展，就是该国家或地区的企业、高校和科研院所等单位能够根据公共需求或私人需求，充分利用已有的知识和技术，特别是借助科学的重大发现和技术的原创性、突破性发明带来的机会，或者研发出能满足新需求的新产品，或者研发出能完全替代原有产品、实现对原有产业重新塑型的新产品，并成功地将新产品推向市场，推动新兴产业的形成和发展，培育和发展新兴产业。

一般而言，如果一个国家或地区能够原创培育发展新兴产业，往往具有强大的科学研究和技术开发能力和原始创新能力，能研发产业形成和发展必需的共性技术和核心技术，能原创培育发展新兴产业。在这样的新兴产业培育和发展路径下，该国家或地区能够从整体上掌握新兴产业培育和发展的主导权，并能够创造良好的效益，显著增强其核心竞争力。目前，能够原创培育和发展新兴产业的国家还很少，以美国为典型代表。

2. 产品创新发展路径

该路径是指一个国家或地区的企业、高校和科研院所等单位虽然没有在新技术和新产品的最早期研发阶段进入和发挥显著作用，但是能在新兴产业孕育或成长启动阶段进入，开发出与已有新产品的功能和满足的需求类似但设计方案有显著不同的产品，对已有的新产品设计方案构成强有力的竞争，并后来居上成为该产业的主导设计，掌控产业发展的核心技术及主导权，在新兴产业的形成和发展过程中发挥关键性的作用。

如果一个国家或地区能够通过产品创新培育和发展新兴产业，标志着该国家和地区也具有很强的技术研发和创新能力，具备原创培育发展新兴产业的能力。在这样的发展路径下，该国家或地区也能通过新兴产业发展创造良好的效益，显著支撑其核心竞争力的增强。目前，能够通过产品创新培育和发展新兴产业的国家或地区还比较少，日本、韩国等是其典型代表。

3. 产品引进和工艺创新发展路径

该路径是指一个国家或地区的企业在产业主导设计已经形成，但是生产工艺技术还有较大的创新空间、新兴产业开始进入加速成长阶段时进入。虽然该国的企业在新产品研发和主导设计确定上发挥的作用比较小，掌握的产品核心技术非常有限，但是通过积极投入开展生产工艺技术和设备等的研发和创新，使生产成本大幅下降，产品质量迅速改进，在新产品的生产工艺技术创新上也能发挥积极的作用。

如果一个国家或地区能以这样的路径培育和发展新兴产业，往往既要利用其企业的生产工艺技术创新能力，又要结合利用其廉价劳动力等资源要素方面的比较优势，使得其生产的新产品具有很明显的成本和价格等优势，促进新兴产业的快速成长和发展。目前，我国少数新兴产业的培育和发展，已经开始实现这样的发展路径。

4. 完全引进发展路径

该路径是指一个国家或地区的企业在新兴产业发展已开始进入减速成长阶段时切入。此时该新兴产业的产品创新和工艺创新空间都已经较小，主要实现渐进性创新，但是由于市场需求还比较大，产业的成长性还非常好，该国家或地区的企业可以利用廉价劳动力或自己独特的资源等优势，通过引进国外已经比较成熟的生产工艺设备，迅速实现新产品的大规模生产和销售，发展新兴产业。

如果一个国家或地区完全依靠引进培育和发展新兴产业，对技术创新能力的要求比较低，但是必须充分发挥其巨大的市场需求、廉价的劳动力、较低的污染成本等优势，通过培育和发展新兴产业实现经济的快速增长，增加就业机会。目前，发展中国家新兴产业的培育和发展，还主要依靠完全引进发展的路径实现。

总体而言，产业的国际化分工导致对一个国家或地区而言，可能有多种新兴产业的培育和发展路径。综合考虑新兴产业培育和发展过程中各阶段的特征，可以发现新兴产业有四条典型的培育和发展路径。一般而言，前两条路径即原创培育发展路径和产品创新发展路径，都需要该国家或地区具有很强的自主创新能力，都需要具备原创培育发展新兴产业的能力，并能够掌握新兴产业培育和发展相关核心技术，由此将这两种路径归类为自主培育发展新兴产业路径。后两条路径即产品引进和工艺创新发展以及完全引进发展，其产业发展的核心技术主要依靠引进，将其归类为引进发展路径。

4.2.3 国家或地区培育和发展新兴产业不同路径的特点分析

对一个国家或地区而言，存在多种不同的新兴产业培育和发展路径，不同路径的特点明显不同（表4-1）。现从进入阶段、核心技术掌握、产业发展重点、竞争优势和效益来源等方面对培育和发展路径进行比较分析。

表4-1　国家或地区培育和发展新兴产业不同路径的比较

比较内容	自主培育发展		引进发展	
	原创培育发展	产品创新发展	产品引进和工艺创新发展	完全引进发展
进入阶段	原创技术研发阶段	相关技术已经出现，但主导设计还未形成阶段	主导设计已经形成但是工艺创新还有较大空间阶段	主导设计已经形成、工艺设计基本稳定阶段
核心技术掌握	掌握绝大多数产业核心技术	掌握部分产业核心技术	极少掌握产业核心技术，只有一些改进性的技术	几乎不掌握任何技术
产业发展重点	新技术研发、新产品开发和营销	新产品开发和营销	工艺技术创新、利用廉价劳动力等优势，实现新产品大规模、高效生产	利用巨大的市场需求、廉价的劳动力等优势实现新产品大规模廉价生产
竞争优势和效益来源	技术创新、品牌和营销渠道建设等	技术创新、品牌和营销渠道建设等	技术创新和廉价劳动力投入等	廉价的劳动力等要素投入

一方面，不同的新兴产业培育和发展路径下，一个国家或地区进入新产业培育和发展的阶段明显不同。对原创培育发展新兴产业的国家或地区而言，他们从新兴产业培育和发展相关的新技术的研发阶段就开始进入，是新兴产业培育和发展的关键创意、核心技术和产品原型，甚至是新产品及其新市场的诞生地；对通

过产品创新培育和发展新兴产业的国家或地区，是在新兴产业培育和发展相关的新技术和新产品已经出现，甚至新产品已经开始进入市场，但是主导设计和技术标准还没有形成阶段进入。通过开发与已有技术存在较大差别的新技术，并形成独特的新产品设计，在市场上与已经出现的类似新产品展开激烈的竞争，并赢得竞争优势，成为新兴产业核心技术，甚至主导设计的主要掌控者；对一个国家或地区，不管是产品引进和工艺创新发展新兴产业，还是完全引进发展新兴产业，都是在新兴产业发展的核心技术已经形成和主导设计已经确立，并且市场已经达到一定规模的情况下开始介入新兴产业的发展，它们之间的差别主要体现在前者是在新兴产业快速成长初期介入，后者是在新兴产业已经进入减速成长阶段介入。

另一方面，不同的新兴产业培育和发展路径下，一个国家或地区掌控的核心技术不同，产业发展的重点和竞争优势的来源也显著不同。不管是原创培育发展还是产品创新发展，只要是自主培育发展新兴产业，这些国家或地区往往能成为新兴产业核心技术和主导设计的掌控者，他们在完成新兴产业的培育，使新兴产业进入快速成长阶段后，往往会把生产加工等制造环节转移到制造成本比较低的国家或地区进行新产品的加工和制造，自身主要集中资源进行新技术和新产品的研发以及市场营销，技术创新、品牌和营销渠道建设，这些都成为其竞争优势的核心来源。然而，引进发展新兴产业的国家或地区，极少能掌握产业发展的核心技术，产业发展主要利用劳动力、能源和土地等资源价格低、环境污染代价小等优势，实现新产品的大规模、低价格生产，要素价格低是引进发展新兴产业竞争优势的主要来源。

需要强调的是，一些新兴产业培育和发展的案例表明，一个国家或地区即使是新兴产业核心技术的发明者甚至是新产品的培育者，但是如果不能在后续的技术开发和主导设计竞争中持续保持强大的竞争力，赢得竞争优势，也会丧失新兴产业发展的主导权，甚至会出现自己发明的技术把自己淘汰出局的结局。世界上第一台数码相机是柯达公司发明的，但是柯达公司申请破产保护，主要是由日本企业的数码相机强大的竞争压力造成的。

专栏4-2　柯达公司的兴衰

伊士曼柯达公司（Eastman Kodak Company），简称柯达公司，是世界上最大的影像产品及相关服务的生产和供应商，总部位于美国纽约罗彻斯特市，是一家在纽约证券交易所挂牌的上市公司，业务遍布150多个国家和地区，全球员工约 8 万人。多年来，伊士曼柯达公司在影像拍摄、分享、输出和显示领域一直处于世界领先地位，诞生 100 多年来它帮助无数的人留住美好回忆、交流重要信息以及享受娱乐时光。但是随着数码技术的崛起，柯达公司的经营状况每况愈下，并于 2012 年 1 月 19 日申请公司破产保护。

1. 柯达公司的诞生

1880 年，美国人乔治·伊士曼发明了干式感光剂，改变了以往人们记录影像的方式。1881 年，乔治·伊士曼和商人亨利·斯壮建立了"伊士曼干版公司"，这就是伊士曼·柯达公司的前身。1883 年，伊士曼发明了胶卷，使得摄影行业发生了革命性的变化。1888 年，伊士曼公司正式推出了柯达公司盒式相机和那句著名的公司宣传语："你只需按动快门，剩下的交给我们来做。"这些新技术的发明和运用为大众摄影奠定了基础。几经变动之后，伊士曼公司于 1892 年更名为"伊士曼·柯达"公司。

柯达公司相机的出现普及了摄影技术。伊士曼把普通大众从"谜一样"的摄影技术和暗房技术中解放出来，从此没有拍照经验的人也能使用相机。当时，柯达公司相机预先存入 100 张可供曝光的胶片，当底片拍完后，用户将相机寄回伊士曼工厂，并花费 10 美元，由工厂为用户冲洗、印制照片并装帧，再把相机装入新胶卷后连同照片寄给用户。

2. 柯达公司的技术创新和发展

1888 年柯达公司为消费者带来了第一部简易相机。从此，笨重而复杂的摄影过程变得简单易用，几乎人人都可以做到。在此后相当长的时间里，"柯达"几乎就是摄影的代名词。

1889 年，由伊士曼及其化学研究员自主研发的第一卷商业透明卷装胶片投入市场。此柔性胶片的出现为爱迪生在 1931 年发明电影摄像机奠定了基础。柯达公司也借此机会进入了电影胶片领域，并一直保持垄断地位至今。

1896 年，柯达公司生产了第 10 万部柯达相机，胶片和相纸以每月约 400 英里①的产量生产。当时，便携式柯达相机的售价为 5 美元，但伊士曼不满足于此，他希望朝着更低的价格努力。1900 年 2 月，一个新生事物随着 20 世纪的黎明一起到来，那就是柯达布朗尼相机。这款相机比起以前的庞然大物小巧

---

① 1 英里 = 1.609 344 千米

许多，售价仅 1 美元，操作非常简单，即使是小孩子也能用它拍出完美的照片。另外，当时一卷胶卷也只要 15 美分，由于售价低廉，布朗尼相机第一年就卖出了 15 万架，取得了史无前例的成功。布朗尼相机将拍照变成了公众的喜好，将相机带进了衣服的口袋，"快照"这个概念也因该款相机而生。截至 1970 年，布朗尼相机一共生产了 125 款，销售数量以千万计。

1935 年柯达公司发明了克罗姆胶卷，这款胶卷能够逼真地还原色彩，开启了彩色摄影的新时代。尽管所有的颜料都会随着时间而褪色，但柯达克罗姆胶卷的颜色却至少可以保持 100 年。这款胶卷拥有完美的记录功能，是 20 世纪专业摄影师和摄影爱好者的最爱。从 1935 年上市开始，克罗姆胶卷共生产了 74 年。无数张世界级的经典照片在克罗姆胶卷上感光呈现。柯达克罗姆在 20 世纪六七十年代达到了它的巅峰。柯达公司也在这一时期创下了照相机销量的世界最高纪录，在《财富》杂志排行榜中排名第 34 位，纯利润居第 10 位。

1963 年，柯达公司再次开发出其革命性产品——"傻瓜相机"系列。该相机将胶卷盒制作成独立暗盒，可以在任何自然环境中打开相机后盖更换胶卷。相机的自动曝光功能进一步简化了摄影者的操作。1964 年，傻瓜相机当年销售 750 万架，创下了照相机销售的世界纪录。1963～1970 年，共有超过 5000 万架傻瓜相机被售出。

1966 年，月球轨道探测器Ⅱ拍到了震惊全世界的哥白尼陨石坑，拍摄此照的全部设备都是由柯达公司提供。这一年，柯达公司的销售额突破 40 亿美元，员工数量超过 10 万人。

到 1975 年，柯达公司垄断了美国 90% 的胶卷市场以及 85% 的相机市场。同年，柯达公司应用电子研究中心工程师斯蒂芬·J. 赛森在美国纽约的柯达研究室开发出了世界上第一台数码相机。这台数码相机以磁带作为存储介质，拥有 1 万像素，记录一张黑白影像需要 23 秒。这台"手持式电子照相机"的出现颠覆了摄影的物理本质。

3. 柯达公司的衰亡

柯达公司 1975 年发明的世界上第一台数码相机，竟然成为自己的"掘墓人"。柯达公司为了确保自己在传统感光胶片生产领域的龙头老大地位，人为地搁置了数码相机专利技术，一直未敢大力发展数字业务，最后逐渐被数字化潮流所淘汰。

在伊士曼身后数十年，柯达的负责人可以说都缺乏创新精神。1972年被提升为总裁的沃尔特·法伦就说过："只要柯达有条不紊地推出产品，我们就能高枕无忧。"然而，殊不知此时危机已悄然而至，日本影像业已经蓄足了底气，大举进军而来。1976年，日本富士公司推出第一款400度彩色胶卷，其感光速度快于柯达的任何产品。1981年，尽管销售额超过100亿美元，柯达公司却输掉了洛杉矶奥运会指定胶卷赞助商的赞助权，被富士公司以700万美元赢取。同年，日本索尼公司推出无胶卷的电子相机，这让靠胶卷发家的柯达公司感到痛苦和茫然。柯达公司似乎终于认识到数字化才是影像业的发展趋势，于是抽出部分资金研制和开发数字化产品，然而此时先机已被日本公司占领。

进入21世纪以来，在竞争对手纷纷抛弃胶卷相机迎接"数码消费"时代的到来时，柯达公司却依然留恋于传统的胶片市场，拒绝变革。从2000年起，数码相机连续高速增长，并呈现出集中爆发的态势。这一时期，索尼、佳能、三星、尼康等数码企业纷纷杀入相机领域，其可替代的优势对传统胶片领域构成了强烈的冲击。这一年，全球数码成像市场翻了差不多两倍，而彩色胶卷的需求开始出现拐点，此后以每年10%的速度急速下滑。2000年年底，胶卷需求开始停滞，但柯达公司的数字产品只卖到30亿美元，仅占其总收入的22%；到2002年，柯达公司的产品数字化率也只有25%左右，而竞争对手富士公司已经达到60%。

最终，如梦初醒的柯达公司开始了转型过程。2003年，公司宣布放弃传统的胶卷业务。2004年，柯达公司推出6款姗姗来迟的数码相机，但当时佳能、富士等日本品牌已占有数码影像领域的龙头地位，柯达公司已经丧失了先机。当年，柯达公司数码相机业务利润率仅为1%，而其82亿美元的传统业务（含胶卷）收入也萎缩了17%。2006年，柯达公司毅然更换公司标识，去掉了从1971年沿用至今的"黄盒子"和"K"图形，这意味着它希望人们截断柯达公司与胶卷世界的联系，试图将新柯达公司打造成一个涵盖图文影像、消费数码影像和商业胶片三大领域的全新数码影像公司。

2007年12月，柯达公司决定实施第二次战略重组。这是一个长达4年、耗资34亿美元的计划，当时重组的目标很明确，把公司的业务重点从传统的胶片业务转向数码产品。但由于2008年爆发全球金融危机，市场需求减小，靠出售资产勉强盈利的柯达公司一下子又被打回原形。2008年第4季报显示，柯达公司亏损 1.33 亿美元，连续第 3 年出现年度营收下滑。财务报告发布以后，柯达公司股价狂跌不止，报收于 4.99 美元，创下 35 年来最低价，这一业绩大大低于华尔街的预期。

2009 年，诞生已有 74 年的柯达克罗姆胶卷宣布停产。这一消息引发了摄影界的感慨，作为胶片时代辉煌的见证，克罗姆的停产意味着柯达公司和胶片摄影渐渐走出了时代的聚光灯。2010 年，在全球数码成像市场差不多翻倍的同时，柯达公司的数码业务收入却基本与 1999 年度持平，只占营业额的 21%。这一年，柯达公司收入近 200 亿美元，而营业性亏损却高达 5800 万美元，主要利润来源竟是专利技术的转让。

2012 年 1 月 4 日，柯达公司收到纽约证交所的通知，由于在过去 30 个交易日中柯达公司股价持续低于 1 美元，如果股价在未来 6 个月内无法达标，将面临被摘牌的风险。当时柯达公司的股价为 0.51 美元，2011 年股价累计跌幅达到 88%，除非出现大的转机，否则根据美国破产法第 11 章，柯达公司将在"未来数周内"申请破产。截至 2012 年 1 月 19 日，美国柯达公司已经正式提出破产保护申请，标志着昔日辉煌百年的柯达公司从巅峰走向陨落。

资料来源：马俊岩，2012；戚海港，2011；静安，2012

4.3 培育和发展新兴产业对国家或地区经济发展的作用

经济全球化及产业国际化分工使得不同的国家或地区培育和发展新兴产业的路径明显不同，形成了多种培育和发展路径。显然，新兴产业的培育和发展路径不同，对国家或地区经济发展的促进作用也显著不同。现通过典型案例剖析，进行具体分析。

4.3.1 原创培育发展新兴产业对国家或地区经济发展的作用

目前，国际上真正能够原创培育发展新兴产业的国家或地区还很少，美国是其中的典型代表。在原创培育发展的各种新兴产业中，由美国培育和发展起来的计算机产业具有典型意义，该产业的培育和发展极大改变了人类的生活和生产方式。

专栏 4-3 计算机的诞生及美国相关产业的发展及其作用和启示

计算机技术是当今世界发展最快、影响最大的技术。目前，它已渗透到国民经济和社会发展的各个领域，产生了巨大的影响和经济社会效益，改变了人们的生产和生活方式，成为人类由工业经济社会向信息经济和知识经济社会转变的核心推动力量。

1. 电子计算机的诞生

20 世纪科学技术的飞速发展，形成了海量数据的处理问题，对发展高性能的计算工具提出了迫切的要求，军事指挥等方面面临的巨大压力和要求更为计算机技术的发展提供了强大的动力。

第二次世界大战期间，美国宾夕法尼亚大学莫尔学院电工系与阿伯丁弹道研究实验室共同负责每天为陆军提供 6 张火力表，每张表都要计算几百条弹道，由于一个成熟的计算员用台式计算机计算一条飞行时间 60 秒的弹道要花 20 小时，用大型的微分分析仪也需要 15 分钟，因此这是一项非常困难和紧迫的任务。从战争一开始，阿伯丁弹道实验室就不断对微分分析仪做技术改进，同时聘用了 200 多名计算员。即使这样，一张火力表也往往要耗费 2 ~ 3 个月的时间。当时，在莫尔学院电工系任职的莫克利多次向军方代表戈尔斯旦中尉讲述其关于电子计算机的设想，思维敏捷的戈尔斯旦立即意识到这一设想对解决编制火力表问题的巨大价值。于是，他马上向上级汇报，得到了吉伦上校的热情支持。在吉伦的参与下，军械部要求莫尔学院草拟一份为阿伯丁弹道实验室制造一台电子数字计算机的发展计划。1943 年 4 月 2 日，该计划得到弹道实验室科学顾问、著名数学家维伯伦博士的支持，获得了一笔巨额的研发经费，从此便开始了制造第一台电子计算机的工作。

在巨大需求的强有力拉动下，在有关部门的全力支持下，通过科技人员创造才能的极大发挥，1945 年年底标志着人类计算工具历史性变革的巨型机器 ENIAC 宣告竣工，正式揭幕仪式于 1946 年 2 月 15 日举行，第一台电子计算机从此诞生。

ENIAC 的最大特点就是采用了电子线路来执行算术运算、逻辑运算和储存信息。由于广泛采用了电子线路，ENIAC 同以往继电器计算机等相比最突出的优点就是高速度。它比已有的计算机快 1000 倍，这使它能够胜任相当广泛的现代科学计算。此外，由于有 20 个累加器，ENIAC 又具有另一个重要的优点，即能同时执行几个加法或减法。

ENIAC 在计算机发展史上的重要性是毋庸置疑的，它是世界上第一台真正能运转的电子计算机。ENIAC 的成功开辟了提高计算速度的极为广阔的空间。从此，计算机对人类社会带来的影响，与在第一次工业革命中扮演主角的蒸汽机相比，有过之而无不及。

2. 电子计算机的发展

1946 年，第一台电子计算机 ENIAC 的诞生使得计算机的发展进入了电子管计算机时代。电子管计算机的性能与继电器计算机相比，约提高了三个数量级，显示出了巨大的优越性，特别是存储程序原理的提出以及磁芯存储器的研制成功，使计算机真正成为能自动运行的机器。

在物理学家肖克莱的领导下，1947 年美国一些学者成功研制出了半导体晶体管。与电子管相比，晶体管具有体积小、重量轻、寿命长、耗电少等优点，因此人们想到采用半导体晶体管取代电子管作为计算机器件，设计并研制出晶体管计算机，实现了技术上的跃变，进入了晶体管计算机的时代。

20 世纪 60 年代，半导体集成电路的出现，使得第三代电子计算机成功问世，计算机的性能实现了又一次飞跃。由于集成电路技术的使用，电子计算机的体积更小、耗电更少、造价更低。

进入 20 世纪 70 年代以后，由于大规模集成电路技术的发明和运用，电子计算机发展进入了微型化、耗电少、可靠性高的阶段。1971 年，世界上第一台微处理器和微型计算机在美国圣弗朗西斯科南部的硅谷应运而生，开创了微型计算机的新时代。

3. 电子计算机的普及

第一台电子计算机 ENIAC 是一个庞然大物，用了 18 000 支真空管，占地 170 平方米，重达 30 吨，功耗 140 千瓦。担任第二次计算机革命的主角是微型计算机，其全套电路集中在一片或几片几十平方毫米大小的硅晶体上，一台完整的微型计算机系统只有打字机那么大，功耗只有几瓦，而速度比 ENIAC 快几十倍。微型机的诞生和发展，掀起了计算机大普及的浪潮。

微型机开发的先驱者是美国英特尔公司的年轻工程师霍夫，1969 年他接受日本一家公司的委托，设计台式计算机系列所用的整套电路。霍夫仔细研究了日方提出的方案，发现需要许多昂贵的电路芯片，于是他从根本上改变了日方的设计，提出一个大胆的设想：采用可编程序通用计算机的思想，把计算机的全部电路放在 4 个片子上，即中央处理器片、随机存取存储器片、只读存储片和寄存器电路片。公司的另一位年轻工程师费金从事电路设计，在4.2毫米×3.2毫米的硅片上集成了2250个晶体管，首次成功地用一个芯片实现了中央处理器的功能，这就是4位微处理器Intel 4004。在此基础上，加上一片320位的随机存取存储器，一片256字节的只读存储器和一片10位寄存器，通过总线连接就组成4位微型电子计算机MCS-4。这是世界上第一台微型机，从此揭开了微型机发展的序幕。

此后，英特尔公司不断对集成电路技术进行改进与完善，先后推出了8位微处理器、n沟道MOS技术的8位微处理器、16位微处理器和32位微处理器。在短短的十多年里，微处理器与微型计算机经历了四代变迁，平均两三年就换一代，发展之迅速是任何技术都无法企及的。

20世纪70年代后期，一种独立的微型机系统——个人计算机发展起来。最早的个人计算机是美国Apple公司开发的AppleⅡ型计算机，于1977年开始在市场上出售，随后出现了美国Radio Shack公司的TRS-80和Commodore公司的PET-2001。这三种有代表性的计算机对个人计算机的初期发展作出了重要贡献。从此之后，各种型号的个人计算机如雨后春笋般纷纷出现。随着个人计算机功能不断增强，价格日趋低廉，用途日益广泛，一贯以生产销售大中型通用计算机为主的IBM公司看到了个人计算机市场的巨大潜力，于1979年8月秘密组织了个人计算机研制组，两年后宣布了IBM PC的诞生，1983年又推出了IBM PC/XT，引起了计算机工业界的极大震动。进入20世纪80年代以后，个人计算机呈现出爆炸式的大发展，据统计，1980年美国销售个人计算机72.4万台，1981年的销售量几乎翻了一番，达140万台，1982年又翻了一番，销售280万台，价值约50亿美元，其发展之迅猛超过了以往任何类型的计算机。

4. 电子计算机及相关产业发展对美国经济发展的影响

计算机的核心技术和代表性产品都诞生于美国，这一系列的原始创新成果极大地带动了全新的产业——计算机产业的快速形成和迅猛发展。计算机及其相关产业的形成和发展成为美国经济增长的新动力。计算机相关产业的形成和发展对美国的影响主要表现在以下几个方面：

一是产业结构快速升级和优化。计算机及其相关产品和产业的快速发展使信息技术产业很快发展成为其第一大产业，极大地促进了美国的产业结构优化和升级。20世纪80年代以来，美国的信息技术产业发展迅速，远远超过了其他制造业。根据美国的统计，信息技术部门的销售额从 1978 年的 1318 亿美元增加到 1982 年的 2188 亿美元，增幅高达 66%；职工人数从 295 万人增加到 330 万人。信息技术设备投资也达到了美国企业设备总投资额的 1/2 左右。与此同时，企业用于购买一般机器设备的支出占企业设备投资总额的比重，却由 1975 年的 32% 下降到 1993 年的 18%。

二是劳动生产率显著提高。美国企业率先把计算机技术运用于生产与经营管理，改造传统产业，大大减少了劳动力消耗，显著提高了美国的劳动生产效率，增强了美国企业的国际竞争力。在企业产品设计中，运用计算机的快速图形处理能力，可以降低设计成本 15%～30%；将信息技术应用于企业生产、营销和资金管理可提高 40%～70% 的管理效率。据统计，1993～1995年，美国企业因信息技术的运用而带来的收益占利润的 3/4 以上。

三是贸易出口明显增长。计算机及信息技术产业的发展极大地促进了美国贸易出口的增长。包括计算机软硬件设备、数据处理设备、电信设备、半导体和微电子器件等在内的信息技术产品逐步成为美国增长最快的出口制成品。信息技术产业的发展对美国的国际贸易具有重要作用，从 1993 年到 1998年，信息产品进出口总额平均每年增长 11.8%，比重达到商品进出口的 19%。

四是就业结构发生改变，劳动力素质极大改善。计算机和信息技术的发展还使美国劳动者的就业结构发生了明显的变化。进入 20 世纪 90 年代以来，美国的计算机、软件和电信业发展尤为迅猛。美国最大的制造业当属微电子工业，它的就业人数已超过 240 万人，是汽车工业就业人数的 3 倍，钢铁工业就业人数的 9 倍。现在美国的劳动者就业分布，第一产业只占 2.2%，第二产业中的制造业只占 13%，而信息产业却已超过 65%。同时，计算机和信息技术产业的发展对劳动者的素质提出了更高的要求，导致美国的劳动力层次结构发生改变。在美国社会中，劳动力的层次呈现倒金字塔形，高层次的劳动力占有比重大大提高。同时，由于劳动者从事职业劳动的时间相对减少，能够用于基础教育、职业教育和职业再培训的时间相应增加，使得劳动力的素质得到显著改善。

美国计算机及信息技术产业的形成和发展，是原创培育发展新兴产业的典型代表。该产业的形成和发展，实现了重大技术突破和新产品开发与满足人们新的需求、即信息消费需求有机结合，推动了新的产业革命，不仅极大地促进了美国的经济发展和国家竞争力的增强，而且对人类社会的生产和生活方式产生了革命性的影响。美国计算机及信息技术产业的发展历程给我们带来多方面的启示。

（1）一个国家或地区要能够原创培育发展新兴产业，必须高度重视需求对产业发展的巨大促进作用。美国计算机及信息技术产业的发展历程表明，许多新的重大技术突破往往是需求拉动的结果，这种需求既可以是公共需求，也可以是私人需求。显然，计算机的诞生，军事领域对信息处理的巨大需求发挥了至关重要的作用。同时，一项新的重要技术发明能否转变为新的产品和产业，必须与人类的需求发展相适应。计算机技术的发明和信息存储处理能力的大幅增强，恰好与人类社会由传统的物质消费为主，向更多的信息消费和精神消费转变相契合，这使得计算机的发明有广泛的运用机会和巨大的需求，强有力地支撑了新技术和新产品的运用以及新兴产业的培育和发展。能够及时和准确地发现新的需求，能够快速和高效地开发满足新需求的新技术和新产品，是一个国家或地区能够原创培育发展新兴产业的必然要求。

（2）一个国家或地区要能够原创培育发展新兴产业，必须具有很强的原始创新能力。美国计算机及信息技术产业的发展历程表明，一个国家或地区要能够原创培育发展新兴产业，一方面要有很强的开发突破性新技术的能力，能够形成原创性的新技术，并开发出能够适应人类社会需求的新产品。另一方面，还必须具有实现新产品规模化和工业化生产，并将其推向用户和让其接受的能力。显然，具有很强的原始创新能力，是一个国家或地区能够原创培育发展新兴产业的必要条件。

（3）一个国家或地区要能够原创培育发展新兴产业，必须建立高水平的投入风险分担体系。要在一个国家或地区形成较强的原创培育发展新兴产业的能力，前提条件是要让人才、资金等各种要素能被吸引到新兴产业的培育和发展中来。原创培育发展新兴产业需要经历技术研发和新产品开发、新兴产业培育和形成及发展等阶段，这其中的每个阶段不仅面临很高的技术风险，而且往往需要应对很大的市场风险，投入于原创培育发展新兴产业，失败的可能性大，投入的风险高。这样，一个国家或地区支持原创培育发展新兴产业，必须形成有效的制度安排，一方面使得参与原创培育发展新兴产业有良好的收益预期，另一方面要形成有效的风险分担机制降低投入者承担的风险，一旦在培育和发展新兴产业过程中大量的资金和人力等投入失败，尽可能减轻投入者的损失。

（4）如果一个国家或地区能够原创培育发展新兴产业，不仅能加快经济发展速度，还能极大地改善经济发展质量。经济发展的基本任务就是保持一定的经济发展速度，不断改善经济发展质量，增加财富的积累。对一个国家或地区而言，原创培育发展新兴产业，在国际上掌控新兴产业的培育和发展主导权，显然会增加产品和服务的供给品种和数量，使社会总的生产规模快速扩大，保障经济发展的速度。同时，能够原创培育发展新兴产业，实际上还意味着相比传统产业，其资源的转化利用水平更高，一定资源下产生的附加值更高，创造的财富更多，只有这样才能把人才、资金、原材料等产业发展要素由传统产业吸引到新兴产业发展中来。显然，原创培育发展新兴产业，还能极大地改变经济发展质量。

资料来源：陈厚云和王行刚，1985；胡守仁，2006

4.3.2 产品创新发展新兴产业对国家或地区经济发展的促进作用

自主培育发展新兴产业，不仅可以走原创培育发展路径，也可以通过产品创新实现，韩国液晶显示器（LCD）产业的发展是其典型代表之一。

专栏4-4 韩国LCD产业的发展历程和作用及启示

近年来，韩国的平板显示屏，尤其是薄膜晶体管液晶显示器（TFT-LCD）产业取得了令人瞩目的成就，韩国与我国台湾地区的企业占有世界面板市场超过80%的份额。然而，直到20世纪90年代初期，韩国企业才开始涉足LCD产业，白手起家的韩国企业如何能够追赶并超越实力雄厚的日本企业，取代其在LCD市场上的龙头老大地位，是一个值得关注和研究的问题。

1. 全球LCD产业的形成和发展

早在19世纪末液晶显示技术即被人们发现。1888年，奥地利植物学家赖尼铁兹（Reinitize）在研究植物结晶特性的过程中发现，将温度加热到145摄氏度时，结晶会呈现出白色，继续加热至175度时则会变为透明状态，德国物理学家莱曼（O. Lehmann）研究之后将之命名为液晶。

  LCD（liquid crystal display）主要利用液晶材料的特性，加上电路的驱动促使液晶转向，以控制外部光源穿透来达到明暗效果的光电显示元件，它是一个能将电子信息转变成光学讯号的光电装置。LCD 的种类繁多，目前使用最为广泛的是 TN 型、STN 型和 TFT 型。

  虽然液晶技术早在 19 世纪末就被发现，但是将其商品化却是在 20 世纪后半叶。1961 年美国 RCA（Radio Corporation of America）公司的海梅尔（F. Heimeier）发现了液晶的动态散射和相变等一系列液晶电光效应，并最终研制成功了一系列数字、字符的显示器件以及 LCD 钟表、驾驶台显示器等实用产品。1968 年，RCA 公司向世界公开报道了此项发明，标志着液晶显示技术正式走向产业化。然而，由于 RCA 公司的管理层一方面局限于传统的半导体产品，另一方面又过分地强调 LCD 产品的缺点，并以市场尚未开拓为借口，极力抵制 LCD 的产业化，最终 LCD 专利技术被转卖。

  在美国 RCA 公司宣布开发出 LCD 产品时，日本并没有相关的任何知识和技术，也没有相应的人才。但由于日本正处于经济上的黄金时期，对新技术的敏感性很强，相关报道一出现便引起了日本科技界、工业界的重视。他们将当时正在兴起的大规模集成电路与液晶相结合，以"个人电子化"市场为方向，很快开发出了一系列液晶显示产品，形成了 LCD 大规模实用化的格局。研发初期，由于 LCD 的应用市场仅局限于电子表与电子计算器，企业研发的重点是显示彩色化和提升显示容量；80 年代之后，由于人们对显示容量的要求越来越高，LCD 的功能和尺寸必须提升，于是陆续有厂商加入到 LCD 产品的研发中来。技术上的不断进步促使液晶显示产品从过去的 TN-LCD 逐渐发展到 STN-LCD，再到主流的 TFT-LCD 产品。

  韩国和中国台湾地区早在 20 世纪 70 年代中后期就开始投入 LCD 的研发与生产，但是由于早期主要是企业行为，政府参与不多，产业初期发展比较缓慢。进入 90 年代中期，与半导体产业相比，LCD 产业的利润较高，吸引了韩国积极加入大尺寸 TFT-LCD 市场的竞争。韩国通过大幅度降低 TFT-LCD 面板的利润与日本企业竞争，给当时处于 LCD 产业龙头地位的日本企业带来了巨大的威胁。1997 年前后，亚洲金融危机爆发，使得日本经济一落千丈，日本企业为了对付韩国的强大竞争，开始寻求对外合作，将 TFT-LCD 面板的生产技术转移到中国台湾地区。2000 年之后，随着中国台湾地区面板企业陆续量产，加入 TFT-LCD 市场竞争，导致全球 LCD 产业迅速形成了韩国、中国台湾地区、日本三强鼎立的格局。

2. 韩国 LCD 产业的形成和发展

1979 年韩国 Orion 电器公司开始生产计算器与电子表用的 TN-LCD 面板，拉开了韩国 LCD 产业发展的序幕。1984 年，三星集团率先投入更具附加值的 STN-LCD 的研发。到 80 年代末期和 90 年代初期，韩国的现代集团、大宇集团、LG 集团皆相继投入 TFT-LCD 的研发工作。从此，韩国的 LCD 产业逐步发展壮大起来。

韩国大规模发展 LCD 产业是在 20 世纪 90 年代初期。三星、LG、现代电子等企业均于 1991 年前后开始组建 LCD 产业部，初期它们以小规模的 LCD 产业研究小组开始，之后逐渐扩大并最终分离成为独立的公司。这些企业原本都在生产和出口电子产品，对 LCD 设备的需求很大，之后随着笔记本电脑的问世，显示器的需求量更是大幅增加。因此，虽然当时 LCD 市场被日本独霸，但韩国企业仍对 LCD 的广阔市场前景持有乐观态度。

在刚进入 LCD 产业时，韩国并不具备所需的技术积累和技术力量。同时，日本为了限制韩国 LCD 产业的发展，加强了对韩国的技术封锁，韩国企业根本无法通过正常的技术转移途径实现产业发展，必须从头开始研发，为此他们采取了一系列的举措。起初，韩国从日本购入产品进行分解研究。例如，LG 以 7 万韩币的价格买入日本的 5.6 英寸 LCD 产品进行研究。三星当时还没有驱动 LCD 的半导体专业集成电路，在研究过程中购入分解的日本产品达到 1000 余个。从低起点起步的韩国 LCD 产业研究人员以开发超越日本的技术为目标，对产业生产线不断进行改善以提高效率。此外，在产品的标准化方面也根据市场的需要不断挑战新的技术。经过长期艰苦和不懈的研究和开发，在液晶屏生产厂与设备制造商及零部件生产商之间的通力协作和相互支持下，韩国在具有完全自主知识产权的 TFT-LCD 技术研发上取得了成功，并超过了日本，成为行业核心技术的掌控者和领导者。

韩国 LCD 产业培育和发展的成功，与其在国际市场上采取有效的竞争战略密不可分。20 世纪末期，在亚洲经济普遍低迷且不确定的情况下，韩国政府采取了积极投资的政策，有力地促进了产业竞争力的提高。从 1995 年开始，三星和 LG 电子积极投入大量的资金参与兴建 TFT-LCD 生产线，使得韩国的 LCD 面板产能在短期内大大增长。至此，韩国正式进军全球 LCD 市场，同时也形成了全球 LCD 产业的低价格竞争格局，直接挑战日本的产业霸主地位。1995 年，韩国 TFT-LCD 厂商以超低价格进军国际市场，使得 10.4 英寸

TFT-LCD 面板的价格顿时下跌 50%。从 1997 年第四季度开始，韩国爆发金融危机，韩元剧烈贬值，韩国厂商再次以低价格倾销 TFT-LCD 面板，造成全球 LCD 面板价格全面崩盘，然而低价格的竞争优势却使得韩国在全球 TFT-LCD 面板市场的占有率快速成长。1998 年，韩国利用企业调整，改善财务危机的机会。例如，三星确立 TFT-LCD 为其核心竞争产业之一；LG 电子与飞利浦合作成立 LPL（LG Philips）公司。在全球 TFT-LCD 供不应求的程度逐渐升高的情况下，韩国厂商大幅增产，扩大了在全球 TFT-LCD 市场的占有率。1999 年三星电子与 LPL 在全球 TFT-LCD 的市场占有率分别达到 16% 和 15%，已完全超越日本排名全球第一、第二位。

进入 21 世纪以来，韩国企业投资下一代生产线的步伐丝毫没有减慢，基本保持一年一条新生产线的推进速度，从而保证了韩国一直走在大尺寸 LCD 面板制造的国际最前沿。

资料来源：韩仁洙等，2011；吴俊雄，1998

韩国 LCD 产业的发展，是在美国已经研发和生产出了 LCD 相关产品、日本已经实现了 LCD 产业比较高水平的发展之后，抓住国际市场大量需要大屏幕 LCD 显示器的机会，协调相关企业围绕大屏幕液晶显示器开展联合研发和攻关，掌握产业发展技术主导权，实现产业发展后来居上，在国际市场上赢得了显著的竞争优势。显然，韩国发展 LCD 产业采取的是典型的产品创新发展路径，这带来多方面的启示。

（1）通过产品创新培育和发展新兴产业，是自主培育发展新兴产业的有效途径。从国际上看，目前具有很强原始创新能力、能够取得重要技术发明和突破，并能原创培育发展新兴产业的国家或地区还很少。但是，韩国培育和发展 LCD 产业的经验表明，即使一个国家或地区的原始创新能力还不是很强，不是 LCD 产业核心技术的原创地和诞生地，哪怕在液晶显示技术已经形成、一系列的液晶显示产品已经出现并形成一定的市场规模后，如果能切实针对大屏幕液晶显示器的市场需求量更大、实现技术更加复杂等特点，进行新技术的研究和新产品的开发，掌控大屏幕液晶显示器的核心技术，也能占据产业发展的制高点，成为国际上该新兴产业培育和发展的主导者。由此可见，对一个国家或地区而言，取得重大的原创技术突破不是培育和发展新兴产业的必要条件，通过产品创新也能自主培育发展新兴产业，成为新兴产业的培育者和主导者。通过产品创新培育和发展新兴产业，是发展中国家实现赶超和跨越的有效途径。

（2）通过产品创新培育和发展新兴产业，也需要较强的自主创新能力。韩国 LCD 产业的发展经验表明，一个国家或地区即使是通过产品创新而不是原创培育发展新兴产业，也需要很强的自主创新能力，通过自主创新掌控产业的核心技术和产品的主导设计，实现新产品的规模化和产业化生产，并将新产品成功推向用户和市场，形成比较大的市场规模。要能够通过产品创新自主培育发展新兴产业，必须增强自主创新能力。

（3）通过产品创新培育和发展新兴产业，需要多企业之间的协同创新。实际上，通过产品创新自主培育发展新兴产业，不仅需要开发新的产品，还需要新的原材料和零部件的配套，需要新的生产工艺技术和设备支持，是一种涉及多方的系统化和集成化的创新。韩国要实现大屏幕 LCD 显示器的成功研发和规模化及产业化生产，需要液晶屏生产厂、相关生产设备制造商及零部件供应商等多方企业参与并协同创新。如果缺少其中的任何一方参与，甚至某一方的创新能力相对比较薄弱，都可能会直接延缓通过产品创新自主培育发展新兴产业的进程。这样，从整体上增强新兴产业培育和发展相关各方的创新能力，提升协同创新水平，是一个国家或地区形成自主培育发展新兴产业能力的必然要求。

（4）走出引进依赖，实现自主培育发展新兴产业，需要发展一批具有很强自主创新能力和国际竞争力的企业。毋庸置疑，培育和发展新兴产业的主体当然是企业。对一个国家或地区而言，要增强自主培育发展新兴产业的能力，必须发展一批具有很强自主创新能力和国际竞争力的企业。这些企业能够切实根据市场需求或公共需要，研发新技术和新产品，并在国际市场上与已有类似技术和产品的企业激烈竞争中赢得主动权和竞争优势，成为该产品和产业核心技术、主导设计的掌控者，抢占产业发展的主动权和制高点。如果一个国家或地区企业技术创新的动力不足，积极性不高，能力不强，自主培育发展新兴产业的目标必然无法实现。

（5）通过产品创新培育和发展新兴产业，是加快经济发展速度和改善经济发展质量的有效途径。韩国培育和发展 LCD 产业的经验还告诉我们，如果一个国家或地区能够通过产品创新自主培育发展新兴产业，掌握产业核心技术和产业发展的主导权，不仅可以形成新的经济增长点，创造新的就业岗位，加快经济发展速度，而且可以把人才、资金、原材料等产业发展要素由传统产业吸引到新兴产业发展中来，提升各类资源转化利用的水平和效益，显著改善经济发展质量，提升经济发展效益。

4.3.3 引进发展新兴产业对国家或地区经济发展的作用

当前，世界上多数国家或地区的新兴产业还主要依靠引进发展，中国台湾地区笔记本计算机产业的发展就是这方面的典型代表。

专栏4-5 中国台湾地区笔记本计算机代工产业的发展和作用及启示

笔记本计算机制造业是过去一段时间台湾最重要的产业之一，全球超过60%的笔记本计算机是台湾制造商生产的。除日本厂家仍然坚持生产部分笔记本计算机外，其他国际品牌制造商都将绝大多数笔记本计算机的生产外包给中国台湾代工厂商。2007年台湾制造商的产量占全球笔记本计算机产量的91%，占全球笔记本计算机代工总量的95%以上。可以说，台湾企业基本垄断了全球笔记本计算机代工。随着台商大量投资中国大陆，台湾12大笔记本计算机代工厂商全部在长江三角洲地区建立了生产基地。长江三角洲地区形成了笔记本计算机产业集群，岛内厂商的生产能力95%以上转移到了大陆，如仁和、志宝、大众等厂商更是将全部的生产能力都转移到大陆，大陆已逐步取代台湾成为笔记本计算机的最大生产基地。

1. 中国台湾地区笔记本计算机产业的形成

中国台湾地区笔记本计算机产业发展起源于20世纪80年代的工业转型，资讯电子业和精密器械等高科技产业成为当时台湾重点发展的产业。在产业起步阶段，台湾笔记本计算机企业主要从事OEM①，生产计算机中的劳动密集、技术含量低的外围组件，如主板、键盘、外壳和鼠标等，而半导体则侧重于记忆体产品，其特点是产品同质性高，主要以低价格赢得竞争优势。台湾的笔记本计算机厂商主要依赖品牌企业的技术、零组件供应，借助其营销渠道逐渐成长起来。由于在产业发展初期，资讯电子业前向、后向关联度较低，尚未形成完整的上下游产业体系，关键技术部件如CPU、高级材料和液晶显示器等均需进口。因此，在国际产业垂直分工体系中，形成了以美国引领技术整合和技术创新、建立产业标准、主导营销渠道与服务，日本和韩国提

---

① OEM（original equipment manufacture），即代工生产，也称为定点生产，俗称代工，基本含义为品牌生产者不直接生产产品，而是利用自己掌握的关键核心技术负责设计和开发新产品，控制销售渠道，具体的加工任务通过合同订购的方式委托同类产品的其他厂家生产，之后将所订产品低价买断，并直接贴上自己的品牌商标

供关键技术和零组件，中国台湾地区生产外围组件的全球计算机产业分工格局。

进入 20 世纪 90 年代，计算机产业升级换代速度加快，市场竞争激烈，全球各大品牌厂商为降低成本，提高市场竞争力，纷纷向外寻求生产资源，将生产制造环节外包。当时，由于台湾中小企业的生产周期快，生产方式具有极大的灵活性，积累了柔性化生产的经验，能够有效降低成本，因而赢得了来自美国、日本和欧洲品牌厂商的大量订单，台湾代工厂商成为 Wintelism① 垂直分工体系中的硬件供应商。

2. 中国台湾地区笔记本计算机产业向大陆的转移

笔记本计算机的生产包括主板和外壳的生产及最后的组装。代工厂商的主要业务是按照客户的设计生产笔记本计算机的主板和外壳，然后组装成成品，其主要设备是 SMT 生产线（生产主板）和注塑成型生产线（制造外壳）。笔记本计算机的生产成本主要受规模效益和人力成本的影响。因此，能打通垂直供应链、具备垂直整合能力且规模大的代工厂商，在成本上就能形成比较优势。

20 世纪 90 年代后期，全球计算机产业从高速成长时代进入成本竞争时代。1997 年品牌企业康柏电脑启动了全球计算机品牌机的价格大战。台湾代工厂商为争夺 Dell 和惠普等国际品牌厂商的订单纷纷扩大产能，同时为了不让新建的生产线闲置，更是竞相削价争夺订单，造成代工价格越来越低，毛利率不断下滑。

台湾代工厂商用 OEM 和 ODM② 生产方式，在短时间内就在全球计算机产业中崛起，并占有一席之地。但随着产业竞争全球化和低价计算机的出现，计算机产业进入了微利时代，许多代工厂商陷入经营困境。其中一个重要原因是 OEM 和 ODM 代工模式的进入门槛较低，造成过度投资和过度竞争的产业形态。此外，台币升值、劳动力价格过高、市场狭小等因素均制约了企业降低成本的空间，使台湾企业经营成本大幅上升，企业过去赖以生存的制造优势渐渐丧失。为了寻求更低的生产成本和接近较高成长性的大陆市场，减少通关费用和时间，台湾的代工厂商逐步开始将生产制造环节大批转移至中国大陆，在大陆复制"台湾经验"，利用大陆的廉价劳动力和土地资源等优势，进行大规模生产，从而降低成本。

---

① Wintelism 是指分别以 Intel 的微处理器和微软的 Windows 操作系统为硬件、软件核心标准的电脑产品构件

② ODM（original design manufacture）是一家厂商根据另一家厂商的规格和要求，设计和生产产品。受委托方拥有设计能力和技术水平，基于授权合同生产产品

中国台湾地区笔记本计算机产业的外移，带动了原有供应网络的跨区域转移。1994 年在明基首先进驻苏州工业园后，为降低单一厂商对外投资在陌生环境下的风险，改善生存环境，降低运输时间、成本，便于沟通协调，明基要求其原有的零组件网络厂商共同迁移，其 14 家供应配套厂商在 1995 ~ 1996 年陆续跟进，明基在台湾的网络体系搬到了苏州地区。1996 ~ 1998 年，台湾许多生产不同 IT 产品的终端产品组装厂纷纷进入该地区，又带动更多的台湾计算机标准零组件厂商和专属性组件厂商陆续进入，形成了相关产业完整的上下游供应体系，大部分相关零组件都在大陆生产，致使整机厂商几乎将所有的生产线转移至大陆，大陆笔记本计算机产业集群逐渐形成，成为全球笔记本计算机最大的生产基地，带动了大陆笔记本计算机代工产业的发展。

3. 笔记本计算机代工利润的下滑推动产业升级

由于中国台湾地区代工厂商在中国大陆建厂生产并直接发货，大大降低了生产和销售成本，笔记本计算机市场的巨大利润空间吸引了更多厂商加入，但是也使价格竞争更趋激烈。随着笔记本计算机价格的大幅下降，国际品牌企业与台湾代工厂商之间的关系也随之发生了微妙的变化，致使笔记本计算机代工订单的行情看涨，代工厂商根据企业下单数量的多少，给予不同程度的重视，报价也有很大差别。这种情况下，国际品牌企业采取应对策略：将代工订单分散给几个大的台湾代工厂商，利用它们之间的竞争，压低价格，从中获利。例如，Dell 一直将主流商用笔记本计算机的订单发给台湾的广达公司，而将低价消费性及高单价笔记本计算机的订单发给台湾的仁宝公司。但代工厂商在 2005 年争夺 2006 年的订单报价时，广达公司和仁宝公司都将以前对方承担的业务订单报出很低的价格，以压低竞争对手的利润，没想到 Dell 竟然放弃惯例，将广达公司和仁宝公司的业务互换，从中渔翁得利。因此，两家公司的代工利润都大幅降低。而宏碁公司采取的策略是将 35% 的代工订单发给广达公司、30% 给仁宝公司、30% 给纬创公司，剩下的 5% 非计划产品给英业达公司代工。这样分配订单，使得代工厂商之间为争夺订单数量不断压价，竞争激烈。这种激烈的竞争存在必然性，因为生产线长期闲置会大幅增加开销，厂商只有拿到一定规模的订单才能充分利用产能增加出货量，实现规模效益。

由于价格竞争，导致笔记本计算机的利润不断下滑，台湾代工厂商在生产数量和产品范畴方面进行了产业的规模扩张，实现计算机业与半导体产业、光电产业以及其他 IT 产业的共同演进和升级。同时，启动 ODM 模式，加强技术创新，引用微笑曲线经验，改变计算机产业的发展战略，出现了产业垂直整合的趋势。产业利润也由过去分散于本土产业集群的中小企业流向数个规模企业，提高了产业的集中度和规模效益，台湾企业几乎垄断了全球计算机代工。

资料来源：曹琼，2011

台湾引进发展笔记本计算机产业的历程和经验给我们以多方面的启示。

（1）引进发展新兴产业是促进国家或地区经济快速发展、增加就业和提升工业化水平的有效途径。对一个国家或地区而言，经济发展有其基本的规律，在工业化水平和经济发展水平还不高，处于低收入甚至中等收入发展阶段，通过充分利用本国或本地区劳动力、土地等资源要素成本和价格低廉等比较优势引进发展新兴产业，不仅可以创造新的经济增长点，加速经济增长，增加就业，而且可以把大量的农村剩余劳动力转移到工业发展中来，加快提升工业化水平。对一个国家或地区而言，引进发展新兴产业是经济发展处于一定阶段提升经济发展水平和加快工业化步伐的有效途径。

（2）通过引进发展新兴产业，由于缺乏核心技术和核心竞争力，对经济发展质量和效益提升的作用有限。台湾引进发展笔记本计算机产业的经验告诉我们，由于引进发展新兴产业往往很难掌握产业核心技术，很难掌控营销渠道和品牌，只能处于产业国际分工的低端，同时依靠劳动力和土地等资源要素价格低并付出一定的环境代价，形成比较优势。这样的发展模式必然导致引进发展新兴产业的效益比较低。同时，在笔记本计算机产业，由于美国等国家的企业还会利用其在技术整合和技术创新、产业标准、营销渠道与服务等方面的优势地位，通过将代工订单分散给几个大的台湾代工厂商，迫使他们之间相互竞争和压价抢单，从中获得更高的利润，使得引进发展新兴产业的效益进一步降低，甚至低于传统产业的经济效益。显然，试图通过引进发展新兴产业提升经济发展质量和效益，是非常困难的。

（3）由于产业进入门槛比较低，引进发展新兴产业容易形成过度投资和恶性竞争。台湾引进发展笔记本计算机产业的经验还告诉我们，由于引进发展新兴产业不需要较强的自主创新能力，主要依靠劳动力和土地等资源要素价格低，形成比较优势，产业进入的门槛比较低，一旦产业引进发展后有比较好的效益，会马上吸引大量的投资进入该产业，导致产能迅速扩张，形成生产能力过剩。由于这些企业除价格竞争外很难有其他有效的竞争手段，产能过剩后的价格战就成为其必然的选择，导致企业之间的恶性竞争，不仅使得引进发展新兴产业的国家或地区很难获得比较好的投资效益，而且会严重制约其产业自主创新能力的提升，直接阻碍其自主实现产品更新换代能力的形成，一旦原有产品被新技术产品取代，就又需要再次从其他国家引进发展新兴产业，陷入引进—落后—再引进—再落后的窘境。

专栏4-6　中国彩电产业的追赶和再落后

中国彩电产业在近30年的追赶及发展过程中，产业的主导技术发生了由阴极射线管（cathode ray tube，CRT）显示到液晶（liqud crystal display，LCD）显示和等离子（plasma display panel，PDP）显示的重大技术变革。在技术变革前后，中国彩电业的竞争地位发生了显著变化，由成功的赶超者再度成为落后者。

中国彩电业起步于20世纪80年代初期，从无到有，规模逐步壮大，取得了令人瞩目的成就。从1990年开始，中国的彩电产量一直居世界第一位，本土品牌占有的国内市场份额一度大幅度超越外资品牌。截止到2008年，中国累计生产彩电超过7亿台，产量占世界总量的50%，销量占世界总量的55%。

但是自2000年开始，采用新一代光电显示技术的平板电视在发达国家市场兴起，随后进入中国等发展中国家和地区并迅速抢占市场，逐渐取代传统的CRT彩电。遗憾的是，中国产业界和政府在面临这一技术变革的机会时缺乏判断能力，在显示技术出现重大转型时未能及时反应，在国外竞争对手大力研发平板电视时，我国的企业还在CRT电视生产上拼命扩张，甚至到国外进行CRT的并购。而当平板电视迅速兴起后，我国彩电企业纷纷再度陷入落后的境地。

（4）一个国家或地区要实现从中等收入向高收入的攀升，必须形成自主培育发展新兴产业的能力。国家或地区的经济发展规律表明，在从中等收入向高收入地区攀升的过程中，往往会呈现劳动力和土地等要素价格提高、资源环境压力加大、本币不断升值等一系列的矛盾和问题。这种情况下，低成本优势无法持续，要继续依靠引进发展新兴产业，保持比较高的经济增长速度，并改善经济发展质量，是极难实现的。一个国家或地区要实现从中等收入向高收入的攀升，必须通过自主培育发展新兴产业，一方面保持经济发展速度，另一方面改善经济发展质量。

专栏4-7 国家或地区产业升级和经济转型的一般规律

根据工业化国家的经验，从创新驱动的视角分析，发展中国家和地区的经济转型发展一般经历四个阶段。

第一阶段是低收入阶段，劳动密集型产业占主导地位。处于该发展阶段的国家或地区主要依靠外商直接投资，从事低附加值的生产和制造。其竞争优势主要来源于低成本，即凭借低劳动力价格、低土地价格、压低的其他生产要素价格获取产品出口价格优势。

第二阶段是进入中等收入阶段，重化工业所占比重加快提升。处于该发展阶段的国家或地区开始具备规模制造能力，能够通过对引进技术进行消化吸收，形成较强的仿制能力。同时，在成长为中等收入国家和地区的过程中，重化工业所占比重加快提升，资源环境压力加大，劳动力、土地等要素价格提高，本币不断升值，低估的要素价格开始得以校正。

第三阶段是高收入阶段，技术密集型产业和服务业占主导地位。进入该发展阶段的国家或地区具备了产品的生产和设计创新能力，形成了完备的产业链和标准化生产线，本土企业具备了一定的研发能力，掌握了一定的产业核心技术，形成了一定数量的既具有较强创新能力、又具有较强国际竞争力的大型企业，能够制造出具有世界一流水平的产品，某些产业及其技术水平处于国际前沿。

第四阶段是成为世界上最发达的国家或地区，原始创新能力很强，能够引领高技术产业发展。这些国家和地区形成了很强的原始创新能力及成熟的自主创新体系，能够自主培育发展新兴产业，引领高技术产业的发展。

发展中国家和地区的经济转型一般会按照这样的轨迹演进。落入"中等收入陷阱"的国家和地区，其经济发展大多处于由第二阶段向第三阶段攀升的阶段。由于这些国家和地区长期以来在技术上依赖跨国公司，缺乏自主研发能力，只能处于全球产业链的低端，主要凭借低劳动力价格、低土地价格、压低的其他生产要素价格获取价格优势，使其产业无法振兴，无法摆脱低成本优势战略。

4.3.4 培育和发展新兴产业不同路径的作用比较

由于各个国家或地区的资源禀赋和发展条件及发展阶段等的不同，新兴产业的发展路径也可能不同。通过典型案例剖析可以发现，一个国家或地区发展新兴产业的路径不同，需要具备的能力和条件也必然不同，必须承担的风险也明显不一样，新兴产业发展对国家或地区经济社会发展的影响也很不相同。为此，对培育和发展新兴产业的不同路径，需要从路径实现需要具备的条件和能力及其对经济社会发展的影响两个方面进行比较分析，具体比较结果用表4-2描述。

表4-2 培育和发展新兴产业不同路径的作用比较

项目		自主培育发展		引进发展	
		原创培育发展	产品创新发展	产品引进和工艺创新发展	完全引进发展
条件	科技创新能力	很强	强	一般	低
	新兴产业培育能力	很强	强	一般	低
	多企业协同创新能力	很强	很强	低	低
	风险分担和承担能力	很强	很强	一般	低
作用	提升经济发展规模	作用大	作用大	作用大	作用大
	改善经济发展质量	作用大	作用大	一般	小
	增加就业机会	多	多	多	多

一方面，不同的新兴产业培育和发展路径，要求的自主创新能力有很大的不同。对一个国家或地区而言，不管是通过原创培育还是产品创新自主培养发展新兴产业，都必须能够充分借助科学的重大发现和技术的原创性突破性发明带来的机会，或者研发能满足新需求的新产品，或研发能完全替代原有产品、实现对原有产业重新塑型的新产品，并成功地将新产品实现规模化生产和推向市场，成为该产品的主导设计和核心技术的掌控者。显然，这意味着该国家或地区必须具有较强的原始创新能力，或者能够取得原创性突破性的技术发明，或者能实现先进适用技术的突破性新运用。同时，该国还必须具有较强的新兴产业培育能力，能实现新产品的工业化和规模化生产，并成功推向市场。另外，由于不管是原创培育还是产品创新发展新兴产业，都需要新产品及关键原材料和零部件、新的生产工艺技术及设备等多方面的协同研究开发，需要多企业之间能够实现协同创新，因此必须具有多企业的协同创新能力。如果一个国家或地区是通过引进发展新兴产业，哪怕采取的是产品引进和工艺创新发展路径，因为发展新兴产业需要的技术、产品甚至主要生产设备都是从其他国家或地区引进，产业发展主要利用廉价劳动力和土地等比较优势，对科技创新能力和新兴产业培育能力的要求均比较低

甚至很低。

另一方面，不同的新兴产业培育和发展路径，要求其承担风险的能力明显不同。自主培育发展新兴产业，首先要承担较大的技术风险。在新兴产业形成过程中，一般会形成多种相互竞争的新产品设计方案，这些不同的新产品设计方案中，很可能只有一种或者很少几种能成为未来的主导设计，其他未能成为主导设计的新产品研发投入很难获得比较大的回报，甚至其回报无法补偿其研发投入，面临技术上完全被淘汰、彻底失败的风险。即使某个新产品设计能成为主导设计，该新产品能否被市场接受，并形成比较大的市场规模，也具有高度的不确定性。也就是说，自主培育发展新兴产业，还面临很大的市场风险。一个国家或地区要形成自主培育发展新兴产业的能力，需要该国家或地区能形成良好的企业创新风险分担机制，使企业具有较强的抗风险的能力。

不同的是，如果一个国家或地区是通过引进发展某一新兴产业，由于该新兴产业的主导技术已经相对比较成熟，面临的技术风险很小。同时，该国能引进发展新兴产业，意味着该产业在国际上已经形成了一定的市场规模，用户对该产品的性能、价格等要求已经相对比较明确，市场已经接受该产品，引进发展该新兴产业的市场风险也已经比较小。显然，引进发展新兴产业的风险比较低，对风险分担和承担能力要求不高。

新兴产业发展对经济社会发展具有多方面的促进作用，主要体现在提升经济发展规模和保持经济增长速度、改善经济发展质量和效益、增加就业等方面。显然，新兴产业的发展路径不同，需要的创新能力不同，承担的风险不同，对国家或地区经济社会发展的促进作用也显著不同。对一个国家或地区而言，自主培育发展新兴产业，不仅能够提高经济发展规模，增加就业机会，还能显著改善其经济发展质量和效益。如果是通过引进发展新兴产业，可以迅速形成新的经济增长点，提升经济发展规模，保持甚至加快经济发展速度，提供新的就业机会。但是，由于引进发展的国家不能掌握新兴产业发展的核心技术，往往很难形成低投入高产出的格局。同时，原创培育发展新兴产业的国家掌握产业核心技术，还自然会通过技术优势挤压处于产业链低端的国家或地区的利益，使得引进发展新兴产业的国家或地区发展新兴产业创造的财富比较少，有时甚至比发展传统产业的效益还低，这样很难从整体上帮助这些国家或地区提升投入产出水平和劳动生产率，改善经济发展质量。

上述比较分析带来多方面的启示。

（1）不同国家或地区所处发展阶段不同，新兴产业培育和发展的路径也会不同。分析表明，培育和发展新兴产业的路径不同，必须具备的自主创新能力也不同。一般而言，一个国家或地区的自主创新能力与其经济发展水平密切相关，而且呈显著的正相关关系。这样，不同国家或地区所处的经济发展阶段不同，新兴产业的培育和发展路径也往往会不同，在经济发展水平比较低的情况下自主培育发展新兴产业是非常困难的。

（2）一个国家或地区的收入水平在由中等向高等发展时，必须形成自主培育发展新兴产业的能力，核心是要提升经济发展质量，改善经济发展效益。比较不同的新兴产业培育和发展路径可以发现，依靠引进发展新兴产业能够快速扩大经济规模，保持经济发展速度，但是对改善经济发展质量的作用非常有限，自主培育发展新兴产业是提升经济发展效益的有效途径，甚至是必然的选择。

（3）产业全球化背景下，在高端产业的低端环节发展所能获得的经济效益较低，不能简单地用新兴产业所占比例衡量经济发展质量。经济全球化使得产业发展格局与过去相比发生了很大的变化，跨国公司将产品的技术开发、生产、销售等不同环节甚至是生产过程的不同工序、区段、模块分散到世界各地，利用当地的优质资源进行专业化生产，将产业分工由贸易分工、生产分工转变为要素分工和价值链分工，形成了世界性的产业分工网络。这种情况下，发展中国家或地区虽然可以利用其劳动力、土地等资源要素价格低的比较优势引进发展新兴产业，但是产业发展效益比较低，甚至会出现新兴产业的经济效益比传统产业还要低的现象。这种现象的出现带有一定的必然性。因此，全球化背景下需要对产业发展的特点和规律有新的认识，不能简单地认为只要发展新兴产业就能改善经济发展质量，只要新兴产业在整体产业发展中所占比例增加就意味着经济发展质量会得到提升。衡量经济发展质量是否得到改善，关键是要判断投入产出效益是否有很显著的提升。

（4）紧紧围绕"创造更多的财富"这一经济发展的本质目标，推动国家或地区新兴产业的培育和发展。对一个国家或地区而言，经济发展的根本目标是创造更多的财富，提高人民的生活水平。财富的创造主要有两种可能的来源：一是所能利用的资源；二是资源转化利用创造的新价值，或者是单位投入所能得到的报酬。培育和发展新兴产业，选择其发展领域和路径，一定要紧紧围绕能否相比已有产业和其他新兴产业创造更多的财富展开，不管是在什么领域，不管是通过什么路径，只要在某条路径下发展某种产业能在同样的投入下创造更多的财富，带来更好的经济效益，就是好的发展领域和路径。当前经济全球化背景下，一定要摈弃传统的国家或地区经济发展相对封闭情况下衡量经济发展水平的方法，从创造更多的财富这一经济发展的本质目标出发培育和发展新兴产业。

4.4 本章小结

经济全球化是社会生产力和科学技术不断发展的结果，是各种经济资源和生产要素突破国界、在全球范围内自由流动和优化配置的过程。经济全球化表现为市场全球化、生产全球化、企业全球化、贸易全球化、市场经济体制全球化和金融全球化。经济全球化导致当前的产业国际分工越来越细化、越来越多样化、越来越复杂化，要素分工和价值链分工的特征非常显著，每一个生产环节都已成为世界产业分工网络和生产体系的一部分，成为商品价值链中的一个环节。

根据产业生命周期模型，可以将新兴产业的形成和发展过程进一步细分，划分为新产品研发、新兴产业孕育、新兴产业成长启动、新兴产业加速成长和新兴产业快速发展等阶段。在全球化背景下，对一个国家或地区而言，根据其企业在新兴产业培育和发展过程中所能进入的阶段和发挥的作用不同，将其培育和发展新兴产业的路径分为四类，分别是原创培育发展、产品创新发展、产品引进和工艺创新发展以及完全引进发展。前两条路径即原创培育发展、产品创新发展又统称为自主培育发展，后两条路径即产品引进和工艺创新发展、完全引进发展又统称为引进发展。

一个国家或地区发展新兴产业的路径不同，需要具备的能力和条件也必然不同。如果一个国家能够自主培育发展新兴产业，必须具有较强的原始创新能力、新兴产业培育能力、多企业协同创新能力以及风险分担和承担能力；引进发展新兴产业，对这些能力的要求比较低。

不同的新兴产业发展路径对经济社会发展的影响也很不相同，对一个国家或地区而言，自主培育发展新兴产业不仅能够提高经济规模，增加就业机会，还能显著改善经济发展质量和效益；引进发展新兴产业，可以保持甚至加快经济发展速度，提供新的就业机会，但是产业发展效益不高，有时甚至比发展传统产业的效益还低，很难帮助这些国家或地区提升劳动生产率，改善经济发展质量。一个国家或地区的收入水平要由中等跃升为高等，必须形成自主培育发展新兴产业的能力。

|第5章| 自主培育发展新兴产业的资源、服务与能力

对一个国家或地区而言，培育和发展新兴产业有两条基本路径：一条是引进发展；另一条是自主培育发展。一系列的典型案例分析结果表明，自主培育发展新兴产业是强国崛起的重要基础，是改善经济发展质量和效益的核心途径，是经济转型升级的必由之路。然而，近代以来在知识和技术比较密集的行业，还几乎没有原产于我国、能显著改变消费者生活的全新产品，还没有发源于我国的新兴产业，目前我国还很缺乏自主培育发展新兴产业的能力。这种情况下，通过哪些途径，解决哪些问题，能够尽快增强我国自主培育发展新兴产业的能力，是迫切需要研究和解决的问题。

专栏 5-1 美国《福布斯》网站的文章：为何中国研发不出 iPhone

包括奥巴马在内的很多美国人都在问：为何 iPhone 不是美国制造？尽管该问题在美国就业增长缓慢的情况下显得很重要，却冲淡了一个事实，iPhone 是美国产品，而非中国的。这意味着是美国而非中国是经济创新和就业增长的驱动力。更有趣的问题是，为何中国研发不出自己的 iPhone。

答案是中国缺少促进研发 iPhone 的极其重要的资源：发现并利用新市场机会的企业家精神，研发出改变消费者生活的全新产品，同时培育新兴产业并创造新的就业机会。

企业家精神既无法用钱购买，也不能由上级机构强加，它须根植于自由的思想及尊重、奖励发明家、创新者的文化氛围。显然，这种氛围在中国不存在。纵观中国历史，对发明人、企业家和商业先锋几乎没什么尊重。即使在刚过去的 30 年里，中国的企业家精神也与欧美甚至一些亚洲国家不同，企业家不被视为市场冒险家，而被视为努力工作的社会人物、普通工人的榜样。但问题是，工人英雄主义不会培育出像苹果、微软、谷歌这样的创新型公司，

只会培育出大规模生产的企业，如富士康，最终只能为创新型公司加工产品。

出现这样的结果，并非因为中国没有创新能力或知识，而是管理和体制的原因。总体上看中国企业缺少研发先锋产品的信息、自由和激励措施。中国企业的主要出发点往往是资源，而非消费者需求。从中国规划者角度看这无可厚非，他们掌握巨大资源，急于寻找能创造短期增长效益的快捷方法。但从全球市场角度看则行不通，消费者才是经济的中心，而非中央规划者。

iPhone 是美国的而非中国的产品，不应被中国 19 世纪制造业的成就蒙蔽双眼。

资料来源：帕诺斯·穆都库塔，2012 年

《福布斯》网站上该文中的一些观点也许有待商榷，但是确实带来一些启示：研究我国尽快形成自主培育发展新兴产业能力的途径，一方面要分析其需要的资源和服务及能力，另一方面要研究应营造的政策和制度与文化环境。由于创新是自主培育发展新兴产业的核心驱动力量，研究这些问题的理论基础是产业创新系统理论。

本章首先从系统的观点出发，利用创新系统理论，构建自主培育发展新兴产业系统的组成结构模型，然后通过将自主培育发展新兴产业与引进发展新兴产业进行比较，研究自主培育发展新兴产业对各类科技创新资源、服务和能力的新要求，明确形成自主培育发展新兴产业的能力需要解决的问题。

5.1 自主培育发展新兴产业系统

新兴产业是处于形成期和成长期的产业。既然产业创新系统理论可以用于分析整个产业的创新问题，自然也可以运用于分析新兴产业的创新问题。为此，本节以产业创新系统概念和分析框架为基础，构建新兴产业自主培育发展系统的组成结构模型，为研究自主培育发展新兴产业需要的资源、服务与能力，以及政策、制度与文化等奠定基础。

5.1.1 产业创新系统的概念和组成

产业创新系统（sectoral systems of innovation）是运用系统的思想和方法，以多学科、整体和动态的视角，从产业层面研究技术、组织和制度等的创新问题

（白玲，2009）。运用产业创新系统概念，可以研究不同产业之间以及产业发展不同路径、不同阶段关于创新的速度、类型及其组织方法等方面存在的差异，剖析造成这些差异的原因。同时，运用产业创新系统概念还可以分析产业以及产业创新模式的历史变迁。

产业创新系统概念从国家创新体系概念演化而来，在很大程度上基于演化经济学和国家创新体系的思想。最早正式提出产业创新系统概念的，是布雷奇和马莱巴（Breschi and Malerba，1997）。他们定义"产业创新系统"是由"特定产业中参与产品的开发和生产以及技术的研发和使用的企业构成的系统（或群体）"。尽管该概念的提出具有开创性意义，但是存在的问题也是比较明显的，如定义中仅考虑了企业的作用，对参与产业创新的其他组织，如高校、科研院所和金融机构等并未提及。Malerba（2002）在此基础上，对产业创新系统的定义、构成要素和分析框架等进一步进行了深入研究：一是对定义进行了修正和完善，把企业以外的其他行为主体明确考虑进去，指出产业创新系统是"基于市场与非市场的联系参与产品的开发、生产和销售的系列主体的集合"；二是明确了产业创新系统的构成要素；三是产业边界和产业系统的动态演化被纳入产业创新系统的分析框架；四是考察了产业创新系统的理论基础和思想来源；五是以产业创新系统分析框架为基础，对欧洲的制药、化工等产业进行实证研究。

Malerba（2002）认为产业创新系统包含七大基本组成要素：一是企业，被称为产业创新系统的核心参与者；二是产业创新系统的其他参与者，包括大学、金融机构、政府部门、商业联盟、技术协会、消费者、科研院所等；三是网络，各类创新主体通过各种市场或非市场的联系，进行正式或者非正式的交互作用，形成的网络体系；四是需求，在产业创新系统中，需求在影响创新活动和产业转型方面起着重要作用，既可能是促进作用，也可能是阻碍作用；五是知识和技术基础，决定着产业发展的技术范式和创新特点，从根本上界定了产业的边界，在产业创新系统中居于核心地位；六是制度，产业创新系统中各参与者的创新活动与交互作用都会受到相关制度的规范，包括法律、标准、规则、惯例、风俗习惯、文化等；七是系统运行进程与协同演进。

运用产业创新系统概念分析产业创新问题，特别强调以下几点。

1. 产业创新系统中各要素之间存在紧密的联系和相互作用

产业创新系统有多个组成要素，这些要素之间紧密联系，相互作用，协同推进技术的变迁和产业的演化。例如，知识与技术基础、行为主体与网络和制度之间不仅存在紧密联系，而且存在相互作用。首先，产业创新的技术和知识基础直接影响着创新活动的组织方式。其次，技术变迁的主体是组织，创新活动的组织方式在很大程度上决定着技术创新的类型和方向。最后，就主体行为和技术变迁而言，制度同时发挥着约束和促进作用，技术变迁推动制度变迁，制度变迁则由组织来实施。

2. 技术特性差异会导致产业创新模式不同

不同产业的创新活动，其知识和技术基础方面存在巨大的差异。知识和技术基础的不同会直接影响产业创新系统的边界和结构以及创新活动的组织方式。产业间知识和技术基础的差异，分别体现在部门创新活动的科学技术基础和部门产品的应用两个方面。不同产业的知识基础差异集中体现在所谓的"技术形式"这一概念上，技术形式反映了一系列产业特点的集合。布雷奇和马莱巴（Breschi and Malerba，1997）提出了"技术形式"的四个构成要素，即技术机会、可占有性、累积条件和知识基础。四个要素的含义分别为：技术机会指对研究项目进行一定投资后产生创新的可能性；可占有性条件指保护创新不被模仿以及从创新活动中获利的可能性；累积条件指创新活动所具有的路径依赖性；产业的知识基础则指支撑企业创新活动的知识的特点。

技术形式的基本作用表现在它限定了企业问题解决的范围，并为企业寻找解决问题的方法提供某种指引。关于技术形式与产业创新模式之间的关系，布雷奇和马莱巴（Breschi and Malerba，1997）结合技术形式的四个要素对熊彼特创新模式 I 和模式 II 之间的差别进行了阐释。他们认为，产业系统的两种基本创新模式之间的差别主要表现在：熊彼特创新模式 I 以"创新性毁灭"为特征，其特点可以概括为进入壁垒较低，企业家和新企业在创新活动中能发挥重要作用；而熊彼特创新模式 II 则以"创造性积累"为特征，其特点主要表现为创新厂商的规模较大，创新者的进入壁垒比较高。一般而言，较高的技术机会、较低的可占有性和累积性条件会导致熊彼特创新模式 I 的出现；反之，熊彼特创新模式 II 产生。当然，两种创新模式在一定条件下存在相互转化的可能。

3. 行为主体及其相互联系网络在产业创新系统中的主体地位

由于企业在技术创新和产品生产销售过程中发挥核心作用，故而是产业发展的关键主体。然而，产业创新系统的一个重要特点就在于它不仅强调企业的作用，而且对高校、科研院所等的作用给予特别关注。产业创新系统的行为主体包括个人和组织，个人如消费者、企业家、科学家；组织又分为企业组织和非企业组织，企业组织包括用户、生产者、供应商等；非企业组织，如高校、科研院所、政府机构等。各行为主体具有不同的学习方式、能力、信念、目标、组织结构和行为方式，他们之间通过交易、合作、竞争和命令等市场和非市场关系相互联系。

产业创新系统把组织层面上各行为主体及其组成的网络关系作为分析对象，重点探讨企业、高校、用户、供应商以及金融机构、政府部门等不同组织之间的合作是如何实现的。基于演化经济学理论，各主体的异质性是产业系统的重要特征，尤其是企业的异质性是产业创新系统存在差异和动态演化的主要原因。在产业创新系统中，异质性主体之间通过市场和非市场联系形成组织网络。一般认为，在不确定和快速变化的环境中，网络的出现并不是因为主体之间的相似性，相反，恰恰是由于其差异性。在现代经济中网络变得越来越重要。

4. 制度对产业创新有重要的影响

在产业创新系统中，制度和组织是两个不同的概念，它们之间有本质区别。按照经典的定义，制度是"博弈规则"。组织包括企业、高校、政府部门等，是网络的要素。制度包括规范、惯例、规则、法律和标准等，可分为正式制度与非正式制度等两种类型。根据其对产业系统的不同影响，制度具有不同层次，如国家制度、地方制度、产业制度等。制度影响着产业中各创新主体的认知、行为以及他们之间的相互关系和交互作用，进而对产业系统中技术变迁的速度、创新活动的组织方式和创新成果等产生影响。制度的具体表现形式因产业系统的不同而异。不同的国家制度会对产业的创新活动产生不同的影响，同一产业在不同的国家之间存在一定的差别，国家制度与产业特点之间适应与否也会对产业创新活动产生影响。

5. 用户和需求在产业系统动态演化过程中发挥重要作用

需求在产业系统和创新过程中的作用集中体现在用户、顾客、公共采购等方面。需求由单个消费者、企业和公共部门等组成，与企业的异质性道理相同，不同用户的学习过程和能力及目标等之间存在差异。需求对产业之间创新活动和产业系统的演化有重要的影响，具体的影响路径和方式如何，是一个需要深入研究的问题。

6. 注重从演化的视角看待产业系统

创新与产业系统的演化一直是熊彼特研究的中心。在熊彼特看来，从时间维度上看，经济发展是由创新驱动的、性质不断变化的过程。直到20世纪70年代末 80 年代初，产业系统的动态演化才重新得到重视。人们逐渐认识到，产业系统是一个伴随路径依赖、锁定与路径创造的复杂过程，其中技术、制度、需求等因素交互作用、协同演化。产业系统的动态演化遵循两条基本机制，即多样性与选择过程。这两个方面对产业的演化和产业系统之间的差异构成重大影响。多样性的形成体现在产品、技术、企业和制度以及战略和行为等方面。

产业创新系统是在国家创新体系概念基础上发展起来的，但相对于后者，产业创新系统有两大优点：一是实证研究表明，创新的系统特征在不同产业之间存在着明显的差异，国家创新体系未能深入剖析学习方式和产业特定制度等问题；二是产业的跨国界联系使得产业创新系统分析不能局限在国界范围内，而国家创新体系的研究则受到一定的限制。因此，国家层面上的分析并不总是产业结构及其变迁最合适的维度。大量实证研究表明，某些产业只能处于特定区域，属于这些特定区域内的企业，在创新过程中彼此相互合作，但和其他国家或地区的企业相互竞争。有些产业与大型公司在全球范围内开展竞争，而与当地的某些专业性制造商紧密合作。因此，在产业系统分析框架中，不同产业可能会有不同的竞争性、互动性及组织边界，而这是超越国界的。

5.1.2 传统经济学和创新系统概念诠释创新的差别

传统经济学和创新系统概念诠释创新，结论差别较大，对创新有不同的认识。

1. 传统经济学对创新的理解

从传统经济学的角度看，研发产生的知识和技术具有三个显著的特点：不确定性、非独占性和不可分割性。所谓不确定性，是指研发和创新过程能产生什么样的新知识和新技术、开发出什么样的新产品和新市场，事先无法预知，具有高度的不确定性。非独占性是指由于知识的重要组成部分信息是不能垄断和独占的，这样发明者不能完全独占其发明带来的收益。关于不可分割性，是指任何发明创造和新知识的产生都必须利用已有的知识和技术，这样很难把新知识和新技术从已有的知识和技术中分离出来。

传统经济学还把创新简单理解为主要是研发活动，把研发的成果转变为新的产品和生产工艺能够通过市场交易实现。同时认为，创新过程是一个可以划分为有若干个阶段和固定顺序的过程，研究开发成果会自动转变为新的产品。

知识的三大特点，即不确定性、非独占性和不可分割性会导致企业等组织的

R&D 投入不足，依靠市场机制不能保障全社会资源最优配置对 R&D 投入的要求，即存在市场失灵。这成为政府干预研究开发活动的主要理由。

对科学研究活动而言，市场失灵理论比较好地解释了政府干预的原因。但是对技术创新、特别是服务于市场需求的技术创新活动，市场失灵理论很难解释。

另外，政府部门在制定创新政策时，市场失灵理论很难提供比较具体和实用的帮助。因为该理论没有回答如何通过政策制定形成有效的干预手段去影响研发和创新活动，它既没有指明干预的领域，也没有说明干预的强度，只能从一般意义上说明政府应该支持基础研究。市场失灵理论太过于抽象，很难在具体创新政策设计上提供帮助。

2. 创新系统方法对创新的理解

创新系统方法对创新的诠释不同于传统的经济学方法。创新系统方法把关注的重点由传统经济学中的个体和孤立的单元，如企业、消费者等转变为重点关注参与各方构成的集合，它从整体系统的角度而不是个体的角度分析知识的创造、使用和扩散，把创新看作系统演化带来的结果。

创新系统方法的理论基础是演化理论。该理论认为，企业是运用其拥有的资源和能力实现利润的最大化。知识不仅是信息，不仅包含显性知识，还包含隐性知识；既有通用知识，也有特别适用于某些企业和产业的特定知识，知识的产生总是有成本的。

创新系统理论还认为，创新过程是创新系统中的各参与方之间相互联系和交流的过程。企业的创新不是孤立进行的，创新系统中的各个参与方之间不断进行各种类型的联系和互动。政策制定者制定政策，关键是解决系统失灵，重点干预系统运行中运转不够有效的部分。

另外，创新系统理论强调，创新过程是路径依赖的，不清楚未来发展会经过哪条路径，不知道是否选择了最好的路径，具有演化的特征。同时，创新系统从来不会达到均衡，不存在最优的概念，也不能确定什么是理想的或者最优的创新系统。因此，试图把现实的创新系统与一个理想的、最优的创新系统进行比较是不现实的，可行的方法是把现实中同类的多个创新系统进行比较，发现系统中存在的问题。

通过多个创新系统之间的比较分析可以解决不少问题。例如，可以发现哪些创新系统更好，哪些更差；哪些变量影响更大，哪些影响相对比较小。创新系统之间的比较，既可以把现在与过去比，也可以把不同国家和地区、不同产业的创新系统进行比较。通过创新系统之间的非常细致的比较，可以发现系统中存在的问题，为政策制定提供具体的帮助。

为了有效制定创新政策，不仅要准确识别创新系统中存在的问题，还要深入分析问题产生的原因，由此让政策制定者能够判断是否需要调整组织、制度或者他们之间的相互联系，如此等等。创新政策设计的基础不仅要识别问题，还要分析问题产生的原因。

总之，从系统的角度理解创新及其过程对政策制定非常重要，它不仅为政府干预创新系统提供了新的理由，而且指明了干预的主要着力点，即要特别重视系统的问题。同时，用创新系统的方法制定创新政策，需要全面分析创新系统的组成和运行特点。这是一件说起来容易、做起来很困难的事情，但是这是系统分析的基础。

5.1.3　自主培育发展新兴产业系统的组成

自主培育发展新兴产业是一项高度复杂的工作，不仅需要大量资源和服务，还需要具备多方面的能力，必须高水平开展技术创新活动，这是一个非常复杂的创新系统。现从系统的视角，运用产业创新系统概念和分析框架，构建自主培育发展新兴产业系统的组成结构模型。

1. 自主培育发展新兴产业的系统分析

自主培育发展新兴产业系统，是由影响自主培育发展新兴产业的各种要素，包括知识和技术、制度和政策、经济和社会、文化和组织等构成的系统。对自主培育发展新兴产业系统进行分析，构建其组成结构模型，就是运用产业创新系统的概念和分析框架，剖析自主培育发展新兴产业的主要影响要素及其相互关系，研究自主培育发展新兴产业的条件以及政策、制度和文化需求，为政府更科学和有效地制定政策服务。

用系统的方法分析自主培育发展新兴产业系统，需要高度重视知识创造和技术创新在自主培育发展新兴产业中的重要作用。已有分析表明，任何新兴产业的培育和发展都必须依靠技术创新，而且往往需要突破性的技术创新，既包括突破性技术发明带动的技术创新，也包括先进技术的突破性新应用带来的技术创新。显然，知识和技术在自主培育发展新兴产业中处于特别重要的位置。但是，自主培育发展新兴产业过程，不能简单地理解为仅仅是一个先进知识和技术的转移、应用和扩散的线性过程，而要将其作为一个多因素综合交互作用的复杂技术、经济和社会系统加以对待。

首先，把自主培育发展新兴产业作为一个复杂的技术、经济和社会系统，是指研究自主培育发展新兴产业，不仅要高度关注先进知识和技术的创新，还必须切实重视技术创新能更好地满足需求，必须重视技术创新的经济性和时效性，必须重视技术创新的组织和管理。

其次，把自主培育发展新兴产业作为一个复杂的技术、经济和社会系统，需要分析自主培育发展新兴产业过程中涉及的各类参与者，包括用户、企业、高校和科研院所、服务机构、政府部门等应该发挥的作用，需要高度重视各类参与者之间的相互联系和相互作用对自主培育发展新兴产业产生的影响。

再次，把自主培育发展新兴产业作为一个复杂的技术、经济和社会系统，还要考虑自主培育发展新兴产业的制度、文化和政策影响，必须考虑其路径依赖性，必须考虑不同的国家或地区的发展路径和发展阶段的不同对自主培育发展新兴产业带来的影响。

最后，把自主培育发展新兴产业作为一个复杂的技术、经济和社会系统，还要强调很难找到自主培育发展新兴产业的所谓最好或最优路径，只能按演化的和动态的思想分析系统，认为系统中的各种组成要素会不断调整和变化，相互关系也会不断调整和变化，对自主培育发展新兴产业的作用方式和大小也会不断调整和变化。

2. 自主培育发展新兴产业系统的组成

基于系统分析方法，可以构建图 5-1 描述的自主培育发展新兴产业系统的组成结构模型。该模型表明，自主培育发展新兴产业系统的核心是以企业为主体，联合高校和科研院所、服务机构、用户等，通过新产品的研发和创新，加快培育和发展新兴产业，促进经济增长和社会进步，增加就业机会，提高劳动生产率。

从技术、经济和社会相结合的系统视角看，要自主培育发展新兴产业，必须要有相应的投入，包括人才、资金、知识和技术、信息、设备以及零部件和原材料等。另外，新产品的研发和创新必须符合社会需求，既包括公共需求，也包含私人需求，没有需求的创新产品自然不可能成为自主培育发展新兴产业的源头和基础，不可能成为自主培育发展新兴产业的主要带动力量。实际上，必要的资源投入和有效满足需求构成自主培育发展新兴产业的基本条件。

要培育和发展新兴产业，还必须加强服务体系的建设，使得自主培育发展新兴产业需要的各种资源、能获得的途径更多，效率更高，成本更低，有效地支撑自主培育发展新兴产业系统的高效运转。

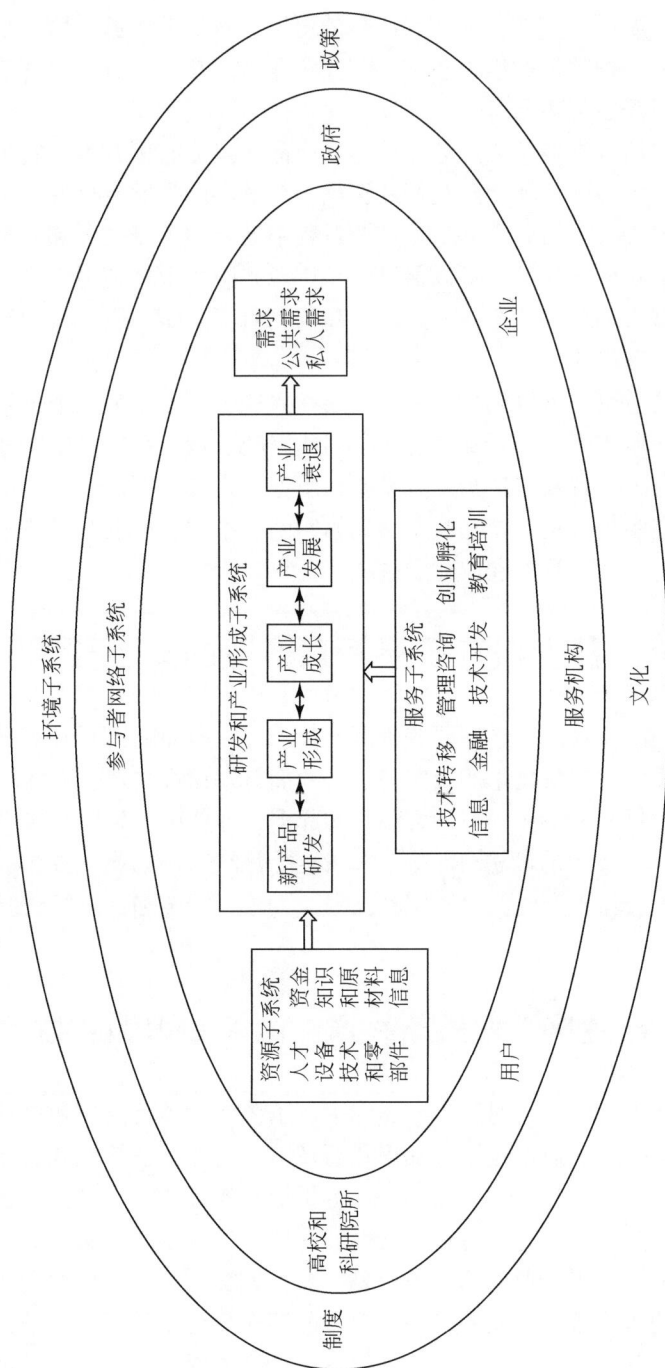

图 5-1 自主培育发展新兴产业系统的组成结构模型

自主培育发展新兴产业，涉及新产品的研发、资源的供给、服务的提供等方面，必然需要有多种类型的组织参与。涉及企业、用户、高校和科研院所、服务机构和政府部门等多类参与者。

要保障自主培育发展新兴产业需要的新产品研发能有效开展，各类资源能得到有效的供给，各种服务能得到良好的提供，最核心的是要有良好的制度、政策和文化保障，解决自主培育发展新兴产业过程中面临的市场失灵和系统失灵。有效的制度、政策和文化环境，可以促进各类资源和服务更多地用于自主培育发展新兴产业，能够鼓励更多的企业、用户、高校和科研院所、服务机构等积极参与自主培育发展新兴产业。

综合前面的讨论，可以把自主培育发展新兴产业系统分为五个子系统。第一个是研发和产业形成子系统；第二个是自主培育发展新兴产业需要的资源子系统；第三个是自主培育发展新兴产业需要的服务子系统；第四个是自主培育发展新兴产业的各类参与者及其相互联系形成的网络子系统；第五个是自主培育发展新兴产业需要的制度、政策和文化子系统。

5.2　自主培育发展新兴产业的资源要求

自主培育发展新兴产业必须要有资源的投入。一般而言，开发新产品，并实现新产品的产业化和规模化生产及销售，必须拥有知识和技术、人才、信息、资金、设备、原材料和零部件等各种资源。实际上，即使引进发展新兴产业，并开展产品和生产工艺技术的渐进性创新，一般也需要这些资源的供给和保障。但是，自主培育发展新兴产业，对知识和技术、人才、资金和信息等资源提出了新的更高的要求。

5.2.1　自主培育发展新兴产业的新知识和新技术要求

引进发展新兴产业，并对已有产品和生产工艺技术进行改进和提升，显然也需要新知识和新技术。通过运用新知识和新技术，使得产品的性能更优，满足用户的需求更好，产品的生产效率更高，成本更低，效益更好。这类创新主要是渐进性创新。

自主培育发展新兴产业的基本条件是，要么能够利用重大科学发现和突破性技术发明带来的机会开发全新的产品，要么能够充分运用已有的先进技术实现突破性的新运用，开发出全新的产品。这样，一个国家或地区要能够自主培育发展新兴产业，对其科技创新产生的新知识和新技术提出了很高的要求，要能够产生原创性和突破性的新知识和新技术，要能够开展突破性的技术创新活动，需要产生原始创新成果。如果一个国家或地区的科技创新活动，其产生的新知识和新技术只能实现对已有产品和生产工艺技术的改进和提升，依靠这样的科技创新活动及其产生的成果很难实现自主培育发展新兴产业的目标。

总之，自主培育发展新兴产业，对科技创新及其产生的新知识和新技术提出了很高的要求，原始创新成果是其关键性的投入和重要的资源保障。

5.2.2 自主培育发展新兴产业的人才要求

当今世界人才是第一资源，是新知识和新技术的源泉，是经济社会发展的核心要素。培育和发展新兴产业，不管是引进发展还是自主培育发展，都需要技术研发、经营管理和技术创新等多类人才资源。但是，不同的新兴产业发展路径对人才素质的需求有巨大的差别。

1. 技术研发人才

引进发展新兴产业只需要能够对现有技术进行改进的人才，自主培育发展新兴产业需要具有能够开发原创性和突破性新技术的人才。

一般而言，引进发展新兴产业，技术研发的主要任务是对引进的产品和生产工艺技术进行改进提升。完成这样的技术研发任务，目标相对比较容易明确，对人才的要求主要是能在技术目标比较明确的情况下进行技术改进，形成比较好的技术改进路径和方案，并加以实现。

自主培育发展新兴产业，不仅需要技术研发人才具有解决问题的能力，更需要其具有迥异于常人、天才式的想象力，能突破传统的思维惯性进行创造性思维，提出全新的技术和产品构想以及独创性的解决问题的新途径，实现对已有技术的新突破，或者实现对已有技术应用的新突破。对一个国家或地区而言，要实现自主培育发展新兴产业的目标，必须拥有一定数量的能够从事突破性新技术和新产品研发的人才。

2. 经营管理人才

引进发展新兴产业只需要具有常规的组织管理能力的人才，自主培育发展新兴产业需要具有能发现并有效利用新市场机会的企业家型人才。

引进发展新兴产业，其经营管理人才的主要任务是围绕明确的企业发展目标组织协调和运用各种生产要素，实现资源的高效利用。对这类经营管理人才，不一定具备很强的冒险精神和创新精神。

要能够自主培育发展新兴产业，企业家型人才不可或缺。企业家是自主培育发展新兴产业的灵魂人物。英国经济学家马歇尔认为，企业家是以自己的创新力、洞察力和统帅力，发现和消除市场的不平衡性，创造交易机会和效用，给生产过程提出方向，使生产要素组织化的人；熊彼特认为，企业家是在经济结构内部进行不断"革命突变"，对旧的生产方式进行"创造性破坏"，实现经济要素创新组合的人；美国经济学家德鲁克也认为，企业家是革新者，是勇于承担风险、有目的地寻找革新源泉、善于捕捉变化并把变化作为可供开发利用机会的人。企业家的最基本特征应是冒险、创新，具体而言，企业家是担负着对技术、信息、土地、资本、劳动力等生产要素进行有效组织和管理、富有冒险精神和创新精神的高级管理人才。对一个国家或地区而言，如果缺乏企业家精神和企业家型人才，就很难实现自主培育发展新兴产业的目标。

3. 技术创新人才

引进发展新兴产业只需要能够从事渐进性技术创新的人才，自主培育发展新兴产业特别需要产业化技术开发人才。

引进发展新兴产业，其技术创新的主要任务是渐进性改进创新，只要求相应的人才能够综合考虑已有产品及其生产工艺技术和设备的性能、成本和质量等进行技术改进，提升企业的竞争力和经济效益。

自主培育发展新兴产业，不仅要能够研发出全新的技术和产品，还要能够实现全新产品的规模化生产，并保证其生产产品的成品率比较高，质量稳定可靠，价格比较低，能够被广大的用户接受。这样，自主培育发展新兴产业，只有能够从事突破性新技术研发的人才还不够，还需要产业化技术开发人才。所谓产业化技术开发人才，是能够综合考虑用户需求、生产成本和质量等方面的要求，优化新产品的性能设计，创新开发生产工艺技术和设备，解决新产品规模化生产过程中的一系列技术难题，实现新产品的大规模、优质和低成本生产。对一个国家或地区而言，如果缺乏产业化技术开发人才，自主培育发展新兴产业的目标也很难实现。

总之，新兴产业发展的路径不同，需要的人才资源有很大的不同。自主培育发展新兴产业对人才资源的质量和类型均提出了新的、更高的要求，特别需要企业家型人才以及突破性新技术研发人才和产业化技术开发人才。

5.2.3　自主培育发展新兴产业的资金要求

众所周知，培育和发展新兴产业，必须要有大量资金的投入作为保障。但是，不同的新兴产业培育和发展路径对资金的来源要求明显不同。引进发展新兴产业，通过引进已经得到运用的技术和生产设备组织生产，主要需要商业银行贷款的支持。自主培育发展新兴产业，需要经历新技术和新产品的研发、产业形成、产业成长等若干阶段，由于不同阶段的研发和创新、开拓市场等方面的任务显著不同，不同阶段面临的技术和市场等风险也明显不同，需要的金融服务产品自然也应该不同。这样，自主培育发展新兴产业，需要有多种性质和来源的资金的支持。

一般而言，在新技术和新产品研发阶段，由于技术本身以及技术的商业化具有很大的不确定性，通过私有权益市场获得资金是非常很困难的，政府支持是重要的资金来源。同时，私人募集、天使投资等也是重要的资金来源。

在产业形成阶段，随着新技术渐趋成熟，新产品需求渐趋明朗，除需要政府的资金支持外，私人募集、天使投资、种子基金等都是其所需资金的重要来源。

在产业成长启动和加速成长阶段，随着新产品已经开始形成一定的用户规模，投入的风险相对之前已经降低，相关企业成长性越来越显著，风险投资和商业银行贷款等成为其所需资金的重要来源。同时，还可以通过公开上市，或者由大企业收购、兼并等获得资金。

总之，一个国家或地区不管是引进发展新兴产业，还是自主培育发展新兴产业，都需要大量资金的支持。但是，两者需要的资金来源类型明显不同。引进发展新兴产业，只要有商业银行贷款的支持即可以解决问题。自主培育发展新兴产业，不仅需要商业银行的支持，还需要政府财政投入、私人募集、天使投资、种子基金和风险投资等多种类型的金融产品的配套支持，如果一个国家或地区缺少其中的任何一类金融产品，都会直接影响自主培育发展新兴产业目标的实现。

专栏5-2　美国的高新技术创业企业融资渠道

大公司可以通过内部融资进行技术创新投资，而高新技术创业企业却只能求助于外部的融资渠道。对于高新技术创业企业来说，它们的技术和商业概念都还没有得到市场认可（有时是它们的管理团队没有得到认可），这导致它们不仅融资渠道十分有限，而且即使能获得融资，也要面临更高的融资成

本。在一个企业的创业和成长阶段，企业家们往往不得不向自己的朋友或家人求助，或申请个人贷款。创业企业也有可能从相关的政府机构那里得到最初的资助。如果他们的创意和管理团队足够吸引人，还可能从个人投资者或风险投资商那里得到资金上的支持以及经营上的指导。

1. 家庭、朋友和信用卡

当一个企业刚刚起步时，它的技术以及管理团队都还没经过市场的验证，这就使得对企业的投资有很大的风险。在该阶段，企业家必须经常向那些愿意对企业投资的朋友或家人筹集最初的资金，或以借款的方式，或以出让公司股权的方式来筹集资本。此外，企业家还会努力向当地的银行争取贷款。实际上，有大量的创业企业都是通过信用卡筹集资金的，当然他们必须为此支付高额的利息。

2. 政府拨款和贷款

一些创业企业可能会从政府那里得到启动资金的支持。在美国，有一个通过管理拨款、贷款和风险资金，向创业者和创新项目提供支持的部门——小企业管理局（Small Business Administration，SBA），它们的资金主要来源于一些联邦政府机构，包括商务部、农业部、能源部、NASA以及其他部门。同样，在英国由企业基金会（The Enterprise Fund）管理着一系列向中小型高新技术企业提供资金支持的项目，在德国有超过800个国家和州政府的项目向新的企业提供资金支持。

3. 天使投资者

天使投资者属于私人投资者，它们投资项目的方式与风险资本不同，往往不会采取成为有限责任股东的形式。他们往往是那些在商界获得成功的个人，并且热衷于向创业企业提供资金支持，他们投资的项目规模通常会小于百万美元。当天使投资者在投资项目中占了很大的股份时，他们的投资通常会赢得很高的回报。天使投资者通常不会被列入公开的工商名录中，而是通过专门网络与外界进行联系的。大量的创业企业在"种子"阶段（有实际的产品或公司之前的阶段）就得到了天使投资者的支持。因为这种交易大部分都不会被公开报道，因此也很难获取相关的数据，有人大致估计，天使投资的每笔交易额在35万美元到70万美元，2000年美国的天使投资交易大约是50 000笔。

4. 风险投资

对于那些资金需求超过 100 万美元的项目，创业者通常会求助于风险投资，风险投资既可能是独立风险投资，也可能是企业风险资本。

独立风险投资公司管理着一定量的资金，并且只对那些他们认为有快速增长潜力的项目进行投资。许多风险投资公司都只专注于一个行业，这样他们能够更好地评价该行业内的创业企业。投资经常会采取债权投资和股权投资相结合的方式，如果企业的业绩好，则会采用较多的股权形式，而如果投资对象的业绩不够理想，则会更多地采用债权投资的方式。一旦投资取得成功，风险资本会通过上市或向其他企业出售的方式退出投资，从而获取一定的现金。风险投资家一向非常谨慎，通常会拒绝大部分可供选择的项目。然而，对于那些决定要投资的项目，风险资本则会提供全力支持，包括提供自己在其他投资者那里的信誉（企业因此而更容易获得投资）以及经营上的指导。虽然有些风险资本专门投资那些处于"种子"阶段的项目，但是更多的风险资本对那些处于早期阶段的项目提供资金支持。所谓早期阶段是指这样一个特殊的阶段：产品的早期设计已经取得成功且公司已经组建起来，但是企业还不能通过自身的销售收入来支持企业的继续发展。2002 年，风险投资平均单笔额度接近 1050 万美元，绝大部分的风险资本都投资于生物技术、计算机硬件及软件技术以及通信行业。

企业风险资本是由企业提供的风险资本。企业通过提供风险投资取得技术开发企业的少量股权，从而获得了解该技术的机会。企业风险资本所选择的技术往往是企业自身也感兴趣的前沿技术，该技术的市场前景一旦得到验证，企业将会介入开发。企业可能建立内部的风险投资团队，这种团队通常会与企业自身的开发活动有密切联系，也可能创立与公司相对独立的风险基金。前一种组织方式的优点在于，企业能够借助于自身的经验和资源帮助新企业获得成功。然而，在前一种组织形式下，创业者会担心提供风险投资的大企业侵占了创业企业的专有技术。在后一种组织形式下，由于外部风险资金的相对独立性，保证了创业者的技术不会被盗取，但这又限制了创业企业利用大企业其他非资金性资产的能力。根据 Venture Economics 的报道，到 2003 年 3 月，美国共有 233 家企业拥有风险投资项目，如柯达公司的伊士曼风险基金、通用电气公司的 GE 基金和英特尔公司的英特尔基金等，与 2000 年的 488 家相比有较大幅度的下降。这些项目的投资方向与独立风险资本的投资方向很相像。

资料来源：Schilling，2005

5.2.4　自主培育发展新兴产业的信息要求

当今社会是信息社会，这意味着信息与人才、资金、知识和技术、土地等一样，已经成为最重要的资源要素之一。培育和发展新兴产业，需要有关市场、资金、技术、人才、设备、原材料和零部件等多种类型的信息资源。

与引进发展新兴产业主要经历产业成长阶段不同，自主培育发展新兴产业需要经历新技术和新产品研发、产业形成和成长等阶段，而且新技术和新产品研发、产业形成阶段相比产业成长阶段，技术风险和市场风险更大，不确定性更高。企业要能在新产品的研发和产业形成过程中有效应对其面临的技术和市场等各种风险，需要能够及时、准确和系统地获得其相关的技术、市场、人才、设备、原材料和零部件、政策等各方面的信息，需要大量的信息资源的供给。

同时，自主培育发展新兴产业，不同的企业往往会在新产品的研发和产业形成阶段开发出性能相近，但是所运用的基础性技术显著不同的新产品，要在多种基础性技术显著不同的新产品之间形成主导设计和技术标准，需要营造良好的竞争环境，让不同的新产品之间能够公平和有效地竞争。经济学理论表明，形成公平和有效的竞争环境，必须要尽量消除信息的不对称性。这样，也需要为企业自主培育发展新兴产业，及时、准确和系统地提供有关技术、市场、人才、设备、原材料和零部件、政策等各方面的信息。

总而言之，相比引进发展新兴产业，自主培育发展新兴产业不仅需要的信息资源量更大，类型更多，特别是对信息的及时性、准确性和完整性提出了很高的要求。对一个国家或地区而言，要自主培育发展新兴产业，必须为企业提供良好的信息服务，为企业及时、准确和完整地提供优质的信息资源保障。

5.3　自主培育发展新兴产业的服务要求

管理原理表明，专业化分工是改善资源利用水平、提高劳动生产率和创造更多财富的重要途径。当前，各类社会主体之间的专业化分工越来越明细，任何一个复杂问题的解决，都需要社会多个方面的参与，需要各方之间的大力协同和共同努力，培育和发展新兴产业也是如此。它不仅需要充分发挥企业的主体作用，还需要高校、科研院所、服务机构、政府部门等的积极参与，为培育和发展新兴产业提供各种优质的服务，使得各种资源能得到有效的供给，各项工作能得到高效的开展。

不管是引进发展还是自主培育发展新兴产业，都需要多种类型的服务。一般而言，涉及教育和人力资源开发服务、科技金融服务、信息服务、科技企业孵化服务、技术转移和推广服务、技术开发服务及咨询服务等。不同的新兴产业发展路径，需要的服务类型类似，但是对服务品质的要求有很大的不同，自主培育发展新兴产业对各类服务提出了新更高的要求，在教育和人力资源开发服务、科技金融服务、信息服务、科技企业孵化服务等方面尤其如此。

5.3.1　自主培育发展新兴产业的教育和人力资源开发服务

毋庸置疑，人才是培育和发展新兴产业的关键要素和核心资源。培育和发展新兴产业，需要社会为其提供良好的教育和人力资源开发服务，保障其需要的人才能得到有效的供给。由于不同的新兴产业发展路径对人才的要求显著不同，因此其对教育和人力资源开发服务的要求也存在很大的差异。

与引进发展新兴产业不同，自主培育发展新兴产业需要有企业家、突破性新技术开发人才和产业化技术开发人才等多种类型的领军型创新人才。教育系统服务于自主培育发展新兴产业的需要培养人才，不仅要让其了解和掌握各种新知识和新技术，还要使其能创新性地运用新知识和新技术，更要能够结合解决实际问题的需要创造新知识和新技术，能够研发原创性和突破性的新技术。这样，自主培育发展新兴产业，特别需要教育系统能够培养具有很强的创新精神和创业精神的人才，能够培养具有很强的学习能力、实践能力和创新能力的人才。

同时，引进发展新兴产业，其涉及的技术领域已经发展一定的时间，需要的专业人才在教育系统中一般已经有相应的专业配套培养。自主培育发展新兴产业，往往意味着开辟了新的技术领域，需要新的专业人才支持，由于这些新的技术领域出现时间比较短，新的专业人才很可能严重不足。这样，自主培育发展新兴产业，还需要教育系统具有快速响应社会人才需求变化的能力，能够及时了解社会对人才需求的变化，及时调整学科和专业设置，快速培养自主培育发展新兴产业急需的各类高层次创新人才。

再有，自主培育发展新兴产业需要的多种类型的领军型创新人才，仅仅依靠学校的教育很难造就出来，需要其在工作实践中持续学习、不断积累经验才能实现。因此，自主培育发展新兴产业，需要建立覆盖范围广、培训质量高的人才培训服务体系，帮助广大的在职人员有良好的条件实现终身学习，不断更新知识，持续增强实践能力和创新能力。

另外，按照人才成长的一般规律，自主培育发展新兴产业需要的多种类型的领军型创新人才，既不完全能够通过政府的各种人才计划催生，也不完全能够依靠重点培养造就，而要充分发挥市场机制的作用，通过建立高水平的人才市场，形成科学和有序的高层次人才流动机制，使得各类人才通过流动和试错，找到自己最感兴趣、能力能最好发挥的岗位，实现人岗相适、人尽其才、人尽其用，在对人才的科学和合理使用中培养人才，发现人才。显然，自主培育发展新兴产业，需要充分发挥市场机制的作用，建立高水平的人才市场，促进领军型创新人才的成长，使之脱颖而出。

总之，相比引进发展新兴产业，自主培育发展新兴产业对教育和人力资源开发服务提出了很高的要求。对一个国家或地区而言，自主培育发展新兴产业，需要教育系统能够快速应对社会的人才需求变化，培养具有很强的学习能力、实践能力和创新能力的人才，需要建立能支持各类人才终身学习的优质教育服务体系，需要建立高水平的高层次创新人才市场。

5.3.2 自主培育发展新兴产业的科技金融服务

不管是引进发展还是自主培育发展新兴产业，均需要金融产品的支持。但是，自主培育发展新兴产业需要的金融产品远远多于引进发展新兴产业，这也对科技金融服务提出了更高的要求。

一个国家或地区引进发展新兴产业，往往在进入产业成长阶段后才开始介入，这时产业发展方向和市场需求已经比较明确，能够获得的效益已经可以预期，有发展前景的新兴产业很容易得到商业银行的支持。这样，引进发展新兴产业，只要有良好的商业银行服务即可以解决资金问题。

自主培育发展新兴产业需要私人募集、天使投资、种子基金、风险投资等多种金融产品的配套支持。这样，围绕自主培育发展新兴产业提供科技金融服务，不仅需要科技金融服务的产品种类齐全，而且各类产品的服务水平都要相对较高，并且相互配套和衔接，形成系统和高质量的科技金融服务体系（图5-2）。在图5-2描述的科技金融服务体系中，即使缺少其中的一项产品和服务，都会直接影响科技金融服务体系建设的系统性和协调性，直接影响自主培育发展新兴产业的进程。

同时，自主培育发展新兴产业，在新技术和新产品研发、产业形成等阶段的创新复杂程度很高，风险很大，失败的概率高。在这种高风险性和高度信息不对称性情况下，建设高水平的科技金融服务体系，不仅要求其服务品种配套齐全，还需要有良好的社会信用体系支持，充分发挥市场机制的作用，让民间资金而不

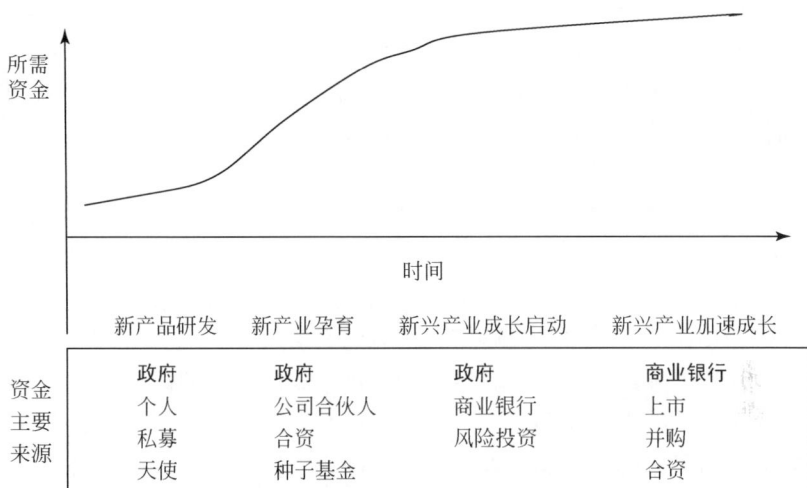

图 5-2   自主培育发展新兴产业的过程和资金来源

是政府财政资金成为其主要资金来源,形成科学和高效的科技金融服务体制机制。需要强调的是,建立支持自主培育发展新兴产业的科技金融服务体系,保障私人募集、天使投资、种子基金、风险投资等的有效运用,计划机制很难在高风险性和高度信息不对称性的情况下发挥作用,必须充分运用民间资本、充分发挥市场机制的作用。

总之,自主培育发展新兴产业必须要有高水平的科技金融服务体系的支持。对一个国家或地区来说,建设这样的科技金融服务体系,不仅要求其服务品种齐全,相互配套和协调,而且要求能在良好的社会信用体系支持下,充分发挥市场机制的作用,充分运用民间资本,建立良好的科技金融服务体制机制。

5.3.3   自主培育发展新兴产业的创新创业服务

科技企业创新创业服务是通过建立企业孵化器、创新创业服务中心等载体和平台,将新诞生的企业聚集起来,为其生存和成长提供技术开发、技术转移、会计、法律、信息、融资、担保、宣传、商业计划、培训教育、市场营销和经营管理等各种类型的服务。通过为创新创业者提供合理的建议、忠告和服务,降低创业初期的投资风险,提高新生企业的生存和发展能力,培育创业者成为成熟的企业家,加快微小企业的成长和发展。

新兴产业的培育和发展路径不同,对科技企业创新创业服务的要求也显著不同。由于引进发展新兴产业是在产业进入成长阶段后才开始介入，现有的具有一定实力的企业可以通过直接引进相对比较成熟的产品和生产工艺设备，很快实现规模化生产。这种发展路径下，进入新兴产业的企业往往具有一定的规模和实力，有比较可靠的资金来源和比较好的生产经营管理经验，很少甚至不需要创新创业服务。

但是，自主培育发展新兴产业要么是运用突破性技术发明产生的新技术，要么是要实现先进适用技术的突破性新运用。这种情况下，已经发展到一定规模的企业往往很难觉察新技术带来的新机会，依靠现有企业自主培育发展新兴产业很难实现，创新创业是自主培育发展新兴产业的必由之路。

与自主培育发展新兴产业相联系的创新创业相比一般的创新创业，其技术创新的复杂性更大，技术转移的要求更高，更需要政府的政策扶持，这实际上对创新创业服务提出了新的更高的要求。对一个国家或地区而言，自主培育发展新兴产业，不仅要建立品种齐全的创新创业服务，能够提供技术开发、技术转移、会计、法律、信息、融资、担保、宣传、商业计划、培训教育、市场营销和经营管理等各种类型的服务，而且要保障各种服务的质量和水平高，并且实现相互配套和紧密衔接。

5.3.4　自主培育发展新兴产业的信息服务

已有分析表明，相比引进发展新兴产业，自主培育发展新兴产业不仅需要的信息资源量更大，类型更多，特别是对信息的及时性、准确性和完整性提出了很高的要求。良好的信息资源保障，是自主培育发展新兴产业的必要条件。为此，必须努力提升信息服务水平。

信息服务是科技创新活动中必不可少的基本服务之一。信息服务是在各类科技创新活动的参与者，包括高校和科研院所、企业、服务机构和政府等之间建立便捷、通畅的信息传递和共享系统，使他们能及时、准确、全面地获得其开展科技创新活动所需要的市场、技术等各种信息。

信息服务具有典型的公共产品特征，提供的主体应该是政府，政府部门可以通过建立先进的信息网络服务平台，不断提升信息服务水平。第一，通过信息网络服务平台，各级政府可以及时准确地发布经济社会发展状况、各类产业特别是新兴产业的发展态势、产业发展政策等各类信息；第二，企业等各类组织可以将需要解决的有关技术问题等信息在网络信息服务平台上发布，及时获得有关组织和个人的科技开发等各种服务；第三，高校和科研院所等可以将其拥有的科技创新资源和服务在网络上发布,使得有关组织和个人能及时和便捷地获得其需要的资源和服务;第四,科技中介机构等可以将各类科技成果、专利等在网络上发布,使得先进实用的技术可以及时找到相应的应用单位,加快科学研究和技术开发成果的应用;第五,通过信息网络平台还可以有效支持各类组织和个人加强科技交流和合作,实现信息资源更高水平的共享和有效开发利用,不断提升科技创新水平和能力。

综上所述,相比引进发展新兴产业,自主培育发展新兴产业需要社会提供的服务类型更多,服务质量更高。一个国家或地区要自主培育发展新兴产业,必须加快建立体系完整、质量优异、相互衔接配套的科技创新服务体系。

5.4 自主培育发展新兴产业的创新能力和系统能力建设要求

对一个国家地区来说,自主培育发展新兴产业,不仅要有资源和服务的保障,还要具备较强的创新能力和创新体系建设能力。

5.4.1 自主培育发展新兴产业的创新能力要求

相比引进发展,自主培育发展新兴产业需要一系列新的创新能力与之配套,如果没有这些创新能力的支持,自主培育新兴产业的目标很难实现。

1. 必须具有较强的原始创新能力

前面的分析表明,引进发展新兴产业往往是在产业的主导设计已经形成、产业发展已经进入成长阶段后才开始介入新兴产业的培育和发展。这样,引进发展新兴产业只需要对现有产品和生产工艺技术进行改进,只要具备渐进创新能力就能实现。

自主培育发展新兴产业的基础是结合科技的新发展和人类经济社会发展的新需求,或者是利用重大科学发现和突破性技术发明带来的机会开发全新的产品,或者通过先进适用技术的突破性新运用开发全新的产品,更好地满足人们的需求。自主培育发展新兴产业,需要具有较强的开发突破性新技术和设计全新产品的能力,需要具有较强的原始创新能力。

对一个国家或地区而言,要自主培育发展新兴产业,必须增强突破性新技术和新产品的研发和设计能力,形成较强的原始创新能力。否则,自主培育发展新兴产业就很难实现。

2. 必须具有较强的实现新产品规模化生产和产业化的能力

如果一个国家或地区具有比较强的原始创新能力，开发出了能够满足新需求或者能完全替代原有产品，更好地满足原有需求的新产品，这只是为自主培育发展新兴产业奠定了基础。要真正实现自主培育发展新兴产业的目标，还要有能力让开发的全新产品实现规模化生产，成功进入市场，形成一定的产业规模和较强的市场竞争力。自主培育发展新兴产业，不仅需要具有较强的原始创新能力，还需要具备实现新产品规模化生产和产业化的能力。

首先，将实验室的新产品转变为能满足市场需求、实现规模化生产的新产品，还需要经过小试、中试等诸多环节，解决一系列实现规模化生产过程中的技术难题。大量的企业技术创新和新产品开发案例表明，相比全新产品的研发，实现新产品的规模化生产面临的技术挑战也很大，甚至比研发全新产品面临的技术难度还要大。因此，要自主培育发展新兴产业，必须能够快速和有效地解决新产品实现规模化生产过程中的各种技术难题，形成实现新产品规模化生产的能力。

其次，一个新产品能够进入市场被用户接受，不仅要求产品性能优，还要质量稳定可靠，生产成本和价格不太高，能够形成一定规模的消费者。如果已经实现了规模化生产的新产品，存在质量不稳定、成本和价格高、使用条件苛刻等问题，必然很难形成一定的需求规模和产生显著的效益。这实际上意味着，自主培育发展新兴产业，还必须具有较强的新产品的生产组织管理能力，确保其生产成本比较低，质量稳定可靠。

最后，当今社会的基本特点就是人们的需求快速多变，机会稍纵即逝。一个国家或地区的企业开发出了有较大需求的新产品后，能否很快培育市场和让用户接受，迅速形成比较大的用户群体，显得尤其重要。如果开发出的有较大需求的新产品不能很快抢占市场，很有可能被别的国家或地区的企业抢占先机。一旦如此，再想赢得竞争优势，成本会非常高，代价会非常大，甚至根本就无法实现。因此，自主培育发展新兴产业，还必须具有较强的为新产品培育市场、开拓市场和抢占市场的能力。

3. 必须具有较强的产业协同创新能力

自主培育发展新兴产业，实现全新新产品的研发以及规模化和产业化生产是高度复杂的，不仅需要新产品的研发创新，还需要与之配套的原材料和零部件创新，需要与之配套的生产工艺技术和设备的创新，实际上需要横跨多个领域的先进技术的组合运用。显然，哪怕某个企业的实力很强，掌握的技术非常丰富，创新体系很完善，也很难独自完成一个全新产品的研发以及规模化和产业化生产等一系列的任务。自主培育发展新兴产业，需要一群优势互补、相互配套、均具有较强自主创新能力的企业，能够通过合理分工和有效协调实现产业协同创新。

这样，率先开发出全新产品的企业通过产业协同创新，能够很快得到配套企业协同推进原材料和零部件，以及生产工艺技术和设备等的创新，形成配套生产和服务能力。通过若干企业相互配套，协同推进产业创新，不仅可以大大加快全新产品进入市场的速度和迅速扩大市场规模，还可以分担企业创新的风险，更好地发挥协同效应。显然，一个国家或地区要自主培育发展新兴产业，必须增强产业协同创新的能力，这是自主培育发展新兴产业的重要条件。

总之，一个国家或地区要自主培育发展新兴产业，既需要具有比较强的原始创新能力，又需要具有实现新产品规模化生产和产业化的能力，还需要形成比较强的产业协同创新能力。而引进发展新兴产业，甚至可以不具备以上这些能力。

5.4.2 自主培育发展新兴产业的系统能力建设要求

毋庸置疑，自主培育发展新兴产业涉及经济、社会和科技等方面，影响因素众多，是一个高度复杂的系统。需要运用系统的方法分析自主培育发展新兴产业的相关问题。

创新系统方法论认为，自主培育发展新兴产业是一个非线性的过程，该过程中各个阶段之间、各类要素之间存在密切的联系和相互作用，形成多种类型的闭环反馈。同时，自主培育发展新兴产业不仅受到系统中各个组成要素的影响，还受到各个要素之间相互关系的影响，如果它们之间能实现良性互动和协同创新，会极大地增强自主培育发展新兴产业的能力。

具体而言，为建立高效的自主培育发展新兴产业系统，加快增强自主培育发展新兴产业的能力，对各种要素、各个阶段之间的紧密联系和相互协同提出了以下几点要求。

首先，要求自主培育发展新兴产业过程中各个阶段之间的紧密联系和高度协同。自主培育发展新兴产业是一个非线性的、复杂的过程，不仅要求该过程中各个阶段的任务，如新技术和新产品研发、新兴产业孕育等能得到很好的推进和落实，而且要求新技术和新产品研发与新兴产业孕育等之间能够紧密联系和相互协调，使得各阶段能得到均衡的、协同的发展。如果新技术和新产品研发能力很强，但是推动新产品规模化生产的能力较弱，或者培育新产品市场和把新产品成功推向市场的能力较弱，都会直接影响自主培育发展新兴产业的能力。因此，促进自主培育发展新兴产业的过程中，各个阶段的紧密联系和相互协同是增强自主培育新兴产业能力的必然要求。

其次，要求自主培育发展新兴产业过程中各项活动开展与其需要的资源之间的高度协同。在自主培育发展新兴产业的过程中，不管是新技术和新产品的研发，还是新兴产业的孕育和成长，都需要知识和技术、人才、资金、信息等各类资源，而且各类资源缺一不可，某些资源的缺乏或供给不足，直接影响自主培育新兴产业能力的形成和增强。同时，在自主培育新兴产业的过程中，还需要各个阶段任务的完成与其需要的资源相匹配。如果一些阶段能获得的资源多，另一些阶段能获得的资源少，直接导致活动开展与其需要的资源之间不相配套，系统的协同性会明显不高，直接影响自主培育新兴产业能力的形成和增强。因此，增强自主培育新兴产业的能力，要求其活动开展与资源保障相协调。

最后，要求自主培育发展新兴产业过程中各项活动开展和资源保障与其需要的服务之间的高度协同。自主培育发展新兴产业，需要开展新技术和新产品研发、新产业的孕育等活动，需要知识和技术、人才、资金、信息等各类资源的投入。为使得新技术和新产品研发等活动能得到高效和优质的开展，需要社会为其提供技术开发、技术转移和推广等方面的服务；为使活动开展需要的人才、资金等资源能得到良好的保障，需要社会提供教育和人力资源开发、科技金融等多方面的服务。如果没有优质和高效的服务，会极大地增加自主培育发展新兴产业的难度，降低效率和效益，甚至会使得自主培育新兴产业的目标很难实现。因此，保障自主培育发展新兴产业过程中各项活动开展和资源保障与其需要的服务之间的高度协同，是增强自主培育新兴产业能力的基本要求。

实际上，要实现自主培育发展新兴产业系统中的各种要素、各个阶段之间的紧密联系和相互协同，最终都体现为各类参与者，包括企业、用户、高校和科研院所、科技中介服务机构以及政府部门等各方之间的紧密联系和相互协同。在自主培育发展新兴产业的过程中，企业、用户、高校和科研院所、科技中介服务机构以及政府部门等均是不可或缺的重要角色，均要发挥极其重要的作用。企业是自主培育发展新兴产业的主体。现代企业自主培育发展新兴产业，既有动力又有能力，是其投入、活动、风险承担和收益的主体；用户在自主培育发展新兴产业中也发挥关键性作用，某个新技术和新产品能否带动发展成为新兴产业，关键是看该新产品能否形成比较大规模的用户群体。同时，新产品的性能改进和提升是企业在与其用户使用新产品的互动中实现的，用户是推动新产品和生产工艺技术不断改进和提升的核心力量；高校和科研院所既要承担人才培养的重任，又是新思想、新知识和新技术的源泉，发挥重要的思想库、知识库、技术库和人才库作用；科技中介服务机构必须承担科技企业孵化、人力资源开发、技术推广、信息提供和管理咨询等一系列的专业服务职能，是新知识和新技术尽快得到转化和应用、推动新兴产业尽快孕育和成长壮大的重要桥梁；政府部门更是在自主培育发展新兴产业中担负着艰巨的使命，要通过政策、制度和文化等多种举措的综合运用，为自主培育发展新兴产业营造良好的环境，创造有利的条件，特别是重点支持新企业的创建，让新企业的创建更加便捷，微小企业的成活率更高，成长性更好。这样，要大幅提升自主培育发展新兴产业系统的协同性，关键是要充分发挥企业、用户、高校和科研院所、科技中介服务机构以及政府部门等各方的作用，促进它们之间的紧密联系和相互协同。

总之，自主培育发展新兴产业，不仅需要新技术和新产品研发等活动能得到高水平的开展，各类资源供应能得到切实保障，各类服务能优质提供，还必须增强自主培育发展新兴产业系统的系统性和协同性。

案例 5-1　深圳清华大学研究院的成功经验及其启示

加强自主创新和产学研合作，加快科技成果的产业化，是自主培育发展新兴产业的基础。我国的自主创新和产学研合作，必须充分发挥大学和科研院所的作用。但是，大学和科研院所在自主创新和产学研合作中究竟应该发挥什么作用，不仅是大学和科研院所必须思考的问题，而且也是政府部门和企业非常关注的问题。深圳市与清华大学联合成立的深圳清华大学研究院，在这方面进行了大胆的探索，形成了独具特色的"四不像"理论，解决了科技成果产业化过程中的"四大难题"，实现了各种创新要素之间的紧密联系和相互协调，对我国加快形成自主培育，发展新兴产业的能力具有多方面的启示。

1. 深圳清华大学研究院取得的成绩

深圳清华大学研究院（简称研究院）是深圳市与清华大学本着"市校联合，优势互补"的原则，于 1996 年 12 月共同投资创建、以企业化方式运作的正局级事业单位，深圳市政府投资 6000 万元、清华大学投资 2000 万元，双方各占 50% 的股份，实行理事会领导下的院长负责制。

研究院定位于"科技创新孵化器"，以"四不像"理论为指导，既是大学又不完全像大学，既是研究机构又不完全像一般科研院所，既是企业化运作又不完全像企业，既是事业单位又不完全像事业单位，积极孵化科技企业，推动产学研合作，大力凝聚创新人才，营造创新环境，创造了多个新技术开发和产业化的奇迹。例如，2003年4月"非典"期间，研究院只用短短7天的时间就研制成功"红外快速体温检测仪"，为抗击"非典"发挥了重要的作用；正是由于研究院将清华大学的创新成果进行进一步开发和产业化，2006年8月18日中国有了自己的全球数字电视地面传输标准，改变了世界上只有美国、欧洲、日本三个国家有各自标准的局面。

同时，研究院在技术开发、成果产业化、人才培养、科技企业孵化等方面都取得了很大成绩。到2007年年底，研究院已经发展形成了两个华南地区实力最强的研究开发基地——新材料与生物医药研究所、信息与光机电研究所，下属10个重点实验室。研究院平均每年申报专利100项，其中60%以上是发明专利，这些专利成果已经直接产生的价值超过10亿元，创建的企业博士后工作站，已发展成为深圳最大的博士后工作站。

另外，研究院已经孵化310多家高新技术企业，"毕业"100家，促进了包括地面移动数字电视、微纳工程技术、创新膜生物反应器、牙齿隐形矫正技术等150多项重大成果产业化，产出价值100多亿元。研究院投资的拓邦电子、凌讯科技、力合数字电视、力合传感、深讯科技、达实智能等一批创业企业已经或即将在国内外上市。

2. 深圳清华大学研究院的成功经验

近年来，国内许多著名大学都在通过创建大学科技园等多种方式努力使科技成果产业化，但是绝大多数都不尽如人意。为什么深圳清华大学研究院能获得如此大的成功，关键是其以"四不像"理论为指导，围绕产学研合作和高新技术企业孵化，已经形成了如图5-3所示的有效运作体系。

图5-3反映的高新技术企业孵化的基本运作方式是：研究院大力吸引来自清华大学以及深圳乃至全国各地的先进技术和创业企业进入，并提供技术、资金、人才、信息和管理咨询等各种服务孵化技术或企业，帮助其快速成长。同时，研究院选择部分优质孵化企业，由研究院或其员工投资入股，将其培育成为有较强生存和发展能力的高新技术企业。然后，孵化企业通过上市、被大企业收购、独立自主发展等途径离开研究院，研究院将投资到孵化企业的资金收回，形成投资回报，解决研究院发展中必须面临的资金来源问题。接着，研究院将投资企业获得的巨大回报一方面用于加强自身创新能力建设，另一方面吸引高素质人才，同时为新的孵化企业提供更好的资金、技术和人才

等方面的服务，形成良性循环，不断发展壮大。

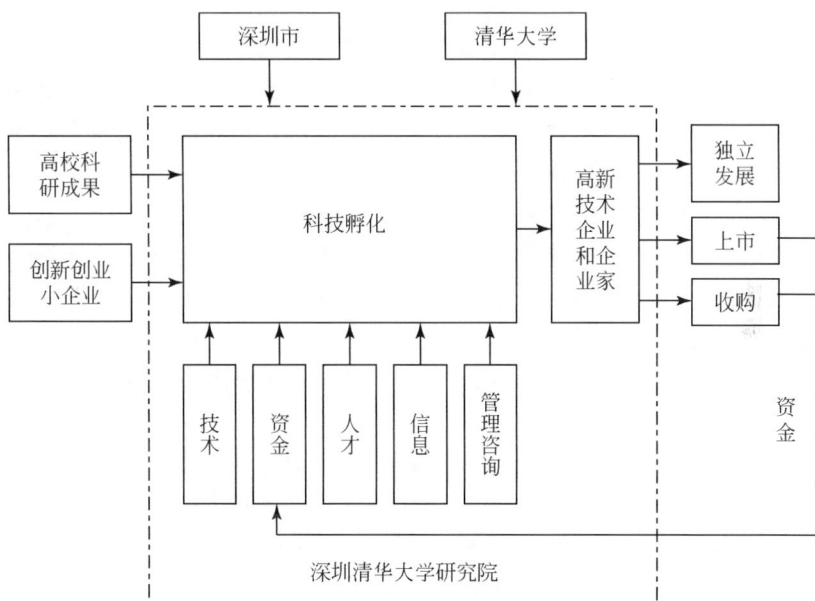

图 5-3　深圳清华大学研究院的运作体系

这种运作方式的最成功之处是，有效解决了科技企业孵化器运作过程中的"四大难题"：一是研究院通过加强自身科研成果产业化技术开发能力建设，有效解决了技术成果产业化难的问题；二是通过对优质孵化企业进行投资入股获得回报，有效解决了其持续发展和增强核心竞争力获取资金难的问题；三是投资回报形成比较强的资本实力和良好的个人投资机会，有效解决了高层次人才吸引难的问题；四是广开渠道和提供优质创新创业服务吸引先进技术和创业企业，有效解决了科技成果来源少的难题。这也成为研究院最成功的经验之所在。

（1）以增强科技成果产业化技术开发能力建设为核心，建设形成独具特色的技术创新体系

实际上，包括清华大学在内的我国大多数大学只具备高新技术的研发能力，几乎不具备将高新技术进行产业化的能力，因此大学的科技成果即使具有产业化的前景，要真正实现产业化，还必须解决一系列与产业化相关的技术

难题，以及新产品的规模化生产和产业化。目前，我国企业在这方面的能力还很弱。因此，科技成果的规模化生产和产业化能力较弱，成为我国将科技成果转化为现实生产力的核心难题之一。研究院在建设自己的技术创新体系时，不是简单照搬大学的科研方式，也不是把自己作为一般的企业对待，而是根据国家和深圳高新技术产业发展的需要，以及高校研发的高新技术进行产业化的需要，重点围绕增强新产品规模化生产和产业化能力建设技术创新体系。这样，研究院的技术创新体系建设形成了自己的特点：一是根据市场需要选择要开发的技术和产品，强调没有市场需求和不能转变为产品的技术不开发，1~3年内不能形成产品的技术不开发，没有企业承接的技术和产品不开发；二是引进海外的高层次人才，不仅要学历层次高，技术开发能力强，而且要有商业意识，他们引进的海外高层次人才几乎都有长期在海外企业工作的经历。

（2）将科技企业孵化与创投和资本运作相结合，有效地解决资金短缺的难题

目前我国绝大多数高新技术企业创建和发展初期面临的主要障碍都是资金短缺，许多高新技术企业孵化器提供服务过程中面临的障碍也是投融资服务问题。研究院从创建初期就摒弃了目前我国许多高新技术企业孵化器只当"物业公司"的做法，而是瞄准好的孵化企业大胆进行风险投资，帮助这些企业快速成长，支持其中的优质企业上市或者被大企业收购，给研究院的风险投资带来良好的回报。由于研究院集聚了一批具有很高素质和有国外资本市场运作经验的人才，风险投资和资本运作的成功率和获得的回报很高，很快解决了研究院自身的原始资本积累问题，具有了比较强的资本实力和融资能力。研究院资金实力的增强又使其能为孵化企业提供更好的资金服务，能吸引更多的创业企业和先进技术到研究院孵化，这又为研究院提供了更多更好的风险投资机会，加速了研究院的发展。

（3）形成一套非常有效的识别、引进、使用和激励人才的机制，集聚一批具有国际背景和宽广视野的高素质人才

拥有一批高层次、高素质的人才，是研究院快速成长和发展的关键。研究院充分利用清华大学在国外校友多的优势，积极主动和广泛地在国际上搜寻其所需要的人才，并采取各种有效措施加以引进。研究院已经集聚了一批在欧美等发达国家获得博士学位并有多年工作经验的高层次人才。按研究院的

说法：研究院开会就像联合国开会，许多人持其他国家的护照。同时，为了留住人才并努力调动其工作的积极性和创造性，研究院一方面非常注意营造良好的文化氛围和创造良好的工作条件，实现事业留人和感情留人，增强其归宿感和成就感；另一方面特别注意采取有效措施提升其待遇，不仅给予其比较高的薪水，更注意在孵化企业和风险投资中为员工创造个人投资机会，增加个人收入。实际上，研究院内员工的收入构成中投资收入占有更高比例。可以说，良好的个人投资机会极大地增强了研究院吸引高层次人才的能力，保证其能集聚一批具有国际背景和视野宽广的高素质人才。

（4）努力吸引全社会先进技术和优秀创业企业进入研究院，有效解决科技成果来源少的问题

研究院自成立以来在进行技术和创业企业孵化时，没有局限于只关注清华大学的研究成果，而是强调通过提供优质的服务，吸引全社会的先进技术和优秀创业企业进入研究院，为其提供孵化服务。这不仅使得研究院可孵化的先进技术和企业来源更加丰富，各种技术、人才和资金等资源得到更有效的利用，自身能得到更好的发展，而且也为深圳市高新技术产业发展提供了更多的服务，实现了经济效益和社会效益的双赢。据估计，目前研究院孵化的技术和创业企业中，只有约20%与清华大学有关。

3. 深圳清华大学研究院成功的主要原因

研究院通过十多年的探索，形成了一系列好的做法，取得了多方面成功的经验，主要有以下几个方面。

（1）有一个好的带头人及其领导下的优秀领导集体，是深圳清华大学研究院能够成功的基本保障

在过去的十多年中，深圳清华大学研究院在几乎没有任何成功的经验可供借鉴、没有任何成型的模式可以仿照的情况下，完全依靠自己的创新走出了一条产学研合作的成功之路，很重要的是有冯冠平这样一位非常优秀的带头人，以及一个非常优秀的领导群体。研究院冯冠平院长担任过八年清华大学科技处处长，自己主持的科研成果获得过国家发明二等奖，对高校科研工作的特点很熟悉，对高校科研成果向现实生产力转化面临的困难也很清楚，自从他担任研究院常务副院长后，既注意利用清华大学的各种资源和品牌优势，又大胆创新，使研究院形成了独具特色的以"四不像"理论为指导的管理体制和运行机制，即既是大学又不完全像大学，文化不同；既是研究机构又

不完全像研究机构，功能不同；既是企业又不完全像企业，目标不同；既是事业单位又不完全像事业单位，机制不同。

（2）有良好创新创业文化氛围，是深圳清华大学研究院能够成功的重要条件

历史经验表明，文化影响着科技的生成、发展与传播，影响着技术创新的进程和结果，文化与科技创新的互动是近代文明演进的主旋律。有没有良好的创新文化是一个地区和一个组织能否勇于创新和通过创新能产生什么样成效的关键影响因素之一。深圳是一个新兴移民城市，其独特的地缘与人缘环境，造就了融开放性、包容性、创新性于一体的新文化，这种文化不同于其他城市传统的文化，它既是对内地文化的转化，也是对香港文化的吸收和融合，使深圳成为最适宜海内外英才创业的活力之都。研究院之所以能得到如此快速的发展，很重要的原因之一是其建在深圳，有良好的外部文化氛围和环境。同时，研究院坚持清华大学"自强不息、厚德载物"和"追求卓越"的优良传统，又融入深圳特区"创新、高效、务实、包容"的文化特色，也形成了勇于创新的良好文化氛围，使得广大科研和管理人才对研究院有很强的自豪感和归属感，成为研究院能快速发展的重要条件。

（3）清华大学和深圳市的大力支持，是深圳清华大学研究院能够成功的重要支撑

深圳清华大学研究院的成功，与深圳市委和市政府以及清华大学多方面的大力支持密不可分。首先是深圳市政府的资金和政策支持，研究院成立初期资金短缺，是深圳市的财政资金保证了研究院建立初期的正常运行，即使在研究院发展壮大后，科研项目等方式的资金支持对研究院发展也发挥了重要的作用；其次，清华大学的品牌、科技成果、人才等成为研究院发展的坚强后盾，研究院从国内外引进的一批高层次人才大部分是清华学子的校友，研究院开发数字电视技术也是源于清华大学的研究成果；最后，特别重要的是，深圳市和清华大学作为研究院的两大股东，充分信任研究院领导班子，对研究院的各种创新举措不仅不横加干涉，而且还大力支持，保证研究院能按照市场经济规律办事，形成了独特而有效的管理体制和运行机制。

资料来源：该案例是作者于 2008 年 1 月到深圳清华大学研究院实际调研后编写形成的

深圳清华大学研究院的成功启示我们，加快形成自主培育发展新兴产业的能力，必须实现技术、市场、经营管理和资金等诸多要素的有机结合，建立协同高效的创新系统。深圳清华大学研究院的成功生动地说明，产业创新不仅需要有先进的技术，也需要有对市场的深入了解和把握，需要能形成有效的管理体制和运行机制，需要通过创投和资本运作等途径获得大量的资金支持，缺少其中任何一个要素，或者这诸多要素不能有效整合，产业创新都很难成功。政府有关部门支持产业创新，必须把防止系统失灵、建立高效的产业创新系统摆在核心位置。

5.5　本 章 小 结

自主培育发展新兴产业是一项高度复杂的工作，不仅需要大量的优质创新资源，还需要具备较强的自主创新能力，为此必须建立高水平的自主培育发展新兴产业系统。该系统可分为五个子系统。第一个是研发和产业形成子系统；第二个是自主培育发展新兴产业需要的资源子系统；第三个是自主培育发展新兴产业需要的服务子系统；第四个是自主培育发展新兴产业的各类参与者及其相互联系形成的网络子系统；第五个是自主培育发展新兴产业需要的制度、政策和文化子系统。

对一个国家或地区而言，相比引进发展新兴产业，自主培育发展新兴产业对创新资源提出很高的要求。在新知识和新技术方面，引进发展新兴产业只需要能够改进已有产品和生产工艺的新知识和新技术，自主培育发展新兴产业需要原始创新成果，需要突破性的新技术。在人才方面，引进发展新兴产业需要能对现有技术进行改进的技术研发人才、通常的经营管理人才和能够从事渐进性技术创新的人才，自主培育发展新兴产业必须拥有善于发现和利用市场机会的企业家以及突破性新技术研发人才和产业化技术开发人才。在资金方面，引进发展新兴产业主要需要商业银行贷款的支持，自主培育发展新兴产业不仅需要商业银行的支持，还需要政府财政投入、私人募集、天使投资、种子基金和风险投资等多种类型的金融产品的配套支持。在信息方面，相比引进发展新兴产业，自主培育发展新兴产业不仅需要的信息资源量更大，类型更多，特别是对信息的及时性、准确性和完整性提出了很高的要求。

在科技创新服务方面，自主培育发展新兴产业需要教育系统能够快速应对社会的人才需求，培养具有较强的学习能力、实践能力和创新能力的人才，需要建立能支持各类人才终身学习的优质教育服务体系；需要培育高水平的高层次创新人才市场；需要形成私人募集、天使投资、种子基金、风险投资等品种配套齐全、服务质量高的科技金融服务体系；需要能够提供技术开发、技术转移、会计、法律、信息、融资、担保和经营管理等各种类型服务的创新创业服务平台；需要建立能够及时、准确和完整地提供各类信息的信息服务体系。

　　一个国家或地区要能够自主培育发展新兴产业，还需要多种引进发展新兴产业不必具备的创新能力，包括原始创新能力、实现新产品规模化生产和产业化的能力以及产业协同创新能力。这就要求必须建立高效的自主培育发展新兴产业系统，使得自主培育发展新兴产业过程中各个阶段之间紧密联系和高度协同，各项活动的开展与其需要的资源之间高度协同，各项活动的开展和资源保障与其需要的服务之间高度协同，最终都体现为要求各类参与者，包括企业、用户、高校和科研院所、科技中介服务机构以及政府部门等各方之间的紧密联系和相互协同。

|第6章| 自主培育发展新兴产业的政策与制度和文化

自主培育发展新兴产业对科技创新资源、服务和能力提出了一系列新的高要求，由此必然需要新的政策、制度和文化的配套，让自主培育发展新兴产业成为最具竞争力和最有吸引力的经济发展领域，能够吸引大量的高层次创新人才和资金等创新要素自觉自愿向其积极集聚。为此，一方面必须充分发挥市场机制的作用，另一方面也要发挥政府的干预和调节作用，通过政策制定、制度设计和文化营造，打造自主培育发展新兴产业的良好环境。

政府部门营造自主培育发展新兴产业的良好环境，需要关注政策、制度和文化之间的相互影响，不能把它们孤立起来考虑。首先要关注政策与政策之间的相互作用，其次要重视政策、制度和文化之间的相互影响，最后还要考虑政策制定的继承性和路径依赖性。现实中，政策、制度和文化之间存在紧密的联系。通过政策支持自主培育发展新兴产业，新的政策的出台必然或多或少影响各参与方之间的利益关系，必然会影响各参与方的价值判断和行为取向，直接影响相关的制度和文化。同时，当前的制度和文化也会直接影响政策的制定和落实，影响政策能够发挥的作用。因此，政府部门需要在综合分析的基础上系统推进政策的制定、制度的设计和文化的营造。

本章从政策、制度和文化相结合的视角，系统分析自主培育发展新兴产业的政策、制度和文化要求。首先讨论公共政策的概念、类型和自主培育发展新兴产业的政策需求，其次介绍制度的概念、分类、功能以及自主培育发展新兴产业的制度要求，最后分析文化的作用和自主培育发展新兴产业的文化要求。

6.1 自主培育发展新兴产业的政策

6.1.1 公共政策的概念

一般而言，政策是指某一行动者或一组行动者，如政府官员、政府机关、立法机构等在既定的活动领域（如消费者保护、科技创新等）中的行为（安德森，2009）。公共政策还可以被看作政府选择做或选择不做的事。上述关于政策的定义一般情况下没有什么问题，但从学术角度看，还要求一个更准确的定义。政策被定义为一个或一组行动者为解决一个问题或相关事务所采取的相对稳定的、有目的的一系列行动。

政策是从政府机关和政府官员中产生的，是由政治系统中的"权威人士"，如行政官员、立法者、法官、管理人员、议员等决定的，并常常会对社会上的大多数人造成影响。一般而言，政策包含以下几层含义。

第一，政策是有目的的或是具有目标导向的行动，而不是随机的行为或偶然的事件。在现代政治体系中，公共政策一般不会随随便便地形成，制定公共政策是为了实现特定的目标或产生特定的结果，尽管这种努力并不总是成功。可以把政策提案视为一种假说，它建议为实现某个特定目标而采取某种具体行动。例如，为了提高农民的收入，政府部门制定了有关收入补贴和农产品价格控制的政策，这些方案确实提高了很多农民的收入，但不一定惠及所有农民。政策目标可能在某种程度上阐释得比较模糊、朦胧，只是指出了一个大致的方向而不说明实施政策的具体目标。之所以如此，是因为要求对某个问题采取行动的人，可能会在"做什么"和"怎么做"上产生分歧，这样，语言上的模糊性就可作为减少矛盾冲突的一种手段，至少能在一段时间内发挥作用。为了达成一致和获得支持而作出相应的妥协，往往会导致在政策目标的阐释上采用笼统的措辞，使政策目标的内容缺乏清晰的表述。

第二，政策是指政府官员活动的方式或过程，而不是他们所作的单独的、没有联系的决定。政府首脑决定嘉奖某位电影明星，这种活动很难被认为是公共政策。一个政策不仅包括就解决某个问题要通过一项法律法规，还包括法律法规的制定以及其贯彻和实施。政策不仅包括打算做什么，还包括实际做了什么。例如，就劳动者的劳动健康和安全出台相应的法规后，政策还关注法规执行的情况和执行效果，以及根据执行情况如何进一步完善相应法规。

第三，公共政策产生于对政策需求的回应。政策需求是指公民个人、团体代表、立法者或其他官员对政府官员和机构提出的对某种公共问题采取或不采取行动的要求。政策需求范围很广，既包括要求市政府在交通阻塞问题上"做点什么"，也包括有人打电话要求政府禁止偷盗宠物猫和宠物狗。简言之，一些政策需求仅仅表达了要求政府"做点什么"的愿望，另一些则详细说明了希望政府采取的具体行动步骤。为了对政策需求作出回应，政府官员需要对政策的内容和方向作出决定。这些决定包括法的制定、行政法规的公布、管理条例的发布或者司法解释的出台等。例如，1890 年美国国会作出的关于制定《谢尔曼反垄断法案》的决定就是一个典型的政策决定。同样，1911 年联邦最高法院的一个判决也是一个政策决定。该判决规定，《谢尔曼反垄断法案》所禁止的只是对贸易的不恰当的限制，而不是取消对贸易的所有限制。上面两个政策决定在反托拉斯政策中具有极其重要的意义。政策决定与政府官员大量面临的日常事务处理不是一回事，后者是在既定政策范围之内开展具体工作，因此被归类为常规的事务工作。

第四，政策是指政府实际所做的事，而不是政府打算做或政府官员声称他们将要做的事。如果立法机关通过一项法律，要求雇主向雇员支付不少于所规定的最低工资限额的酬劳，但政府并没有采取任何行动来保证该法律的实施，结果雇员的收入没有发生任何变化，可认为这项所谓的公共政策实质上并不会带来工资的任何调整，这样的政策过程被认为是不完整的。同时，对制定政策和政策实施带来的效果应加以区别。政策是明确的，政策内容一般是清晰的，但是政策执行的效果往往是含糊和很难评估的。例如，实施空气污染控制是否能改善公众的健康？政策制定是可以计划的，而政策实施效果往往很难预测和衡量。

第五，公共政策可以是积极的，也可以是消极的。积极的政策是指政府为解决特定问题而采取的明确行动，消极的政策是指虽然政府被要求介入某事，但官方分析研究后却决定不采取任何行动。这种"不作为"的政策也可能对社会和某些团体产生重要影响。例如，20 世纪 70 年代后期美国政府停止了对商业航班在收费和航线方面的管制，这种"不作为"对航空业发展产生了很大的影响。需要说明的是，当政府部门拒绝对某个问题采取行动，即他们对该问题作出消极决定时，"不作为"就是一种公共政策。但是当一件事情还没有成为公共问题，没有进入官员关注的视野，也未引起思考和辩论时，政府当然也不会做什么，后者的不作为不能视为公共政策。

第六，公共政策，至少是积极的公共政策，是建立在法和权威基础之上的。社会成员通常会把纳税、进口物品管理、高速公路的限速规定作为合法的制度加以接受，否则，就有被罚款、判刑、剥夺某种资格或遭受其他惩罚的危险。所以，公共政策拥有私人组织所不具备的权威性、合法性和强制性。事实上，政府和私人组织的一个显著区别就在于政府垄断了合法使用的强制权。政府可依法把犯人关进监狱，而私人组织无权这样做。

有些政策尽管具有权威性，但却被很多人破坏，如高速公路上的限速规定等。此外，执法活动也可能是有限的、散乱的，那么这还算公共政策吗？答案是肯定的，因为它们都被列入了法典，而且也有相关执行活动。至于这些政策是否有效或是否合理，那是另一回事。权威性是公共政策生效的必要条件而不是充分条件。

6.1.2　公共政策的类型

目前，各国的立法机构和政府部门制定的政策越来越多，不仅每年都有众多的法律和法令从立法机构中产生，而且政府部门也制定了无数的规则和条例，其数量之多远胜前者。在外交、运输、教育、福利、企业和劳动保护、国际贸易等传统领域，公共政策已经有所扩展。此外，在经济稳定、环境保护、机会平等、医疗卫生、消费者保护等较新的领域，相关政策也在增加。

从多数国家的情况看，公共政策数量巨大，性质复杂，因此要把它们都解释清楚是很困难甚至是不现实的。现讨论几种主要的政策分类方法，以使对公共政策的基本特征和实质内容有更好的理解。

1. 实质性政策和程序性政策

从政策的内容分类，可以分为实质性政策和程序性政策。实质性政策与政府将要采取的行动有关，如修建高速公路、支付福利、抓捕恐怖分子、禁止酒精饮料零售等。实质性政策会直接给人们带来好处或增加种种限制。相比之下，程序性政策只涉及怎样采取行动和由谁来采取行动等内容。典型的程序性政策，如组织法，它是行政机关创建的基础和依据，并决定了行政机关职权范围，规定了行政机关在执行任务时的程序和手段。

虽然程序性政策不带来直接的好处或增加某些限制，但是可能会有重要的实质性结果。就是说，“怎么做”和“谁来做”往往会对实际做了什么产生重要影响。人们往往会试图利用程序性政策推迟或阻止实质性的决定与政策的通过。某一行政行为可能因为采取了不恰当的程序而遭到诘难甚至否决，但实际上人们试图抵制的是政策的实质内容。因此，要重视程序性政策对实际结果的影响。

2. 分配性政策、管制性政策、自我管制性政策和再分配性政策

按照政策对社会的影响以及政策形成过程中相关各方之间的关系，可以将公共政策分为分配性政策、管制性政策、自我管制性政策和再分配性政策等。

分配性政策涉及将服务和利益分配给社会成员中的特定对象，包括个人、团体、公司和社区等。有些分配性政策只向少数人提供利益，还有一些政策则向大多数人提供利益，如农作物种植补贴政策、基础教育免费政策等。一般而言，分

配性政策涉及使用公共资金支持特定的团体、社区或产业。尽管有特例，但是一般而言那些寻求利益的人相互之间并不直接竞争。这类利益不由任何特定团体支付，而是由公共财政负责，即所有的纳税人来支付。因此，尽管有人承担了经济上的代价，分配性政策只产生得利者，而没有明确的失利者。

管制性政策是对个人或团体的行动加以限制和约束的政策。或者说，这类政策减少了受管制对象的自由和权力，不论他们是公益性企业、私人企业，还是其他对象。从这个角度看，管制性政策不同于分配性政策，后者的实施只会增加利益相关者的自由与权力。当谈及管制性政策时，人们的注意力往往会集中到增加管制的政策，如对污染的控制等。其实，解除管制也应是这类政策的关注重点。

管制性政策的形成通常涉及两个群体之间的冲突。其中一个群体试图将某种管制强加给对方，而另一方则加以抵抗，声称那种管制要么毫无必要，要么提出的是一种错误的控制方式。在这种冲突中，管制的实施会产生明显的赢家和输家。尽管赢家所得到的一般少于他们想要得到的。同时，管制性政策的全部目的和后果是很难确定的。管制性政策存在以下几种形式。

一是某些管制性政策提出行为准则，即明确应该采取哪些行动，或不得采取哪些行动。例如，反垄断法实际上是告诉企业不能垄断，该禁令通过法院对违法者的起诉而得到实施。

二是某些管制性政策是明确标准和要求。例如，有关食品和药品生产和安全等方面的法律，旨在阻止不符合标准的产品进入市场。另外，一些消费者保护方面的立法，如美国的《消费信用保护法案》，要求贷方向借方准确提供贷款利率及其他经济成本方面的有关信息，这些政策试图向消费者提供其作决策时所需的信息。

三是某些管制性政策是将利益赋予某些人而拒绝给予另一些人。对于某一城市的电视广播营业执照，有若干申请者向有关政府部门提出申请，但只有一家申请者的申请能得到满足。这些政策可以被称为竞争监管政策，因为它限制了特定物品和服务的提供商。但是，这样做也可能会降低产品和服务的质量。

自我管制性政策同竞争监管政策类似，涉及对某些事物或某些团体的限制和控制。然而，二者的不同点在于，自我管制性政策受到被管制团体更多的控制，它们把自我管制性政策当作保护和促进自身成员利益的一种手段。在许多行业存在的职业资格执照，如医师、验光师、律师、会计师等，这类政策通常的制定模式是某一行业或职业团体主动从立法机构中寻求关于职业资格执照发放的立法。在利益团体之外，则很少有人对之感兴趣。结果便是某一关于发放职业资格执照的立法获得通过，实施权就被授予了行业协会等单位或部门，而且它会受到被发放执照团体成员的影响，在相当长的一段时间内要进入被发放营业执照的行业会受到诸多限制，而且其索取的专门服务的价格也会不断上升，却很难说发放营业执照是否提高了服务质量。

再分配性政策是政府有计划的积极行动，涉及在社会各阶层和团体中实现财富、收入、财产和权利的转移性分配。例如，有产者和无产者之间的再分配。其目的不是财产的使用而是财产本身，不是平等的对待而是平等的拥有，不是行为而是状态。由于再分配性政策，如累进所得税、医疗保健等政策多涉及金钱、权利或权力的再配置，所以往往难以制定和通过。那些拥有财富和权力的人很少心甘情愿地放弃他们的既得利益，并会努力阐述他们为获得财富所承受的巨大压力和所付出的巨大努力。既然金钱和权力在政治世界中是很好的筹码，那么拥有者也就有了进行抵抗的有效手段。同时，再分配性政策还难以维持，就像个人所得税政策，对绝大多数富人而言，无论他们是怎么看待机会平等的，结果平等对他们并没有太大的吸引力。

3. 物质性政策和符号性政策

根据所要分配的利益类型，公共政策还可以分为物质性政策和符号性政策。物质性政策是将有形的资源和实质性的权力给予受益人，或将真正的不利条件强加给那些受反向影响的人。法律要求雇主必须向雇员支付不低于最低工资标准的报酬，给公共住宅计划拨款，或者给农民提供收入补贴等政策在内容和效果上都具有物质性特征。

相比之下，符号性政策对人们几乎没有真正的物质性影响。它们并不交付表面上似乎要交付的东西，也不分配有形的利益。确切地说，这些政策多涉及人们所珍视的一些价值观，如和平理念、爱国主义和社会公正等。典型的符号性政策是许多国家立法禁止焚烧本国的国旗。

符号性政策有时也会产生重要的实质性影响。例如，美国1973年通过的旨在保护稀有动植物的《濒危物种法案》，看起来是饱含美好愿望但难以实现的，同时被认为是花费不多的一项法案，但在真正实施时，却产生了实质性影响，它被用来阻止工程建设、原木砍伐或其他会威胁和破坏濒危物种的许多活动等。

实际上，绝大多数政策既非纯粹的符号性政策，也不是完全的物质性政策。相反，这两类政策可以被视为两个极端，大多数政策落在两极之间。在美国，被视为"垄断杀手"、用来打破大型公司垄断地位的《谢尔曼反垄断法案》，长期以来只具有符号性特征。早期除了电话电报公司受到该法案制裁外，没有其他的托拉斯被拆分。然而，卡特政府以来《谢尔曼反垄断法案》被积极地用来对付价格控制、投标舞弊等串谋活动，该法案就有了实质性影响。现实中，由于行政干预、立法机关没有提供政策实施所需要的资金等，物质性政策也会变成符号性政策。在分析政策的效果时，物质性–符号性政策分类法尤其重要，因为它能引导人们注意符号性政策在政治活动中的重要作用。

4. 涉及公共产品的政策和涉及私人产品的政策

公共政策可能涉及公共产品的供给和私人产品的提供。一些人坚持认为，只有公共产品才是公共政策的对象。但是，目前也的确有通过政府行为将某些私人产品转化为公共产品的案例。例如，公共卫生、失业、环境污染、安全事故等问题被许多人认为是集体问题而不是私人问题，是影响到所有人的事情。因此，要求全社会来支付这些公共产品。一般而言，越具有公共产品性质的东西，人们越希望由政府来提供。如果某些人明显地从某产品中能比别人得到更多的直接收益，他们则可能被要求为此支付费用以承担部分开支。因此人们进国家公园要买门票，使用公共住房要交租金，在大桥和高速公路上行驶要交通行费。

之所以政府要提供一些具有私人产品特征的公共产品，是因为政治的作用，有的源于传统的影响（如公园），有的源于政府理念的影响（如邮局），原因可能是多方面的。

6.1.3 公共经济政策的自由主义模式：秩序政策

政策有程序性政策与实质性政策之分，有建立制度和秩序与干预具体活动之分。为此，对一个国家和地区，在一定的历史发展阶段，政策的重点是什么，是一个值得高度关注的问题。实际上，对此问题很难有统一和标准的答案，不同的学者和政策制定者从不同的价值观和判断出发，会有不同的回答。本部分主要介绍德国 Ordo 自由主义学派对公共经济政策的理解和建议（柯武刚和史漫飞，2000）。

专栏6-1 Ordo 自由主义学派

Ordo 自由主义（也称弗莱堡）学派是指一个特殊的德国传统学派。它始于 20 世纪二三十年代，它将魏玛共和国的经济及政治失败归结于政治寻租和政府对封杀市场竞争的容忍。Ordo 自由主义者们建议发展由苏格兰启蒙思想家曾经确认的关键制度，即私有财产、缔约自由和法制，并建议由政府来抵制

有组织集团、政党利益和官僚利己主义，以积极地保护竞争。他们还提出，政策应有助于造就稳定的预期，防止政策被利益集团左右。

　　资料来源：柯武刚和史漫飞，2000

德国 Ordo 自由主义学派认为，政策制定有两种不同的导向：一种是把保护职能作为政府干预的重点，积极培育有利于公平竞争的市场经济制度；另一种是干预具体的经济和社会活动的过程和结果。Ordo 自由主义学派认为，前者优于后者，政府应当专注于用其强制权力加强制度建设，建立作为公共产品的公平竞争的市场，既保护供应方的供应自由，也保护购买者的选择自由。

公共政策的中心功能应当是通过制度建设增强社会和经济秩序（"秩序政策"），主要基于三个方面的基本判断和假设：一是人们的认识能力是有限的，因此一种有助于发现各种可知模式的秩序会增进劳动分工并因此提高生活水平，它还会向人们提供各种已知的自由领域；二是个人的行动自由（自主权）是竞争的前提条件，而竞争是人类已知的最有效的发现过程和控制手段；三是人们拥有的信息并不对称，由此经不住诱惑而产生机会主义行为是完全正常的，这使建立约束性承诺并强制执行规则成为必要。

Ordo 自由主义者关注的焦点是竞争——不完全是单个市场中的竞争，而是遍及整个竞争系统的竞争。他们告诫说，竞争系统应得到保护和支持，因为它们具有基本的知识增殖功能和控制功能，这是在现代复杂经济环境下其他途径所无法企及的。因此，德国 Ordo 自由主义者要求，公共政策的所有手段都应当"顺从市场"，也就是说，所有的政策手段都不应当削弱竞争的普遍作用。对每一种政策和集体行动，都应当从其是否影响竞争的角度来进行评价。例如，再分配政策就得不到德国 Ordo 自由主义者的青睐，除非它们能在不扭曲竞争信号的情况下增强竞争者的初始地位。

Ordo 学派关注的核心政策体现在这样几个方面：私人财产保护、缔约自由、个人对其承诺和行动负责、开放的市场（进入和退出的自由）、货币的稳定（无通货膨胀的货币）、经济政策的稳定。

Ordo 自由主义者认为，应使这些原则占统帅性和宪法性的地位，并成为公共政策的准星。这些原则为自由市场秩序构造了一种坚固的支柱，使有效的协调得以展开，人们可以凭借创造性企业家精神运用知识，使抑制经济权势成为可能。如果由这些简单的构造性原则来引导公共政策，公共政策就不会助长无节制的放任自由，而会在制度框架中保护个人权利和有效协调。这种政策还会约束统治者，使之遵循确保"对所有人不偏不倚"的无歧视原则。

Ordo 学派的学者们强调，这些原则应当均衡地应用于所有相互依赖的市场和相关的领域。如果劳动力市场中的秩序和制度与产品市场中的秩序和制度不相兼容，就会引发代价高昂的矛盾，如出现扭曲的相对价格。如果产品是自由竞争的市场，劳动力是受管制的市场，可能会使生产无利可图，就业水平会受到严重的负面影响。这迟早会要求或解除对劳力市场的管制，或压制产品市场中不受约束的竞争。不同领域的秩序和制度相互兼容也非常重要。例如，一套破坏激励机制的社会福利系统或侵蚀产权的法律秩序，也会与竞争性经济秩序相冲突，直接影响经济系统的运行。

Ordo 学派还要求对再分配政策持谨慎态度，并忠告说，相对贫困的个人所需要的帮助，也许是获得更好的起始机会，而不是施舍。该学派还认为，政策制定上坚持一套相对简单的原则，有助于政府不必就具体后果作过多承诺。这些承诺往往远超出他们的供给能力。各种政府机构通过坚持这些原则，不断合理协调他们所承担的任务，从而一个机构不必去矫正或弥补由其他机构的行动所造成的意外副效应（跨机构的协调）。这些原则还有助于保持政策的长期一贯性，从而创造一个可预见的政策模式（跨时期的协调）。除此之外，坚持这几项指导原则——而不是频繁地干预具体过程——不用很久将引导民间主体去预测政策博弈的规则，并引导他们可预见性地作出反应（政府与民众间的协调）。这样，政策更具可预见性，会变得更可信赖，更有效能。

如果政策制定者把政策制定与希望获得结果而不是秩序和制度建设很紧密地联系起来，往往会把具体后果放在比维护规则更高的地位上。这样的政策制定会引发难以预见的副效应，削弱一般的、易于认识的制度系统。而那样的副效应又会提高协调成本。对过程和结果的重视与干预可以赢得短期的普遍欢呼，但它会极大地削弱人们对规则的重视，从长期来看将摧毁信心。

把加强制度建设，构建行动秩序和规则秩序作为公共政策设计的主要目标，多年来得到偏好个人自由和经济增长的经济学家及其他社会科学家的积极呼吁。

6.1.4 自主培育发展新兴产业的典型政策及其选择

已有分析发现，创新是自主培育发展新兴产业的基础。这类创新不仅包含技术创新，而且涉及市场创新。由于创新具有高风险性，还存在显著的正外部性和溢出效应，通过创新自主培育发展新兴产业，需要政府通过政策等多种手段发挥干预和调节作用。为此，需要分析鼓励创新和支持自主培育发展新兴产业的政策类别，研究政策制定的主要着力点。

1. 鼓励创新和支持自主培育发展新兴产业的主要政策

鼓励创新和支持自主培育发展新兴产业的政策，是指政府部门鼓励创新和支持自主培育发展新兴产业能力建设、促进新兴产业形成和发展的各种相关活动和手段的总称。自主培育发展新兴产业的政策，主要是通过推进鼓励创新的制度建设和促进科技创新等相关活动的开展，着力于提供企业家决策需要的各种信息，消除人才和资金等的流动障碍，让其愿意而且能够进入和服务于自主培育发展新兴产业，既支持新产品、新工艺和新服务的研发和进入市场，又应对自主培育发展新兴产业过程中的市场失灵和系统失灵，促进系统的高效运转，形成自主培育发展新兴产业的能力，加快新兴产业的培育和发展。

鼓励创新和支持自主培育发展新兴产业的政策是一个不断演化和内涵不断丰富的概念，其内容非常丰富，手段非常多样，从不同的视角可以将其划分为不同的类型。例如，从政策的影响范围看，分为是针对特定对象的政策还是影响所有参与者的政策；从政策的影响途径看，分为直接影响过程、行为和能力的政策，以及通过基础设施建设等对其造成间接影响的政策；从政策的支持对象看，分为支持供应侧的政策、支持需求侧和支持环境侧的政策。

由于需求是驱动新兴产业形成和发展的核心力量之一，目前国际上对鼓励创新和支持自主培育发展新兴产业政策的分类，非常重视从需求侧、供应侧和环境侧等维度进行（Edler and Georghiou，2007）。

鼓励创新和支持自主培育发展新兴产业的需求侧的政策，是指政府部门通过政策促进增加需求总量、改进原有产品和服务功能、提升原有产品和服务质量等多种举措，扩大产品和服务的市场需求，促进新兴产业快速形成和成长。归纳已有的各类需求侧的政策，用表6-1描述。

表6-1 鼓励创新和支持自主培育发展新兴产业的需求侧政策

政策手段	具体内容
规制	制定更严格的环境保护要求促进产业技术研发和创新； 制定更严格的节能要求促进产业技术研发和创新； 制定更严格的安全、卫生等技术标准促进产业技术研发和创新； 重视科技伦理促进产业技术研发和创新

政策手段	具体内容
政府采购	政府直接采购 R&D、技术和创新产品； 公共部门作为新产品的第一个购买者和使用者； 制定公共产品的采购技术标准促进产业技术研发和创新； 制定公共采购政策促进创新（如必须采购一定量的中小企业的产品）
支持私人 增加需求	对消费新产品者给予财政补贴； 对消费新产品者给予税收优惠； 支持私人需求产品的性能改进和提升； 通过提升信息服务水平支持用户更好地了解产品，增加采购和消费

按照政策作用的不同，可以将需求侧的政策划分为多种类型：一是直接促进增加政府采购，扩大私人需求；二是提供更好的信息、技术和配套等服务间接支持扩大需求；三是形成更加严格的节能减排、安全标准等扩大需求。显然，从需求侧角度看，有多种鼓励创新和支持自主培育发展新兴产业的政策，这些政策的科学制定和有效落实会发挥很重要的作用。

鼓励创新和支持自主培育发展新兴产业的供应侧的政策，是指政府部门通过政策为产业技术研发和创新提供更系统更高效的人才、资金、技术和信息等资源保障，支持创新活动的开展，促进新知识和新技术的产生。供应侧的主要政策见表6-2。一般而言，供应侧的政策包含风险分担、税收优惠、财政支持、支持新知识和新技术产生、支持人才培养和培训及流动、科技信息和中介服务以及网络服务等方面，政策举措相当多样。

表 6-2　鼓励创新和支持自主培育发展新兴产业的供应侧政策

政策手段	具体内容
风险分担	公共部门设立风险投资基金 公共部门与私人部门联合设立风险投资基金 财政资金补贴私人部门的风险投资基金 对风险投资实现税收优惠 贷款担保
税收优惠	高新技术企业税收优惠，促进 R&D 投入增加 研发经费加计扣除减少税收，促进 R&D 投入增加 高新技术企业等的工资税收和缴纳保险金等的减免 研发人员个人所得税的减免 加速研发设备折旧

续表

政策手段	具体内容
财政投入	为产业 R&D 提供资金支持 为产学研合作等各类合作研究提供资金支持 给予 R&D 补贴和奖励 设立多类科技计划支持产业技术研发和创新
支持新知识和新技术产生	为大学和科研院所的研究提供资金支持 为实验室和工程技术中心的建设提供资金支持 支持科技基础设施建设 支持科技基础设施的共享利用
支持人才培养和培训及流动	建立高质量的教育体系，培养更多的创新型人才 为企业员工培训提供支持 为企业家提供培训服务 为各类创新人才培训提供支持和服务 支持各类创新人才的流动和向产业集聚
科技信息和中介服务	合同数据库建设 中介服务 咨询服务 国际技术发展趋势监测和信息服务 专利数据库建设和服务 政策服务 创新相关的各类对比分析和信息服务 为新知识和新技术转移提供支持和服务 为产业战略规划提供支持和服务
网络服务	孵化器建设 产业园区建设 科学园区建设 留学生创业园建设

　　鼓励创新和支持自主培育发展新兴产业的环境侧的政策，是指政府部门通过构建更好的知识产权保护、公平的市场竞争、鼓励创新的制度等环境，促进创新活动的开展。环境侧的典型政策见表 6-3。

表 6-3　鼓励创新和支持自主培育发展新兴产业的环境侧政策

政策手段	具体内容
知识产权保护制度	知识产权保护法律法规的制定 知识产权保护法律法规的落实
公平竞争的市场环境	防止垄断 支持规范的市场竞争 减少各种市场进入壁垒，扩大新产品的市场范围
鼓励创新的经济社会制度	支持产业创新的利益分配制度建设 支持产业创新的人事制度建设 支持产业创新的社会保障制度建设
鼓励创新的文化	加强国家和区域创新文化建设 促进企业创新文化建设 促进高校科研院所等的创新文化建设
产业创新的公共基础设施和机构建设	产业技术研发和创新相关机构建设和运行 产业技术研发和创新相关基础设施建设和运行 产业技术研发和创新相关服务平台建设
促进产业创新系统高效运行（解决系统失灵）	建立服务平台协调各类技术开发 集群政策 供应链政策 促进产业技术创新联盟建立 促进产业创新的各类利益相关者之间加强交流合作

　　显然，环境侧的政策也比较多样，包括知识产权保护制度、公平竞争的市场环境、鼓励创新的经济社会制度以及产业创新的公共基础设施和机构建设、弥补产业创新系统中的系统失灵等。其中，加强自主培育发展新兴产业必需的一些公共基础设施和机构建设并使之科学与高效地运行，是非常重要的政策举措，能发挥很重要的作用。

2. 制定鼓励创新和支持自主培育发展新兴产业政策应注意的问题

　　鼓励创新和支持自主培育发展新兴产业，可以选用的政策非常多样，在制定和运用政策的过程中，要注意一系列的问题。

　　一是要把营造更好的鼓励创新的制度环境作为政策制定的主要着力点。借鉴德国 Ordo 自由主义学派的观点，政策制定有两种不同的导向：一种是积极培育鼓励创新的制度；另一种是干预具体的科技创新活动的过程和结果。一般而言，形成鼓励创新的制度，能惠及所有的创新者，具有普适性和更具公平性。如果把政策制定与希望获得的结果而不是制度很紧密地联系起来，往往会把具体结果放在比维护规则和制度更高的位置上。这样的政策制定会削弱制度的作用，提高协调成本。同时，对结果的过度重视虽然可以赢得短期的效益，但它会极大地削弱人们对规则的重视，从长期来看将有可能使政策的作用大打折扣，甚至适得其反。当前，通过政策制定建立更好的鼓励创新的制度，一方面要能为企业家的创新决策及时提供需要的各种信息。另一方面，要加快消除人才和资金等的自由流动的制度障碍，增加它们流动进入创新和自主培育发展新兴产业可以创造的价值和获得的效益，让更多的人才和资金愿意而且能够进入创新和自主培育发展新兴产业中来。

二是要注意解决产业创新系统建设中的系统失灵问题。按照系统的观点，产业创新系统的整体运行绩效，不仅取决于各类参与者的表现和水平，而且与他们之间的相互联系、相互学习和相互协调水平密切相关。如果产业创新系统中各参与方之间相互不匹配和不协调，就是出现了系统失灵。如果出现了系统失灵，政府也应该通过政策手段干预创新系统建设。实际上，目前不管是在发达国家还是在发展中国家，科技创新系统中都或多或少地存在系统失灵现象，常见的系统失灵包括科技基础设施投资不足和供给失灵、技术转移失灵、过度保护带来的系统失灵、制度失灵等。因此，要重视从解决系统失灵的角度制定鼓励创新和支持自主培育发展新兴产业的政策，要尽量避免政策制定上的短板效应，切实弥补产业创新系统建设中的薄弱环节，而不是容易做什么就尽量多做什么，喜欢做什么就尽量多做什么。如果这样，政策的作用很难得到积极的发挥。

三是要注意多种政策手段的综合运用。创新和自主培育发展新兴产业是一个非常复杂、需要经历若干阶段的过程，要使得这一过程更加顺畅，仅仅依靠一类或很少几类政策的支持是很难发挥显著作用的。通过制定政策鼓励创新和支持自主培育发展新兴产业，需要把需求侧的政策和供应侧的政策、直接政策和间接政策等加以综合运用。同时，在多种政策综合运用的过程中，还要注意防止政策之间的相互矛盾和冲突，有效发挥各类政策之间的协同作用。当前，从我国的现实情况看，制定政策鼓励创新和支持自主培育发展新兴产业，不仅要注意运用供给侧的各类政策，更要注意运用需求侧的各类政策；不仅要注意运用直接干预科技创新活动的政策，更要注意运用提供各种科技公共服务的政策；不仅要注意运用能够快速催生希望结果的政策，更要注意运用加强鼓励创新制度建设的政策。

6.2 自主培育发展新兴产业的制度

鼓励创新和支持自主培育发展新兴产业，不仅需要政策，特别需要加强制度建设。为此，首先讨论制度的概念、分类和作用（柯武刚和史漫飞，2008），然后分析鼓励创新和支持自主培育发展新兴产业的制度要求。

6.2.1 制度的概念和分类

1. 制度的概念

制度是由人制定的规则，是大家共同遵守的办事规程或行动准则，抑制着人际交往中可能出现的机会主义行为。制度为一个共同体所共有，并总是依靠某种惩罚而得以贯彻。没有惩罚的制度是无用的。只有运用惩罚，才能使个人的行为变得更可预见。带有惩罚的规则能增进秩序，将人类的行为导入可合理预期的轨道。

制度的关键功能是增进秩序。它具有系统性、非随机性，因此是可理解的。在社会混乱的地方，社会的相互交往必然代价高昂，信任和合作也必然变得非常困难，作为创造财富主要源泉的劳动分工则变得很难实现。在经济交往中通过制度建设增进秩序，能鼓励相互信赖和信任，减少合作成本。当一个社会中经济交往很有秩序时，人们就可以预见未来，从而能更好地与他人合作，也能对自己冒险从事创新性试验感到有信心。这样，人们在寻找能与之合作的对象时将更易于发现其所需要的信息，更易于猜测什么可能是这种合作的代价和回报，结果是会努力发现和应用更有用的知识。

2. 制度的分类

从不同的视角可以对制度形成不同的分类。目前，常见的制度分类包括内在制度和外在制度、正式制度和非正式制度、指令性制度和禁令性制度等。

1）内在制度和外在制度

依据起源不同可以将制度分为内在制度和外在制度。内在制度是从人类经验中演化出来的。它体现着过去曾最有益于人类的各种解决办法，具有持久的生命力，并构成世代相传的文化的一部分，包括价值信念、伦理规范、道德观念、风俗习惯及意识形态等。违反内在制度通常会受到共同体中其他成员的非正式惩罚，如不讲礼貌的人发现自己不再受到邀请。但是，也有各种执行内在制度的正式惩罚程序。

外在制度是被自上而下强加和执行的，由一批代理人设计和确立。这些代理人通过政治过程获得权威。典型的例子就是司法制度。外在制度配有惩罚措施，这些惩罚措施以各种正式的方式强加于社会（如遵循预定程序的法庭），并可以依靠法定暴力（如警力）的运用来强制实施。外在制度的有效性在很大程度上取决于它们是否与内在演变出来的制度互补，如司法系统是否支持一个社会的道德、文化习俗、惯例和礼貌。

2）正式制度和非正式制度

按照制度的正式性分为正式制度和非正式制度。正式制度的基本特征是由某些社会成员以有组织的方式实施惩罚。非正式制度是指未得到正式机制支持的制度。常见的非正式制度有如下几种类型：一是各种习惯，这类规则对于其行为遵循习惯的个人有明显的、直接的好处，而违反这类规则会损害个人的自我利益；二是内化规则，违反这类规则将主要受到内疚的惩罚；三是习俗和礼貌，它会受到来自他人的非正式惩罚，如受排斥。

需要强调的是，制度的内在性和外在性之间的区分与制度的起源有关，制度的非正式性和正式性的区分则与实施惩罚的方式有关，即与惩罚究竟是自发发生还是有组织发生有关。这两种制度分类方法是不同的。

3）指令性制度和禁令性制度

指令性制度是明确地告诉人们应采取什么行动以实现特定的结果，如从 A 点移到 B 点。禁令性制度用于禁止某些难以接受的行为，如不要超速行驶或不要偷窃。

6.2.2　制度的功能

科学和有效的制度可以发挥多方面的功能，包括有效协调和增进信心、保护个人自主权、防止和化解冲突、保护选择权以防止权势滥用等。

1. 有效协调和增进信心

制度的基本功能就是使复杂的人际交往过程变得更易理解和更可预见，使不同的人之间的协调变得更加容易。在社会混乱和无政府状态下，由于信息、监督和执行问题常常难以解决，可靠的约定无法作出，人们因相互沦为他人机会主义行为的"囚徒"而难以自拔，劳动分工很难实现。

制度减少了世界的复杂性，能帮助人们简化识别任务。制度使他人的反应更可预见，世界更加有序，使个人更容易与一个复杂而易变的世界打交道。当存在一般的、可认识的行为模式和条件模式时，经济主体就能更好地应付具体细节。制度帮助人们理解复杂而混乱的世界，因而在相当程度上保护了人们，使人们遭遇不愉快事件的概率减小。所以，制度有助于人们应付对不能驾驭生活所怀有的原生焦虑，支持人们增强承担风险的信心，使人们更富于创造性和企业家精神，并能够鼓励他人提出自己的新思想。

制度限制他人的行为并排除一些未来的不测事件时，也减少了"远期无知"，使人们更易于对企业家机会保持敏感，因为它使人们感到生活中的常规事物很少变化，从而增强承担风险的信心。只有当人类的行为被稳定化，才可能实现劳动分工，而这种分工是经济不断发展的基础。

用制度降低复杂性的作用可以相当明显。有些制度能得到广泛的好评，因为它们给人们以心理上的舒适感和安全感，感到自己属于一个有序的、文明的共同体。在这个共同体中，协调成本很低，风险有限，人们有较强的安全感，认为周围的人都是可信赖的。与生活在陌生人当中或一个秩序较差的共同体内相比，在秩序好的共同体中与他人交往不会觉得很累。制度创造着诱发归属感的多种纽带。多数人都会发现，这种归属感是令人满意的。

也有部分制度的协调功能非常具体。例如，在一个信用制度保障了币值稳定的国家，公民对储蓄和投资于货币资产以及为经济发展所必需的资本储备提供资金，都会很有信心。人们已经发现，简单货币规则的存在常常自发地发挥着稳定总需求的作用。

制度能增强生产要素，如劳动，在满足人类需求上的效能。这种作用类似于其他一些生产要素，如资本。资本使劳动具有更高的生产率。因此，可以视共同体的制度为一种宝贵的生产性资产，可称其为"制度资本"。

2. 保护个人自主权

制度的第二个功能是保护个人的自主权，使其免受外部的不恰当干预。因此，制度保护着个人自由，自由是人类的基本价值之一。例如，产权制度保护资产的所有者，使他们能不受外部干扰和能自由运用其资产。

用制度保护自由权利——个人自治空间——从来不是无边界的。一个人自由地追求自己的目标常常会影响他人的同样追求。所以，必须明确自己与他人自由的界限。没有对自由的恰当约束，社会将堕入无政府状态。然而，也应当意识到，正在讨论的是一个连续谱系，它的一端是毫无限制的自主行动自由，它的另一端是完全受制于人。在实践中，制度既保护又限制个人自由。例如，在经济发展过程中，产权制度确立重要的自由领域，而经济竞争则对产权的运用施加控制，并限定个人凭其所拥有的产权可以做和不可以做的事。市场经济不仅依赖于经济自由，而且也依赖于靠恰当的制度来保护竞争从而对这些自由施加控制。

3. 防止和化解冲突

制度的第三个重要功能是有助于缓解个人间和群体间的冲突。许多情况下，独立行事的个人之间难免发生冲突。当不同的人追求其个人目标、行使其自由意志时，常常会影响到他人，这其中有些影响是不受欢迎的。于是，就会产生如何以较低的代价和非暴力方式来解决冲突，以及如何使个人行动自由受到最佳约束以避免破坏性冲突的发生。行为规则通过划定自主行动的范围，能起到这样的作用。至少它们允许采用非暴力的方式解决冲突，如出现冲突时采用裁决机制。

实际上，有两种基本的处理个人间冲突的方法。一种是制定规则限制部分行为降低冲突发生的可能性，即以普适性的、预防性的方式限制个人的绝对自由，防止冲突。例如，规定每个人驾车出行都要沿道路右侧（或左侧）行驶；不得排放有害气体等。在这些场合，制度有助于防止冲突，其方法是预先标明什么样的行为是正确的，什么样的行为是错误的，从而能预测谁将因违规而受到惩罚。另一种是在冲突已经发生的情况下，制度会被用来以先前协商好的、可预见的方式裁决冲突。例如，赔偿受害方所受损失的习俗，或通过正式司法程序解决民事纠纷的规则，就是这方面的典型代表。

4. 保护选择权以防止权势滥用

潜在的冲突不仅来自个人的行动自由，而且也来自人们的合作过程。拥有大量财富的人往往能在交易关系中有效运用权势。例如，一个富人有能力雇用一个穷人做卑微的工作，从某种角度上讲，是因为穷人需要谋生。就利用雇佣关系，将一个人的意志强加于另一个人而言，那个富有的雇主是有权势的。如果这个穷人发觉别无选择并因此而觉得不自由，这种关系就可能引发愤恨。这种情况下，这个穷人或迟或早会通过工会、投票等途径对权势的运用施加影响，索要发言权。

然而，权势关系仅仅存在于别无选择的场合。在上述例子中，假设该穷人无其他工作可选，情况才会出现。当存在许多谋生的机会可供选择时，人们会感到是自由的，并会在觉得痛苦时转向其他雇主。换言之，在多种选择对象中作选择会使人感觉是自由的。即使这些选择对象中无一提供了诱人的机会，它们仍能抑制权势。在人们能用脚投票的时候，往往不会感到受制于权势。因此，在许多领域，有选择自由就能使人们获得权势，那时无需为自由提供集体的政治性保障。只有在个人别无选择、不能退出的场合，以及人们没有可能按以往经验调整其目标（或意愿）等情况下，才可能受制于人。在一部分人对他人拥有巨大权势的社会中，受到权势压迫的人就会感觉不自由，即使存在着强有力的制度和有效的控制，冲突仍然很可能发生，并可能带来代价高昂的后果。在个人自由得到保护、转移和退出能自由实现时，一般较少发生冲突。因此，确保退出机会的制度也会限制侵犯他人自由的权势滥用。

在经济发展领域，通过制度设计保护选择权以防止权势的滥用，是要在不同社会群体之间，如在贵族和农民之间，建立权势平衡，并确保弱势阶层的群体拥有"杠杆"，即他们能从权势群体那里得到支持。只有当权势得到扩散和平衡，才能为持续的经济发展提供正效应。

专栏6-2　经济增长、企业家精神与制度建设

微观经济学经常需要回答这样一个问题：新的、有用知识是如何被最有效地发现、检验和应用的？是什么激励着这一过程的主体——企业家——动员生产要素、冒险对知识作创新性运用、尝试结构变革？

新奥地利学派强调，在发现有用的知识，调配资本、劳力、技术和原材料，并由此创造出不断增长的产出这些活动上，企业家精神是必需的；而对于企业家精神来讲，制度具有极端的重要性。恰当的制度是增长的必要前提，但不是充分前提。企业家以及普通人一般还必须具有对诚实合作和物质进步的偏好（如选择工作而不是闲暇）。从长期来看，在人们的基本价值和制度之间存在着复杂的相互关系：如果制度能实现财富创造，人们就较可能形成对这种经验的体验，而如果他们经历了增长，就会高度评价增进信任的制度。

因此，推动经济增长的主体是在不断深化的劳动分工（专业化）中运用知识的企业家。而这也只有在具备了管理人际交往的恰当"游戏规则"时才有可能。需要恰当的制度安排是要为市场中和组织里的人际合作提供一套框架，并使这样的合作较具可预见性和可信赖性。一套协调框架是由文化习俗、共同的伦理体系、正式的法律规章和管制条例那样的制度来提供的。

企业家是对机会高度敏感并准备好利用机会的人。企业家总在寻找新知识，并已经准备好在有望获取物质收益时为实现未经验证的生产要素组合而冒险。

6.2.3 市场竞争与知识创造

经济学研究表明，市场竞争对促进新知识的产生和扩散发挥关键性的作用。单个市场内的有效竞争是如此，经济系统内的有效竞争也是这样。这实际上意味着，通过制度设计建立公平和有效竞争的市场，是鼓励创新和自主培育发展新兴产业的基本要求。

1. 单个市场内的有效竞争与知识创造

一个资本所有者为了生产产品和提供服务，一般需要获得资本、劳动力和有知识的专家、原材料等资源。所有者运用资源的能力和水平取决于他们的知识。所有者在生产过程中，既面临"横向不确定性"，即不清楚他人正在干什么；也面临"前向不确定性"，即不清楚未来会发生什么。当环境发生变化后，个人过去获得的知识会贬值，而获取新的知识代价高昂，充满风险。显然，人们在收集信息、消化信息基础上生产新知识，只具有有限的能力。同时，人们在决策过程中，由于有可能按自己对过去的认知错误地进行推断，有可能错误地预测其行动的某些后果，也可能会出现错误决策，还可能会遇见未曾预料到的困难。为解决这些高度复杂的决策问题，人类在长期的社会实践中逐步发现，由单个购买者和销售者竞争性地运用产权，是人类已经发现的最好的解决方法，它优于由有形之手强加的中央计划和个别人的计划。

经济竞争是一种人类交往的动态演化过程。这一过程激励着人们去追求自己的私利，因为它们能使财产运用中的成本和获益内部化。在此过程中，人们施惠于他人，这是他们追求其私利的副产品。这种相互交往发生在市场之中，市场是可相互替代的物品和服务的买方和卖方相遇的场所。人们在这种交往和交易的过程中发现并试验新的知识，同时也会发现新需求，找到满足新需求的途径。

通常，购买者会略少于销售者。销售者会相互竞争以使自己在与购买者的可能交易中占有有利地位，他们会为此而投入交易成本。同样，购买者为了在与供应商缔约时占有有利地位，也会与其他购买者竞争。他们会投入成本以获取有利信息并谋求有利地位。销售者会努力用更好的商品替代其他销售者正在卖的商品，而具有企业家精神的购买者也会努力获取一种竞争性地位，使自己能吸引卖方的报价选择。因此，购买者和销售者都会相互争胜，以获取有关更好替代品和交易伙伴的信息。显然，人们不过是为了领先于他们的竞争对手才在信息搜寻和知识创造上投入。

竞争可以发挥多方面的作用：一是促进知识创造；二是促进知识扩散；三是抑制错误发生。

1）促进知识创造

私人产权制度下人们会很积极地为其资产寻找有效的用途和良好的回报，由此在供应者（或竞争性的购买者）中引发竞争。竞争必然会引导他们积极搜寻能用来改善其竞争地位的新知识。竞争过程成为一种使许多人全力以赴地投入信息搜寻和知识创造活动的过程。这种活动代价高昂，充满风险，对置身于其中的人来讲，它绝不是一件舒适的事。但这对于保障市场另一方的选择自由和创造国民财富却非常有利。人们去何处以及如何寻找和创造知识会因人而异，这取决于个人的主观偏好和经验。人们将采用五花八门的方法寻找和创造知识，这与由少数几个专家代表大众来寻找新信息和创造新知识等方式相比，由于知识搜寻努力的广泛基础和搜寻方法的多样性，前者能创造更多、更好的有用知识。

2）促进知识扩散

在市场竞争中，成功者会很快名扬天下，能盈利的制造企业会招来许多模仿者，成功的购买者也常常被其邻居竞相仿效。而且，价格信号会将有关市场另一方所需要的东西和竞争对手所能供应的东西等信息迅速传播。价格变化会很快被人得知，并触发生产经营等创造财富的活动。这会将信息迅速地传遍各个相互关联的市场，促进知识的扩散。

例如，没多少人需要了解 1974～1975 年和 20 世纪 80 年代初期汽油短缺的根本原因到底是中东战争、迅速增长的运输需求、油井的枯竭，还是石油输出国组织采取的措施。无论出于多么复杂、难解的原因，结果都是油价暴涨。许多汽车司机会减少出行，并开始考虑将"油老虎"改为节油车。世界上的所有产业都会调整其能源使用方式。不仅如此，价格信号还会进一步发挥作用：在数以万计的实验室里，人们开始投入研发节油技术，如低耗能引擎、电子控制、用其他能源替代石油，如此等等。价格还会在能源供应商中引发一系列的连锁反应，钻探新油气井的范围会扩大，会有人尝试用新的技术从大陆架和其他地区获取石油，新的煤田会被开发出来，会有人开始研究煤的液化技术，会有不少企业改进提取和精炼的方法。

一系列连锁的行动会逐步化解石油危机，这要归功于在供求双方中出现的无数创造和运用新知识和新技术的努力。竞争系统靠简单而易于理解的价格信号"传播"了必要的信息，并迅速地传播了石油供给不足的信息。这样的信号激励着财产所有者，他们为自利而行动，渴望打败自己的竞争对手。没有任何其他系统能像竞争市场中的价格机制那样有效而迅速地传播和扩散知识，也没有任何其他系统能如此快速和有效地动员出随之而来的知识创造活动。

3）抑制错误发生

当人们在竞争系统中犯错误时，能很快从市场另一方的反应和他们的竞争对手对自己的打击中发现。他们会明白，自己没有以最有利于他人利益的方式运用自己的产权，从而也没有最好地增进他人和自己的利益。在一个确保私人产权的制度系统中，他们要为那些损失负责并因此而有可能纠正其错误。如果财产是由集体持有的，经济主体可以在亏损后继续挥霍钱财，并解释他们为什么应当坚持下去。而当他们被市场中的交易伙伴遗弃时，只能迅速地改正并切实地找出补救办法。这样，竞争系统内置了一套自发的自控机制。错误的发生通常会被控制在有限的范围内，因为错误会被掌握更多信息的竞争者利用。

利用市场竞争能够创造和扩散知识，早在18世纪就被亚当·弗格森和亚当·斯密等经济学的奠基者发现。他们还强调了竞争规则，即保障公平和有效竞争的制度设计的必要性。建立公平和有效的竞争制度，保证竞争一直是激烈的，可以一次又一次地促使财产所有者运用其资产应对竞争挑战，带动新知识的创造和扩散。规避竞争的保护，如垄断、政治特权和关税等，被经济学的奠基者们视为创造和扩散使用新知识、促进人类进步的重大障碍。

竞争会强有力地促进企业积极进行产品和生产工艺创新。购买者改善其地位的竞争性尝试会驱使供应者进行产品创新。这样的创新常常是通过逐渐适应，发现更好的产品以替代其他供应者所提供的产品，但有时也要靠突破性的创新来实现产品创新。这些构成了一个产业的演化过程，如飞机制造业从怀特兄弟的奇妙装置到现代喷气式客机的发展。购买者可能对新产品给予充分的评价，从而使创新供应者已投入的交易成本取得预期效果，这样供应者就能赢得一笔（可能是暂时的）"先驱者利润"。然而，这样的成功也常常躲开创新先驱者，使他们反而遭受亏损。一般情况下，每年面世的绝大多数新产品都无法获得利润，也得不到产品创新的最终裁决者即购买者的充分认可。因此，在被生产出来的一批产品和服务中，哪些能存活下来，最终要由买方来决定（"消费者主导"）。但是，购买者并不是从无限多的可能性中作选择，他们只能从供应者认为有希望盈利，从而肯标价出售的事物中进行选择。所以，是供应者之间的竞争和购买者的选择相互作用推动着产品创新。

竞争还推动着工艺创新。由于供应者要不断承受来自竞争对手的挑战，必然会面临控制成本的持续压力。这样，他们或者会试用新的生产工艺，或者会寻找更便宜的投入要素，或者会调整组织设计，如此等等，进行工艺创新。

2. 经济系统内的有效竞争与知识创造

超越单个市场，考察整个经济系统中多个市场的有效竞争所产生的影响，能更深入地理解市场竞争的作用。从总体上看，整个经济系统具有高度竞争性，非常有利于知识的创造和扩散运用。

1）激烈的竞争会鼓励人们加大投入去发现有价值的新知识，推动经济增长

在需求、技术、资源供给、收入或其他方面的环境因素发生巨大变化，需要通过结构变革来有效应对时，竞争性经济一般都能很好地适应。竞争性经济能对变化了的环境作出灵活的反应，这包括生产要素的所有者对相对价格的变化所具有的高度敏感性，即高度的要素流动性。市场竞争者不断地在他们过去一直做的事情中探索变异，而交易伙伴则选择他们所喜好的东西。成功的一方影响会被扩大，而失败的一方会使人们知道对它的喜好已不再存续或已发生了变化，从而使错误得以矫正。最终的结构变化将迫使一些市场参与者降低他们的预期，他们的技能可能再也无人需要，他们要承担资本损失，或者他们拥有的技术可能变得一文不值。然而，竞争性的、灵活的和快速增长的经济向资源所有者提供着新的机会。例如，如果劳动力数量增长很快，而劳动力是自由流动的，就可能有很多劳动力得到雇用。那时，失业的单个劳动者就更有机会很快找到新的工作。相反，非竞争性经济中，价格僵化，要素流动性差，往往经济增长缓慢。这样，失业的人往往因经济结构调整而程度不同地长期没有工作机会，失业率居高不下甚至还会激发对经济结构调整的更广泛抵制。

2）抑制经济权势

一般情况下，垄断是暂时的和有限度的，产权不会过分集中。竞争一次又一次地向财产所有者发起挑战，要求其不断审视其资产运用的合理性，并寻找新的方式来测验这些资产在市场另一方（显露出来的偏好）的认知中是否仍有价值。当竞争者力求发现新的替代方法以便从市场另一方吸引契约时，原有的资产会丧失其市场价值，熊彼特恰当地称其为"创造性破坏"，而其他财产的价值则可能上升。这是一种演化博弈。在这一过程中，没有一种社会地位或经济地位是神圣不可侵犯的，它们全都面临着无休止的挑战。

3）带来合理的收入分配

在竞争性经济系统中，收入分配大多处于不断的变动之中。财产所有者的先驱者利润和劳动者的收入随市场的变化而涨落。在发达市场经济中所看到的真正持久的收入和财产差异通常与政治干预和反竞争性的管制有很大关系。例如，对劳动力市场的限制和对房租的控制常常固化了意外的不平等，政府再分配政策试

图将其加以缓解。

4）促进政治公平

市场竞争还能促使富人在用其财富收买过多政治影响力上谨慎行事。只要存在公平的市场竞争，"垄断资本主义"就无从得逞。由此，普通公民也就更有可能避免有意识的政治歧视。

5）保障市场供求双方都能选择与之缔约的人

竞争性经济还能帮助人们从先前的契约约束和受有权势对手剥削的情境中"退出"。这不仅抑制权势，还能促进自由。当人们能自由选择时，私人自主权就会有效实现。

6）减少经济和社会冲突

当存在"退出选择"时，买卖双方之间不可避免的冲突会变得不具危险性。竞争性经济中的冲突大多被分散化的、匿名的方式处理。相反，在非竞争性系统中，常常会使冲突积累起来并导致对抗性的诉求。这时，冲突被企业家情绪化和政治化，企业家希望将冲突的各方召集于自己的旗帜之下。从这个角度来看，经济竞争往往可以粉碎无法避免的经济冲突和社会冲突，促进社会的和平和安定。

7）竞争经济还常常能更好地吸收外部冲击，并靠自发、灵活的价格和数量反应使商业周期变得平稳

如果货币政策的执行是稳定的，可预期的，它们大多会遇到竞争系统中更强的稳定的反应。而由僵化的独家垄断或寡头垄断支配的经济系统则可能要靠大剂量的选择性反周期政策来矫正景气—萧条循环。在工资和工作惯例缺乏灵活性的地方，周期性的需求波动会表现为大的利润波动。这可能进一步诱发投资的不稳定性和波动。相反，劳动力市场中灵活的工资和竞争性的工作惯例会起到缓冲器的作用，防止不稳定性过度累积。实际上，竞争市场有助于整体的自发性自我稳定，有益于社会经济安全。

6.2.4 自主培育发展新兴产业的制度建设

1. 自主培育发展新兴产业的制度设计

形成自主培育发展新兴产业的能力，必须加强制度建设，构建鼓励创新的制度环境。营造有利于自主培育发展新兴产业的制度环境，就是要通过改变游戏规则和制度优化，调整相关各方之间的利益关系，鼓励人才和资金等创新和生产要素更多地从其他领域向自主培育发展新兴产业领域流动。新的制度设计能否达到

预期的效果，人才和资金等生产要素是否更多地向自主培育发展新兴产业领域流动，主要取决于人才、资金等创新和生产要素进入新兴产业后，与在传统产业和其他领域发展相比能否获得更好的收益，而非新兴产业自身。显然，如果进入自主培育发展新兴产业领域能获得的利润越高，各种要素向其流动就越踊跃，围绕自主培育发展新兴产业集聚的资源就越多。

实际上，创新和生产要素的流动方向实际上是在全社会不同经济领域进行获得利益多少的比较后确定的。形成鼓励自主培育发展新兴产业的制度设计，不能局限于科技创新领域，必须综合考虑全社会的经济、人事、社会保障、利益分配等相关领域的制度设计，使得各种要素流动进入自主培育发展新兴产业领域，能获得比较高甚至最高的收益。

当前，设计鼓励创新和自主培育发展新兴产业的制度，除需要加强产权保护制度、自由契约制度、诚信制度和公平有效的市场竞争制度等基本制度建设之外，还需要考虑人事制度、社会保障制度、利益分配制度、知识产权保护制度、技术标准、税收制度、环境保护和安全要求规范、R&D 投资规则、与企业相关的规则和规范、评价制度等多种相关和有重要影响的制度。

2. 鼓励创新和自主培育发展新兴产业的制度要求

要形成鼓励创新和支持自主培育发展新兴产业的制度设计，需要制度为企业和企业家提供多方面的积极保障：一是能及时发现和运用新信息和新知识；二是市场和用户对新产品既渴求又挑剔；三是企业之间形成公平有效的市场竞争。

1）能及时发现和运用新信息和新知识

市场经济中，不管是买方购买和使用新产品，还是卖方开发和销售新产品，都需要能及时发现和运用新信息和新知识。获得新信息和新知识是有成本的，而且其获取成本是在弄清其可能的回报之前就必须投入。这样，企业和企业家是否积极主动地及时了解和运用新知识和新技术，既与他们的好奇心、创造性、大胆、渴求知识的冲动以及承受各种竞争风险的意愿等相关，还取决于买方和卖方所处的制度环境。如果能有相应的制度保障，使得信息和知识的搜寻相对便宜，社会诚信度高，相互之间信任，人们能努力处理较不清晰的信息，则信息和知识的发现和运用活动也将较为活跃。反之，如果制度设计不好，使获得和运用信息与知识成本都很高，买方和卖方就都不会在信息搜寻上大量投资，发现和运用的有用知识将较少，创新的积极性就会受到影响。

专栏6-3　信息悖论

合理的决策需要知识，并要在各种可选方案中作有意识的选择。为了作出合理选择，必须了解各种可选方案。然而，获取不同方案的信息所需要的资源和时间都十分稀缺和昂贵，所以不可能无止境地收集信息。信息成本是从一无所知变为无所不知的成本，极少有交易者能负担得起这一全过程。我们经常宁愿维持无知，因为获取信息太昂贵了。因此就出现了一个问题，人们应把信息搜寻进行到哪一个点为止，是预期的边际成本等于（边际）预期效益的那一点，还是从经验来看，他们所了解的信息可能足以作出决策的那一点？

答案是，个人在获取信息之前不可能了解获取某类信息的预期成本和收益，所以他们不可能从尚未到手的知识中获得最大化的净收益。与之矛盾的是，个人在获得某条信息之前是需要它的，这一逻辑点早就被称为"信息悖论"。在生产商品和提供服务时，关于成本和效益的知识是预先具备的，从而资源运用有可能趋于最优化。而信息生产与此不同，它不可能服从于这样的理性计算。

为了理解这一点，可以思考这样一种情景。一个学生想知道，看某一部电影是否值得花费5英镑。要真正弄清这个问题的唯一途径是去看一次那部电影。尽管可以靠阅读电影评论来降低风险，但即使一部电影广告片或一篇电影评论给出了电影的部分信息，事后仍有可能发现，将这笔钱花在其他事情上更好。简言之，在搜寻新知识时，永远不可能知道会发现什么，也不可能知道将要得到的信息是否有用或是否如预期的那样有价值。人们作出一项决定之前，常常对正急于寻求的东西到底是什么都一无所知。

在知识生产上还有一个特殊之处：知识搜寻成本必须被视为"沉淀成本"。这就意味着，知识生产成本一旦发生，就与信息的被应用程度没有任何关系，而生产商品的成本则与该商品的盈利产量相关。在实践中，人们会不断搜寻信息，直到他们觉得已付出了足够的开支为止，然后他们就在其已能发现的信息的范围内进行决策。在获取他们认为足以作出选择的信息上，个人将受经验和个人喜好的影响。他们的经验将使他们免于在信息收集上浪费过多的精力。但这并不意味着在特定场合，个人不会作出最后决定是错误的决策。

从时间、努力和资源的角度来看，获取信息和分析新知识都是代价高昂的。因此，无人愿意获取复杂运作所需要的全部知识。相反，人们更愿意通过自己与他人交往，设法利用他人的知识。实际上，在知识搜寻成本高昂、成果又不确定的情况下，人们只获得特定的部分信息并维持对其他信息的无知是合乎理性的（理性的无知）。

资料来源：柯武刚和史漫飞，2008

2）市场和用户对新产品既渴求又挑剔

市场和用户渴求新产品，并对新产品不断提出新的要求，对增加和改进市场中创新产品的供给，促进企业和企业家创新至关重要。实际上，用户寻找新产品须投入时间和精力，如果电脑软件的潜在购买者打算将就使用已有的软件，不再寻找新的更好的软件，软件更新的进程就会放慢。因此，不论买方是否贪婪地阅读电脑杂志，是否在互联网上搜索新程序，对驱动供应商在产品改进和知识创造上进行投资都是必不可少的。这就解释了为什么新产品市场需要有不断提出新需求的客户，以及为什么对于成功的产业而言，棘手的、主动的需求是如此有益（波特，2002）。

3）企业之间形成公平有效的市场竞争

已有的分析表明，市场经济中企业之间的相互竞争能强有力地促进企业研发和运用新信息和新知识，市场竞争对促进新知识的产生和扩散发挥关键性的作用。因此，建立鼓励创新和自主培育发展新兴产业的制度，必须保障在企业之间形成公平有效的市场竞争。

3. 当前自主培育发展新兴产业制度设计应注意的问题

在自主培育发展新兴产业过程中，制度直接影响各参与方之间的相互关系，也直接影响其可能产生的绩效。有专家认为，鼓励自主培育发展新兴产业，制度比政策更有解释力（Bonaccorsi，2007）。在进行鼓励自主培育发展新兴产业的制度分析和设计时，必须充分关注以下几个方面的问题。

1）要关注非正式制度对正式制度的影响

分析正式制度和非正式制度对参与各方之间关系的影响会发现，有些政策的制定和落实，并没有达到预期的效果。例如，欧盟制定了创新产品的优先采购政策，但是总体而言该项政策的执行比较困难，没有达到预期的效果。之所以出现这样的问题，是由于公共采购领域已经形成的非正式制度影响很大，公共采购部门为了回避转换供应商带来的采购风险，维持已经建立的良好的买卖关系，不愿意真正积极地落实新的采购政策，新的政策不足以显著影响和改变各方之间的关系。

2）要关注政策的实施机制，如市场机制、计划机制等的影响

制度规定各参与方之间的相互关系和协调模式。一般而言，不同的政策应该有自己最优的协调模式。例如，政府采购就很适合运用市场协调，可以通过供应商之间的相互竞争带来好处。

3）要关注各类制度之间的相互作用

高校和科研院所、企业、服务机构等组织一方面受到外部制度环境的影响，另一方面自身也在制定和执行正式和非正式的制度，既影响企业自身的运行，也影响企业与其他组织之间的关系。

6.3　自主培育发展新兴产业的文化

6.3.1　文化及其变迁

1. 文化的概念

"文化"一词的运用非常广泛，定义比较多样，如果不澄清其定义，必然会导致误解。英国社会学家爱德华·伯内特·泰勒（1883 年）提出的文化的经典定义是："一个人作为社会一员所获得的全部能力和秉性。"这个定义恰如其分地指出了由文化来沟通的个人与社会群体间的张力。它还着重于这样一个事实，文化附着于习得制度和支持这些制度的价值。新生儿无文化可言。所以，文化永远具有规范性内涵。实际上，完全可以说文化是所有值得传给下一代的事物。

文化由语言、思想、价值、内在制度和外在制度构成。在许多关于文化的定义中，文化还包括工具、技能、艺术作品，以及支持文化中纯制度性部分的各种礼仪和符号。文化含有许多内在制度，如习俗和习惯，它们来自实践，且很难予以清晰阐述，也很难孤立地传递给不属于该文化的人们。因此，我们可以视文化为一套基本上不可言传的规则系统，它靠各种符号和其他有关其制度性内容的有形提示物而得到巩固。

基于上述讨论，这里将文化定义为共享的价值和一套规则系统，以及一个共同体内在社会交往方面的各种更具体的要素。有些规则可能是明晰的，但许多规则是隐性的和非正式的，许多规则要靠符号来支持。文化一般是在共同体中部分

成员进行新的尝试，而另一些成员则努力保存熟悉的、经受了时间考验的制度的同时，不断演化发展。

2. 文化的变迁

文化不是铁板一块，而是一种（重叠）的子系统网络。一个人可以从属于一个村庄的文化，但又分享着一个行业中的世界性文化惯例，还感到深深地依附于某个外国的文化。文化也不是一成不变的。文化是缓慢变动的个人一般思想，它要受时间的检验，它摇摆于"保守"和"创新"的两极之间。保守对维护人际交往的共同基础而言是必不可少的，而创新则是在面对不断变化着的自然环境、技术环境、经济环境或社会环境时防止僵化和萎缩所必需的。因此，保留对外部影响的开放性并保持适应能力是非常重要的。

文化通常缓慢演变，其中的许多因素具有路径依赖性。但有时，某些具体的文化特性会发生相当大的变化，这或者是因为内在地发现了新的思想，或者更多的是源于外部因素并发现它更有优越性。结果，这些新的文化特性得到模仿并使社会中接受它们的人数超过一个临界点，这样它们就变成了新的规范。新概念可能需要有在各种文化变迁中表现出来的系统适应性。例如，当商人和企业家认为另一些国家里有更受规则约束的政府和更可信赖的制度时，就会前往那些国家。这不仅迫使统治者提供更可信赖的规则，而且还鼓励某些内在的文化制度形成，如诚实、守时和节俭。当外在制度和内在的文化性制度得到采用，新的"公民道德"广泛普及时，新的文化就诞生了。尽管文化会不断变化，但多数主要的文化系统都具有很高程度的连续性。所以，不存在将一个法国人误认为中国人或日本人的危险，因为即使有些因素发生了转变，该文化系统的大部分也仍然稳固地存在着。因此，并不存在出现一个同质的世界文化的前景。

6.3.2 文化的作用

社会的共同文化支持着劳动的分工，因为它减少了交往的风险和成本。这是共享同一种文化的社会成员之间更易于交往的原因。那些在幼年时期往往无意识地掌握了这种文化的人，与其文化共同体内的其他成员交往会感到很自在。从个人角度上看，他们自己的文化总是优于其他文化，因为他们对自己文化中的制度非常熟悉，这节约了他们的交往成本。如果人们迁移到另一种文化中去，他们起初往往很容易下结论说，另一种文化不好，因为它并不在交往上为他们提供惯常的便利，还会给他们增添额外的交易成本。但是，许多人明白，文化是规则系统，这个系统的价值取决于个人已经习得的事物。同时，文化也是能被掌握的，它同样也能令人满意地发挥作用。他们承认，别人可能也同样偏好自己的文化。异己的事物并非必然不好，也不必然有威胁性。一旦认识到了这一点，文化优越感和自我中心的传教热忱就会消退。幸运的是，越来越多的人愿意接受来自其他文化的文化概念。在多元文化社会里会出现文化上的交融。要比较文化性制度的品质，办法只有一个，即检验其在实践上如何帮助人们实现像自由、和平和繁荣那样的共同基本价值。这样的比较可以证明，在协调人们的行为或应付变化上，并非所有的文化都能同样有效。所以，文化开放也不是指文化相对主义，不是无批评地肯定所有文化都同样有价值。

文化、价值和制度构成的系统及其更具体化的要素，构成了社会中人力资本的一个重要组成部分。它对于如何有效地转化劳动、资本、自然界的物质资源以服务于人类的需求和欲望具有重要的影响。因此，称其为"文化资本"。当讨论文化对经济的强大影响时，必须认识到，绝大多数文化性制度都是不可言传的，它们常常体现于组织之中。实际上，文化性规则往往无法被轻易地明确制定出来，文化也很难方便地从书本上学到。这类规则大多体现于各种使特定文化观念富有效能的"文化品"和组织之中。例如，法治就是一个文化概念，它要求复杂的组织性基础结构有效地发挥作用，包括各类法庭、具有不同专长的律师机构、一致认同的工作惯例和习惯等。只有当文化性规则与组织结构和"文化品"同时转移时，以及在人们通过合作学习文化规则时，文化系统才可能被外部人有效地采用。因此，与机器等相比，文化品和规则的国际移植一般要困难得多，它们需要更多地通过实践来学习不可言传的技能和知识。这样的学习有可能在本土制度和引进制度之间导致暂时的不一致。但如果不能同时导入运用机器所必需的文化要素，很可能会发现机器是无用的。

事实上，由观念、组织规则和有形资产构成的系统，常常被称为"文化"。对于提供复杂的现代服务，如运营一个股票交易所、一个司法系统或一个复杂的分销网络来讲，文化显得尤为重要。这就是为什么人们常常发现，有效的服务很难转入其他的国家和文化背景下，而引入外国的服务业经常会在不发达国家遭到抵制。获取文化品并使它们发挥作用，总是意味着调整一个人自己的观念并因此而调整他所在共同体的自我评价。

专栏6-4　创新激情从哪里来

2011年10月份的第一周，中国人正在欢度国庆假期，此时世界科技界发生了两件大事：一是2011年诺贝尔科学奖获奖名单公布，二是苹果公司创始人乔布斯去世。两者都引起了世界范围内的广泛关注，每位获奖者的成就及其背后故事为人津津乐道，乔布斯的传奇故事更是成为全世界舆论的焦点。为什么人们如此关注这两件大事？究其原因，源于人类内心深处永恒追求的一种精神：创新精神。因为坚守创新精神，诺贝尔科学奖获得者成为社会楷模；因为坚守创新精神，乔布斯赢得世界的尊敬。

一个真正的创新者，一定是拥有真正的创新精神。这种精神是社会发展的稀缺资源，更是人类传承的高贵财富。从对世人的影响力上看，乔布斯留下的富可敌国的个人物质财富远不及他留下的创新精神财富，物质终会消逝，精神世代长青。

理解创新精神，培育创新精神，是21世纪的主题。这是全世界科学界永恒的话题，更是在中国建设创新型国家的进程中亟待解决的难题。

创新精神从敢于突破现有规则、敢于挑战主流权威的独立思考中来。2011年独享诺贝尔化学奖的是以色列化学家谢赫特曼，他的获奖成果是发现了准晶体。但是，当1982年这位科学家告诉人们发现了准晶体的时候，几乎所有人都取笑他，主流科学界认为他违反了自然界的基本规则。这种排斥进一步导致他不得不离开美国霍普金斯大学研究小组，返回以色列。对此，他却说："我并不在意，我深信自己是对的，他们是错的。"返回以色列后，谢赫特曼没有被这种怀疑吓住，坚持不懈，到1984年将新发现的论文发表。但论文发表后，包括著名化学家、两届诺奖得主鲍林在内的一些化学界权威公开质疑谢赫特曼的发现，认为，"他是在胡言乱语，没有什么准晶体，只有'准科学家'"。面对如此强大的反对意见，谢赫特曼依然坚持自己的研究，他说："鲍林确实是一名伟大的科学家，但这次，他错了。"

创新从本质上就是探索不同的道路，就是与别人不一样，创新精神首先就体现在创新者敢于冒险、独立探索上。美国媒体业巨头、CNN创始人泰德·特纳曾说："如果你已有一个创意，并且大多数人没有对其嗤之以鼻的话，你的创意多半不是一个非常好的创意。当大家认为我是疯子时，对我来说根本就不是烦恼。实际上，每到此时，我认为我必须真正要做些什么了。"人云亦云不可能获得创新成果，少数服从多数在创新领域也是片面的。一个人要培养创新精神，就需要坚持基于客观依据的独立判断；一个社会要培养创新精神，就需要真正关注小人物和不同意见。

创新精神从具有理想主义的对事业的真诚热爱中来。作为一个科技企业家，乔布斯的去世带给世界的震动是少有的，获得的一致的高度称赞更是罕见的。在他去世后，世界已把他作为一个当代创新的最杰出领袖人物来纪念。正如他常说的一句话，"领袖和跟风者的区别就在于创新"。乔布斯的创新不仅是颠覆性的，更是持续性的。在他 30 多年的创新历程中，不论如何遭受打击与挫折，他对事业的热爱成为支持其开展创新的最大动力。从 20 世纪 70 年代推出 Apple II 台式电脑开始，到创办 NeXT 公司在软件市场开辟新天地，再到创办动画公司 Pixar 推出《海底总动员》等经典动漫电影，再到推出 ipod、iPhone 和 iPad 等开创性产品，这期间，乔布斯曾被自己创办的公司赶走，曾面临竞争对手的打压，但他能坚守创新精神，原因何在？他曾在一次演讲中明确地说："我确信我爱我所做的事情，这就是这些年来支持我继续走下去的唯一理由。"

创新的道路总是曲折的，如何坚持？从三百年来人类创新史上可以看到，能够支撑创新精神的不是名与利，而是对事业的发自内心的热爱。当 1666 年的一个苹果砸在牛顿头上时，他发现了万有引力定律，因为他正痴迷于思考"是什么力量使月球保持在其环绕地球运行的轨道上"。当 20 世纪最伟大的科学家爱因斯坦受到全世界人民的崇拜时，他说："我从事科学研究的动机，来自一种想要了解自然奥秘的无法遏制的渴望，而不是别的什么目的。"创新精神是支撑创新者克服困难持续前行的精神力量，这种精神力量必然也只能来自对所从事事业的真诚热爱。

创新精神从鼓励竞争、开放合作、自信自立的创新生态中来。美国历史学家哈罗德·埃文斯研究了美国两个世纪以来最著名的 50 多位创新者，创新成果从蒸汽机到搜索引擎，得出的结论为，美国早期建国者提供了富有建设性的法律框架支持创新：允许自由开展跨州商业活动，颁布联邦专利法，确立公司这一商业组织形式。进入数字时代后，美国已经变成一个基于信息服务经济的"创业型社会"：商业结构趋于更扁平的网络结构，大规模定制取代大规模生产，互联网为无数小企业和个人创新提供便利。他明确指出："创新的历史教育我们，最伟大的创新是不可预见的。"从创新规律上看，对一个希望提高创新能力的国家来说，最重要的不是规划创新方向，而是完善创新生态，培育创新精神。这是更具深层意义的举措。

良好的创新生态体现在三个方面：一是社会舆论文化中推崇创新；二是金融资本体系中推崇创新；三是本国消费市场中推崇创新。创新者都是先行者，更是试错者。在创新成果问世之际，能否给予建设性的修改建议，给予资本力量的大力支持，给予市场应用的最大机会，直接反映了一个社会的创新生态建设程度，也直接决定了一个社会的创新精神培育程度。以色列是一个只有710万人口、几乎没有自然资源的小国家，但却产生了大规模的创新企业和大量的创新成果，以色列在纳斯达克上市的新兴企业总数超过全欧洲在纳斯达克上市新兴企业的总和，近十年有4人获得诺贝尔科学奖。究其原因，以色列已经成为"当今世界最能集中体现创新和创业精神的国家"。韩国作为中国的近邻，第二次世界大战后发展起步，到今天，人均GDP超过2万美元，在汽车、电子、钢铁、造船等多数领域的创新水平世界领先。究其原因，韩国是以国家意志培育其全民族的创新精神，以渗透到全社会的"身土不二"的意识推崇创新、鼓励创新、应用创新，形成了推动国家创新能力提升的强大合力。

一个有创新精神的社会是有活力的，更是有魅力的。对创新型国家来说，创新精神与创新投入正如"一鸟两翼"，体现了创新的软力量与硬力量，缺一不可。我们期待着在21世纪激烈的全球创新竞争中，中国能够培育越来越浓郁的创新精神，成为对世界创新作出巨大贡献的国家。

资料来源：胡钰，2011

6.3.3　自主培育发展新兴产业的文化要求

自主培育发展新兴产业，一方面需要发挥制度和政策的作用，需要利用激励机制，激发企业家勇于投身自主培育发展新兴产业。另一方面需要文化环境的支撑，文化可以深入精神世界，在创新活动中激发出"不用扬鞭自奋蹄"的内力。科技创新与文化创新的互动共进已经是现代人类文明演进的显著特点。

建设创新文化，营造自主培育发展新兴产业的良好文化环境，首先需要有全球视野和国际眼光，需要能够实现不同文化的沟通借鉴、合作交融，只有这样才能取得处于国际领先的科技创新成果，才能为自主培育发展新兴产业奠定科技基础；其次，要提倡敢于创新、善于创新的风气，要树立高度的自信心，增强自主创新的勇气，要有敢为人先、不服输、敢打硬仗的精神；再次，要摒弃那种无所作为、盲目迷信他人的思想；最后，要有大团结、大协作的精神。自主培育发展新兴产业，需要社会多方面的参与，这就要求社会各界从封闭走向开放，不但要加强和促进科技系统内部的开放和协作，包括研究人员之间、专业领域之间、研究机构之间等的开放和协作，还要实现行业之间、区域之间的开放和协作。

总之，营造自主培育发展新兴产业的良好文化环境，就是要在全社会大力促进创新文化与人文精神的有机融合，建设以人为本、创新为魂、和谐宽松的创新文化环境。

6.4　本章小结

自主培育发展新兴产业，既要充分利用市场机制的作用，也要发挥政府的干预调节作用，通过政策制定、制度设计和文化营造打造良好环境，让自主培育发展新兴产业成为最具竞争力和最有吸引力的经济发展领域，能够吸引大量的高层次创新人才和资金等要素自觉自愿地向其积极集聚。

政策、制度和文化之间存在紧密的联系，政府部门营造自主培育发展新兴产业的环境，需要关注它们之间的相互影响，不能把它们孤立起来考虑，在综合分析的基础上系统推进。现实中，通过政策支持自主培育发展新兴产业，新的政策的出台必然或多或少地影响各参与方之间的利益关系，必然会影响各参与方的价值判断和行为取向，直接影响相关的制度和文化。同时，当前的制度和文化也会直接影响政策的制定和落实，影响政策能够发挥的作用。

政策是一个或一组行动者为解决一个问题或相关事务所采取的相对稳定的、有目的的一系列行动。支持自主培育发展新兴产业的政策非常多样，从政策的支持对象看，包括支持供应侧的政策、支持需求侧的政策和支持环境侧的政策。需求侧的政策，是政府部门通过政策促进增加需求总量、改进原有产品和服务功能、提升原有产品和服务质量等多种举措，扩大产品和服务的市场需求。供应侧的政策，是为产业技术研发和创新提供更系统、更高效的人才、资金、技术和信息等资源保障，支持创新活动的开展，促进新知识和新技术的产生。环境侧的政策，是通过构建更好的知识产权保护、公平的市场竞争、鼓励创新的制度等环境，促进创新活动的开展。

通过政策支持自主培育发展新兴产业：一是要把营造更好的鼓励创新的制度环境作为政策制定的主要着力点；二是要注意解决产业创新系统建设中的系统失灵问题；三是要注意多种政策手段的综合运用。

制度是由人制定的规则，是大家共同遵守的办事规程或行动准则，抑制着人际交往中可能出现的机会主义行为。制度的关键功能是增进秩序，鼓励相互信赖和信任，减少合作成本。具体而言，科学的制度建设能够有效协调和增进信心、保护个人自主权、防止和化解冲突、保护选择权以防止权势滥用等。

自主培育发展新兴产业需要有良好的制度环境，为企业和企业家提供多方面的有力支持：一是能及时发现和运用新信息和新知识；二是市场和用户对新产品既渴求又挑剔；三是企业之间形成公平有效的市场竞争。

文化是共享的价值和一套规则系统，以及一个共同体内在社会交往方面的各种更具体的要素。有些规则可能是明晰的；但许多规则是隐性的和非正式的；许多规则要靠符号来支持。

营造良好的创新文化氛围，支持自主培育发展新兴产业，可以在创新活动中激发出"不用扬鞭自奋蹄"的内力。为此，首先，需要增强全球视野和国际眼光，能够实现不同文化的沟通借鉴、合作交融；其次，要提倡敢于创新、善于创新的风气，要有敢为人先、不服输、敢打硬仗的精神；再次，要摈弃那种无所作为、盲目迷信他人的思想；最后，要有大团结、大协作的精神。

|第 7 章| 营造企业的创新友好环境

　　自主培育发展新兴产业的基础是技术创新，企业是技术创新的主体，企业也应是自主培育发展新兴产业的主体。对一个国家或地区而言，要形成自主培育发展新兴产业的能力，最根本的是要让广大企业具有技术创新的强大动力，积极开展技术创新活动。大量的理论分析和实证研究结果表明，有什么样的发展环境，绝大多数企业就有什么样的行为选择。激发企业技术创新的强大动力，调动企业技术创新的积极性，关键是要通过政策制定、制度设计和文化营造等多种手段，营造企业的"创新友好环境"。

　　所谓企业的"创新友好环境"，就是在这种环境下，通过政策、制度和文化的综合作用，广大企业不仅有技术创新的强大动力，而且有条件形成较强的技术创新能力，还使技术创新战略成为企业具有显著比较优势的战略。这样，广大企业会把技术创新战略作为增强竞争力的主要战略甚至是最重要的战略，积极开展技术创新活动。对一个国家或地区而言，如果形成了企业的"创新友好环境"，会有多方面的鲜明特征：一是全社会的劳动生产率高，创造和积累的财富多；二是财富的创造主要依靠劳动者素质提高、科技进步和管理创新，而非大量的劳动力和资源消耗；三是形成了良好的鼓励创新的制度、政策和文化，人才和资金等各种要素积极向创新领域集聚，最有价值的企业主要是创新型企业，最赚钱的人主要在从事高水平的创新活动。

　　本章对企业的创新友好环境进行分析。由于广大企业能把技术创新战略作为增强其竞争力的主要战略，是创新友好环境形成的基本标志，本章首先讨论企业技术创新战略与竞争战略之间的关系；其次，运用计划行为理论分析企业产生技术创新行为意向的主要影响因素；最后，从增强技术创新动力、培育技术创新能力和让技术创新战略成为企业具有显著比较优势的战略等方面分析营造创新友好环境的主要途径。

7.1　企业技术创新战略及其与竞争战略之间的关系

7.1.1　企业技术创新战略的概念

战略是指重大的带有全局性的或决定全局的谋划。企业技术创新战略则是指企业在技术创新领域内重大的带有全局性或决定全局的谋划。具体而言，企业技术创新战略是企业技术选择的表现形式。这些选择包括为获取、维持、利用和放弃技术能力而投入的资源。这些技术选择决定了企业的基本技术能力，决定了企业的产品和工艺的技术含量和水平，直接影响企业的竞争能力和可能形成的竞争优势。

上述企业技术创新战略的定义特别强调以下几个方面：

（1）企业技术创新战略选择的目标是帮助企业形成竞争优势。任何企业的基本目标都是通过在市场中竞争，不断增强自己的竞争能力，提升市场占有率，为顾客和投资者创造价值，形成竞争优势。对企业而言，技术创新不是目的，而是手段。因此，企业选择何种技术创新战略的关键是看其能否和怎样帮助企业增强竞争力，这是企业技术创新战略选择的基本出发点。

（2）技术创新战略的核心是决定企业占有、开发、使用和放弃的技术种类。技术创新战略的直接表现是企业打算占有、开发、使用和放弃什么技术，它既包括企业打算在其产品和服务中开发和应用什么技术，也包括企业打算在生产工艺中开发和应用何种技术。

（3）技术创新战略选择包括决定技术创新投入。在进行技术创新战略选择时，不仅要明确企业占有、开发、使用和放弃的技术，还要决定实现其技术创新战略选择需要资源的类型和数量，即技术战略不仅包含计划，而且包含计划的执行。

（4）技术创新战略不只限于高新技术企业。不管是高新技术企业还是传统行业的企业都存在技术创新战略。例如，处于传统的服务业中的某银行，决定投资应用信息技术为顾客提供更为便利的服务，虽然这些工作通常不被企业看作技术创新战略，但实际上属于企业技术创新战略的范畴。

（5）技术创新战略既包括硬件上的技术，也包括软件要素。

7.1.2 企业技术创新的典型行为方式

企业技术创新可以有不同的行为方式，从企业技术创新积极程度和重要程度相结合的角度，可以将企业技术创新行为方式分为下列类型：

(1) 不开展技术创新活动。企业完全采用他人提供的成熟的产品技术和工艺技术，组织产品的生产和销售，企业自身不进行任何技术创新活动。这类企业几乎没有研发经费和研发人员投入。

(2) 开展一般的技术改进工作。企业采用的是他人提供的产品技术和工艺技术，能根据市场需求的变化利用外部科技资源或自身研发力量对原有产品或生产工艺技术作简单的改进。这类企业有少量的研发人员和研发经费投入。

(3) 将技术创新作为支持企业职能战略实现的重要手段。企业在实施营销战略、生产战略等职能战略的过程中，将技术创新作为其重要的支撑手段。例如，在企业实施营销战略的过程中，大力应用信息技术，以更好地支持营销战略的实现就属于这种类型。这类企业有处于行业平均水平的研发经费和研发人员投入。

(4) 将技术创新战略作为企业的重要战略之一。企业将技术创新战略与营销战略、人力资源开发战略等同等看待，共同作为企业的重要发展战略。技术创新成为支持企业现有一般竞争战略实施的有效手段，是企业竞争力的重要来源。这类企业有比较高的的研发经费和研发人员投入，掌握比较先进的行业技术。

(5) 将技术创新战略作为企业的主要发展战略。企业将技术创新战略作为其主要发展战略，并由其推动企业新的竞争战略的形成。这样，市场营销、人力资源开发等战略的制定，往往是紧密围绕技术创新战略实施的需要展开。一般而言，这类企业有很高的研发经费和大量的研发人员投入，在行业内掌握最先进的技术，引领行业当前技术的发展方向。

显然，如果企业不开展任何技术创新活动，或只开展一般的技术改进工作，一般不会去考虑其技术创新战略问题。只有当企业有比较强的技术创新积极性，即将技术创新战略作为企业的重要战略乃至主要战略，才会将技术创新战略问题作为企业重要问题，分析企业技术创新战略与竞争战略的关系，研究技术创新战略的制定方法。

7.1.3　企业技术创新战略与竞争战略之间的关系

技术创新在产业结构调整和自主培育发展新兴产业上发挥根本性的作用。当今的许多大企业，如微软等都是充分利用了技术变革带来的机会而迅速发展起来的。在所有能改变竞争规则的因素中，技术创新应该是最重要的影响因素之一。技术已经渗透到企业的各个方面，贯穿于企业的整个价值链中，企业所做的每一件事，几乎都涉及技术创新。

然而，虽然技术和技术创新非常重要，但是从企业的角度看，就技术本身谈技术，很难说技术重要还是不重要，只有在技术帮助企业增强了竞争力，形成了更明显的竞争优势时，技术才是非常重要的。实际上，并非所有的技术都具有战略作用，有些企业的技术研究开发不仅没有增强企业的竞争力，反而恶化了企业的竞争地位，高技术并不能保证盈利。

根据战略管理理论，分析技术的作用，即分析技术创新战略能否帮助企业增强竞争力，关键还是要分析技术创新能否帮助企业更好地实施其一般竞争战略乃至产生新的竞争战略。如果技术研究开发帮助企业降低了成本，提高了差异化的程度，技术研发的战略作用就得到了发挥。因此，企业制定技术创新战略，选择开发什么样的技术，决定在哪些技术领域成为领先者，需要与企业的一般竞争战略选择相结合。技术创新战略的核心是企业努力获取何种类型的竞争优势。企业技术的研究开发不应该过多地考虑科学和技术兴趣的驱动，而应在考虑技术开发成功的可能性基础上，重点围绕那些最能帮助企业实施一般竞争战略的技术。

对大量的企业技术创新案例进行分析发现，企业的一般竞争战略不同，选择研究开发技术的特征也会有很大的不同（表7-1）。例如，采取低成本战略的企业，其选择研究开发的技术应该能大量降低企业的成本，而不是在产品中增加昂贵的新性能，否则与企业的战略相矛盾，技术的作用很难得到发挥。另外，由表7-1还可以看出，产品和工艺技术创新都可以支持各个一般战略的实施，认为工艺技术研发主要是面向成本、产品技术研究和开发主要是面向差异化的观点是错误的。

表7-1　一般竞争战略与技术研究开发

一般竞争战略	产品技术研究开发重点	工艺技术研究开发重点
低成本	降低产品中使用材料数量，便利制造过程，减少产品售后维修服务需求等，降低产品成本	减少能源和原材料的消耗，降低劳动力投入，提升规模经济水平

续表

一般竞争战略	产品技术研究开发重点	工艺技术研究开发重点
差异化	提高产品质量，改进产品性能，改善服务水平，增加产品和服务的差异性	加强质量控制，制订更严密的生产计划，改进制造过程的灵活性，提升对订单的快速响应水平
集中低成本	针对细分市场的需求，通过设计开发恰能满足其需求的产品，降低产品的成本	产品生产制造与细分市场需求更加吻合，降低针对细分市场需求产品的生产成本
集中差异化	针对细分市场的特殊需求，设计开发比竞争对手更能满足用户需求的产品和服务，增加产品和服务的差异性	产品生产制造与细分市场的特殊需求更加吻合，增强产品的差异性，提高买方购买产品感受到的价值
最佳价值	既努力提高产品质量，改进产品性能，改善服务水平，又注意降低产品中使用材料数量，便利制造过程，减少产品售后维修服务需求	既努力减少能源和原材料的消耗，降低劳动力投入，提升规模经济水平，降低生产成本，又注意加强质量控制，改进制造过程的灵活性，提升对订单的快速响应水平，保证产品的差异性

7.2 技术创新战略的制定过程及其行为意向产生意向因素

把竞争战略作为驱动者，从支持企业更好地实施竞争战略的角度出发制定企业的技术创新战略，首先需要认识到的一个基本问题是：企业管理者对技术创新的态度是企业技术创新战略制定和实施的关键影响因素之一。企业作为一个组织，其行为在很大程度上是由其主要管理者的行为取向决定的，分析企业技术创新战略制定和实施的过程在很大程度上应分析企业管理者的创新行为。

结合组织行为学和战略管理理论，我们认为：企业从技术创新战略制定到实施是一个过程。在该过程中，企业主要管理者首先根据其开展技术创新的需求和压力以及其具备的技术开发能力，产生技术创新行为意向，即考虑把技术创新战略作为企业的重要或主要竞争战略；然后，将技术创新战略与其他战略，如营销战略、人力资源开发战略等进行比较，在确信技术创新战略是企业更有效的战略后，企业才能将技术创新战略作为其重要或主要竞争战略；在将技术创新战略选择作为其重要或主要竞争战略后，企业才会去详细制定自己的技术创新战略并加以实施，技术创新行为意向才能转变为企业的实际创新行为。

为便于系统地讨论企业技术创新战略的制定和实施过程，首先简单介绍相关的计划行为理论。

7.2.1　计划行为理论

按照组织行为学（苏勇和何智美，2007），人的行为是人与环境相互作用的结果。也就是说，人的行为取决于人的需要和动机及其所处环境。不同的人在同一环境中行为之所以不同，是由于人的需要和动机存在差异；而在需要和动机相同的情况下，环境的不同也会导致行为不同。因此，研究人的动机和行为的产生，不仅取决于当时的需要，而且与社会环境及其对环境的认识直接相关。

人的行为有其自身的特点：

（1）目的性。任何一种行为总是在一定的动机和目的驱使下产生的，并且这种目的不是在行动过程中才出现，而是在行动之前就在人头脑中以超前反映的形式存在。人的行为的目的性规定了行为的方向，并成为控制行为进程的内在参照模型。当所作出的行为达到了参照模型的要求，也就是达到了原定目的，行为即告结束。反之，如果所作出的行为不能满足这个内在的参照模型要求，也就是没有达到预定的目的。在这种情况下，人又会采取另一个行为，或会修正并调整这个内在的参照模型。

（2）能动性。人的行为不是由外界环境单方面决定的。在人与环境相互作用过程中，往往会出现积极主动的能动性特点。一方面，人能支配、调节和控制自己的行为，使自己适应周围的环境特点；另一方面，人还能主动地去改变环境，使环境符合自己的要求。

（3）社会性。人生下来不只是作为一个自然肌体而存在的。人要成为人，就必须在社会中生活，就受社会对他的影响。人与动物的最重要差别在于各自的发展条件不同。如果说在动物界发展过程中行为的发展按生物演化规律进行的话，人的行为发展则服从于社会历史发展规律。如果不与同类交往，人就不会形成社会行为，人的社会性要求、理想和价值观等都是在社会生活中形成的。离开了社会生活，就失去了人原有的意义和价值。

（4）变动性。人的行为受外界环境和生理因素的影响。外界环境变了，生理和心理因素也会发生变化，从而导致人的行为变化。人自身不是一个封闭的系统，而是一个开放的系统，他随时都在与外界进行信息交流。一方面人能根据外部环境的变化来调整自身的行为去适应这种变化；另一方面，人又能根据自己的内部需求状态去寻找能满足自身需要的外部环境。行为的变动性反映了人的行为的可塑性与动态性。

人的行为的目的性、社会性等特点决定在一定程度上人的行为产生是有规律的，由此，人的行为在一定程度上是可以预测和引导的。计划行为理论（Ajzen，1991）（图 7-1）能够用于分析人的行为模式，预测某人是否打算做某事。该理论认为，人的行为并不是百分之百地出于自愿，而是处在控制之下，是经过深思熟虑地计划带来的结果。

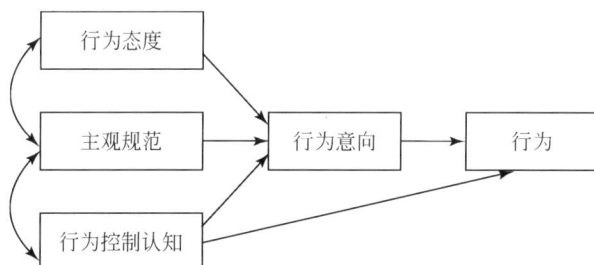

图 7-1　计划行为理论

按照计划行为理论，分析某个人是否做某事，首先要分析该人是否打算去做该事，即是否有行为意向。而行为意向又受到行为态度、主观规范和行为控制认知等方面因素的影响，即这三个方面的因素共同决定了人的行为意向，行为意向和行为控制认知共同决定了人的行为。

行为态度是某人喜欢或不喜欢做某事的心理倾向。某人喜欢或不喜欢做某事，在多大程度上喜欢做该事，是由其对该行为的总体评价决定的。对行为的总体评价涉及两个方面：一是行为结果信念，或称行为信念，是认知的行为发生可能带来哪些后果；二是行为结果评价，评价哪些行为结果是正面的，哪些是负面的，正面或负面效果的大小。显然，如果某人认知的某行为结果中正面结果越多，效果越强，对该行为的态度就越积极，就有越强的行为意向。

主观规范是某人认知到的做某事或不做某事的社会压力和社会规范要求，体现的是个体对周围人期望他如何行为或不能有什么行为的认知。主观规范有两个重要的相互联系的影响因素：一是规范信念，是认知的其他对其重要的人是喜欢还是不喜欢其行为；二是遵从采取行动对其重要的人所作的结果评价，评价行为结果的正面或负面效果大小。显然，如果某人认知的对其重要的人越喜欢他的某种行为，且行为结果的正面效果越大，就有越强的行为意向。

行为控制认知是某人认知到的对做某事的控制能力。行为控制认知也体现在两个方面：一是行为控制范围；二是对其能完成或不能完成行为的自信程度。它反映其认知到的行为控制能力，这种能力体现为其如何能有效地利用外部环境资源和内部资源，有效地完成行为。显然，如果某人认知的行为控制能力越强，就有越强的行为意向。

按照计划行为理论，某人要做某事，首先形成做该事的意向，而行为意向又是由行为态度、主观规范和行为控制认知决定的。如果某个人打算做某事的行为态度很积极，认知到社会希望对其采取行动的压力很大，认知的自身的行为控制能力很强，行为意向就很强，行为发生的可能性就很大。如果某个人打算做某事的行为态度不积极，或者面临的社会不希望其采取行动的压力很大，或者认知的行为控制能力不强，缺乏能力做该事，都会导致其很难产生较强的行为意向，行为发生的可能性就小。

7.2.2　战略管理过程

组织行为学的研究还发现，虽然行为意向和行为之间存在密切的关系，但还是存在明显的偏差，人们产生的行为意向多，落实为实际行为的少，或者说是想得多，做得少（Brusoni et al.，2001）。因此，从行为意向到行为产生还有一个审慎的决策过程。

按照战略管理理论，不管是一个人还是一个组织，产生了做某件事的行为意向后，还要将行为意向转变为科学的行动方案即战略方案，并进一步分析如果实施该行动方案和战略，能够实现的目标是什么？在此基础上，将该行动方案与其他各种可以相互替代的行动方案进行比较，判别其是否是一个最好的行动方案，至少是比较好的行动方案。如果存在可以替代的、更好的行动方案，哪怕人们对该行为有积极的态度，完成该行为也受到社会的大力支持，而且也有控制能力完成该行为，但该行为也很难会发生。这说明从行为意向到行为，还存在战略管理过程。

现代战略管理理论把战略管理描述为包括六个主要阶段的过程，具体见图 7-2（徐南荣和仲伟俊，2001），该过程及其每个阶段的具体任务包括以下几点。

1. 确定企业的使命和方针

组织使命包括两方面的内容，即组织哲学和组织宗旨。所谓组织哲学，是指一个组织为其经营活动方式所确立的价值观、信念和行为准则。组织哲学是非常重要的，这体现在：首先，任何组织为了生存和发展，必须树立一套正确的信念，作为一切方针和行动的前提；其次，一个企业成功的最重要因素是其成员忠

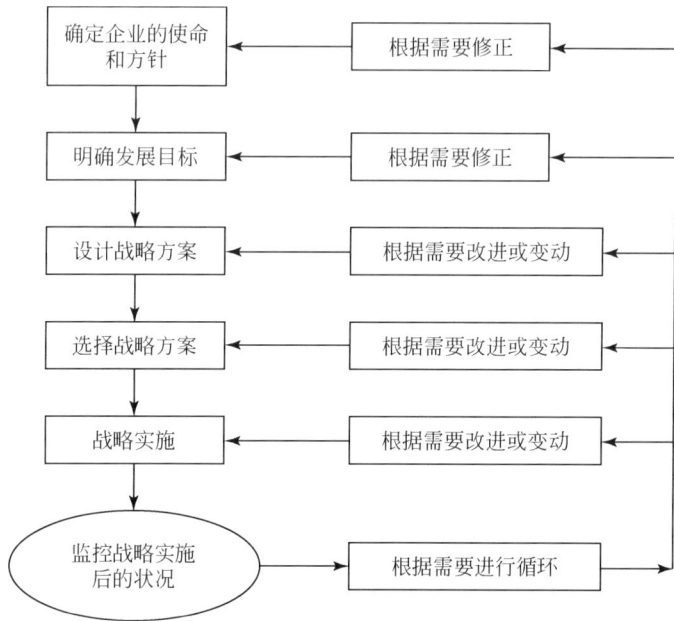

图 7-2 战略管理过程

诚地坚持这些信念；最后，一个企业在不断变化的世界中会经常遇到挑战，企业必须在整个生命周期内随时准备变革，但唯有信念永远不变。

所谓组织宗旨，是指规定组织现在去执行或将要去执行的活动，以及现在或期望的组织类型。明确组织宗旨，有至关重要的作用。没有具体的组织宗旨，要制定清晰的目标和战略实际上是不可能的。此外，一个组织的宗旨不仅要在创业之初就加以明确，而且在遇到困难或发展顺利时，也必须经常强调。

企业的方针是指导组织行为的总则，它概述了建立目标、选择战略和实施战略的框架结构。从逻辑上讲，方针应来自组织的哲学。方针有助于确保组织中的一切部门按相同的基本准则来行动，也有助于组织内各个部门之间的协调和信息沟通。

2. 明确发展目标

任何企业的管理都是要引导和指挥员工去完成组织的目标。整个管理过程以组织目标为核心。组织目标包括长期目标和短期目标。长期目标规定着组织执行其使命时所预期的成果，它通常超出该组织一个现行的会计年度。长期目标不能含糊和抽象，它是特定的、具体的和可以衡量的。如果组织要成功地实现它的使命，就必须达到这些目标。

组织目标因组织及其使命而异。尽管组织目标的差异较大，但一般不外乎如下几类：盈利能力；为顾客、委托人和其他对象提供的服务；雇员的需要和福利；社会责任等。

3. 设计战略方案

鉴别战略方案就是识别出为实现企业目标，企业可以采用的各种可行的行动方案，即战略方案。一个企业为实现其目标，往往有多种可供选择的行动方案。最常见的有建立战略联盟、收购或兼并、国际化、外包、市场营销、技术研究开发、人力资源开发等。

4. 选择战略方案

一个企业为实现其目标，往往有多种可行的、可以相互替代的战略方案。究竟选择什么样的战略方案或战略方案组合，以实现发展目标，是选择战略方案阶段需要解决的问题。选择战略方案一般分两步进行，第一步是评价各种可行的战略方案，第二步是选择最满意的战略方案。

评价战略方案就是估计各种战略方案实施可能使企业从现在的状况向其所希望的状况转化所能达到的程度。选择最满意的战略方案，就是根据各种战略方案使企业从现在的状况向其所希望的状况转化所能达到的程度、决策者对风险的态度等选定某一特定的战略方案，作为企业真正实施的战略。

5. 战略实施

战略方案的选择，是人们对战略管理问题如何解决的认识上的一个飞跃。战略是否合理正确，是否能达到预期的目标，还需要通过对战略方案的实施来检验。战略实施是指将所作战略传递给有关人员，并得到他们在行动上的承诺。有效的管理者应该始终监视各项活动是否正按照所确定的战略方案进行着，同时注意所出现的重要偏差，及时进行修正和调整，以保证应该采取的行动已经在进行、应该达到的目标正在一步步实现。

7.2.3 企业技术创新战略制定过程

将计划行为理论与战略管理理论相结合，形成的企业技术创新战略制定和实施过程见图 7-3。

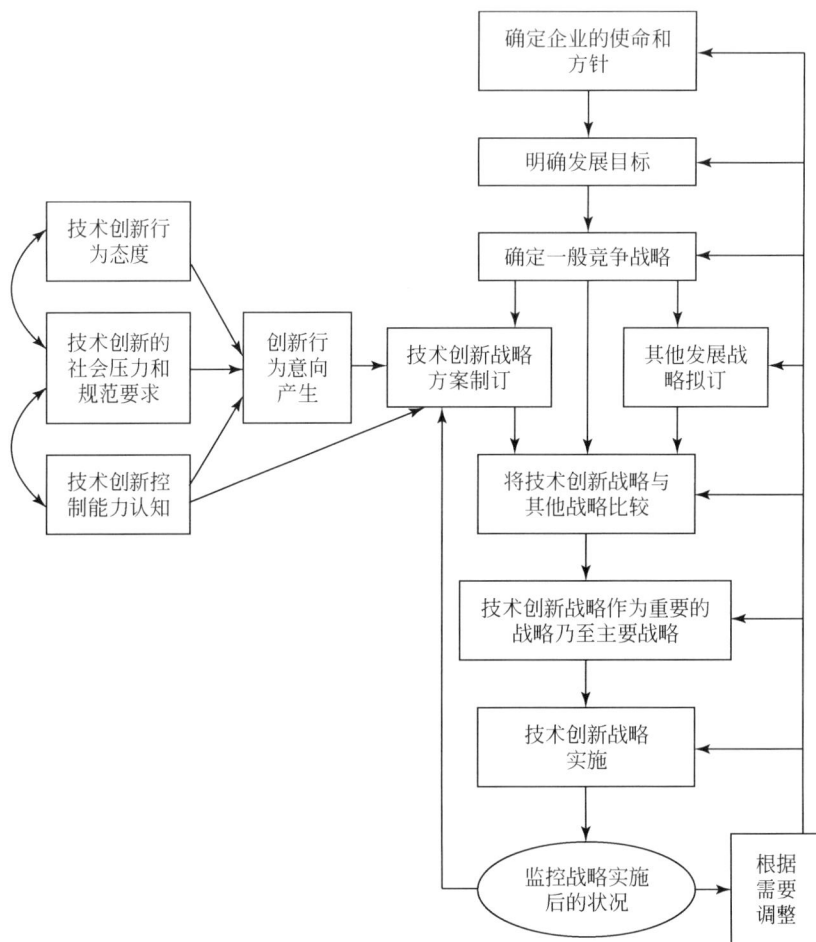

图 7-3　企业技术创新战略制定和实施过程

具体过程如下：

（1）确定企业的使命和方针，明确企业的发展目标，确定企业一般竞争战略。

（2）企业感知技术创新的社会压力和社会规范要求，认知自身控制技术创新活动的能力，再结合分析企业特别是企业家的技术创新态度，产生开展技术创新的行为意向。

（3）在产生了技术创新的行为意向后，结合企业实施竞争战略和增强竞争力的要求，企业制订技术创新战略方案。技术创新战略方案制订的过程是：

①分析企业技术创新的外部环境和内部条件，研究竞争战略对技术创新战略的要求。制订企业技术创新战略方案，首先要分析企业面临市场环境的特点和要求，预测企业所在产业的技术发展状况，了解竞争者的竞争策略及其产生的压力，研究企业竞争战略对技术创新战略提出的要求，审视企业具备的技术创新能力。

②确定企业技术创新战略目标。企业技术创新战略目标可分为长期战略目标和阶段战略目标两部分。长期战略目标具有长期性、稳定性和超越性等特点。长期性是指所制定的目标须经过长期努力才能实现；稳定性是指所制定的目标保持相对稳定，不要轻易改变；超越性是指所制定的目标往往超过当前企业能力所能达到的水平。长期战略目标的作用体现在两个方面：一是指出企业长期奋斗的方向，引导企业一步步达到较高的境界；二是使企业明确差距，激励企业不断努力，以逐步接近目标。为了实现技术创新的长期战略目标，企业还需要将其分解为具体的阶段目标。阶段战略目标是企业在中期、近期内要达到的目标。与主要起指导、激励作用的长期目标不同，阶段目标必须在期限内实现，因此具有较强的可操作性。阶段战略目标通常包括：在预定期限内要达到的技术能力和技术水平，要进入的产业，要占领的市场和取得的市场份额、能产生的经济和社会效益等。

③明确技术创新战略指导思想。战略指导思想是实现战略目标的基本思路，包括拟采取的基本技术路线、获取技术能力的基本方式、实施战略的基本模式等。例如，我国 IT 行业的部分企业在分析了企业外部环境和内部条件后，制定了"贸—工—技"的发展战略指导思想：首先通过做国外大计算机厂商的代理商等方式了解 IT 行业市场，学习市场营销知识，积累开拓市场的经验，建立市场营销网络；其次引进国外的技术，进行局部创新，开始自主生产计算机等产品，并推向市场；最后开发拥有自主知识产权的产品，创立自己的品牌。这种战略指导思想成功地引导我国 IT 行业的部分企业一步步走向成熟，不断发展壮大。

④确定技术创新战略方案。战略方案是在战略目标和战略思想指导下的具体行动方案。对技术创新战略方案的选择，主要涉及下列内容：一是创新重点领域，也就是确定技术创新的重点是产品、工艺还是产品和工艺；二是创新进入时机，确定某项创新是领先进入还是追随进入；三是创新模式，决定是采用独立创新、合作创新还是引进再创新；四是创新资源，明确技术创新需要的人才、资金和技术的主要来源和获取方式。

（4）在制定了企业的技术创新战略方案后，企业继续根据其发展目标，分析和拟订企业实现发展目标的各种其他可能的战略方案，如管理创新战略、市场营销战略、多元化发展战略等，分析和评价各种战略方案帮助企业实现发展目标的可能性和程度。

（5）根据各个方案帮助企业实现发展目标的程度，将技术创新战略与企业的其他各种可能战略进行比较分析，如果技术创新是更好的竞争战略时，企业必然会选择技术创新战略作为其重要的发展战略，乃至主要发展战略。

（6）企业确定技术创新战略实施要点，并具体实施。在此基础上，对战略实施效果进行评价，并不断反馈和调整其战略制定和实施过程，直到企业的发展目标实现为止。

总之，企业技术创新战略的制定，包括技术创新行为意向产生、技术创新战略方案制订、技术创新战略与其他战略的比较和选择、技术创新战略实施等阶段。只有在将技术创新战略与企业的其他各种可能战略进行比较后确认技术创新是更好的竞争战略时，才能得以实施。

分析图 7-3 描述的企业技术创新战略和实施过程可以发现，企业要积极进行技术创新，并将技术创新战略作为企业的重要发展战略，乃至主要发展战略，积极开展技术创新，需要具备两个条件：一是企业要能产生较强的技术创新行为意向；二是技术创新是企业有效的竞争战略。

7.2.4　企业技术创新行为意向产生的影响因素

按照计划行为理论，要让企业形成更强烈的开展技术创新的行为意向，关键是要让其形成更加积极的技术创新态度，从社会上感知到更大的技术创新社会压力和规范要求，具有更强的技术创新控制能力认知（Montalvo, 2006）。这每个方面又受到多个具体因素的影响，现分别分析如下。

1. 企业技术创新行为态度的主要影响因素

计划行为理论认为，行为态度是某人喜欢或不喜欢做某事的心理倾向，行为态度积极与否，与其认知的行为结果密切相关。基于此，企业技术创新行为态度是企业特别是企业的主要管理者喜欢或者不喜欢技术创新的心理倾向。企业对技术创新的行为态度，主要受到企业技术创新带来结果认知的影响，如果企业的主要管理者认知到技术创新的正面结果越多，这些结果对企业发展的促进作用越大，企业技术创新的积极性必然会越高，其行为态度就越积极。反之，如果企业的主要管理者认知到技术创新的负面结果很多，技术创新的积极性就会受到影响，其行为态度就会比较消极。

技术创新行为给企业带来的结果是多方面的，其中企业最关注的主要包括：一是技术创新给企业带来的风险、收益和损失，即企业的期望经济收益；二是技术创新使企业更好地满足包括用户需求在内的社会需求的程度；三是技术创新给社会带来的影响。显然，如果企业技术创新的期望经济收益越高，满足社会需求的程度越好，给社会带来的正面影响越大，企业技术创新的态度就越积极。

以企业的产品创新为例，企业关注的产品创新结果，首先是期望经济收益，具体包括产品创新成功的可能性有多大、产品创新成功可能带来的利润是多少、创新失败产生的损失有多大、给企业带来的财务风险有多大等。其次是满足社会需求程度。例如，产品创新是否能更好地满足用户的需求、是否使企业更好地满足政府鼓励企业技术创新的要求、是否更好地履行了企业的社会责任等。最后是社会影响。例如，产品创新是否减少了废弃物的排放、是否节约了资源的消耗等。

2. 企业技术创新社会压力和社会规范要求的主要来源

按照计划行为理论，行为意向受到主观规范的影响，主观规范是某人认知到的做某事或不做某事的社会压力和社会规范要求。企业特别是主要管理者的技术创新行为意向也受到社会压力和社会规范要求的影响。一般而言，企业的社会压力主要来自用户的需求、竞争者的竞争、行业技术进步、员工的要求、股东的期望、企业的社会责任等，社会规范要求主要来自法律法规、行业标准等。

对企业技术创新的社会压力和规范进行分类，可以发现其主要来自三个方面：一是市场，即市场压力；二是法律和规章制度，即规范要求；三是企业的服务对象和直接利益相关者，即利益相关者的压力。

市场给企业技术创新带来的压力，即市场压力可以从三个方面分析：市场动力、市场竞争和市场异质性。市场动力主要涉及消费者的偏好、竞争者的行为、技术变革的速度和产业成长机会等。市场竞争主要涉及市场竞争的激烈程度、市场的饱和度或衰退条件等。市场的异质性涉及企业面对市场的丰富多样性，即可以细分市场的数量。这三个方面的市场环境因素往往直接决定了企业所承受的压力，并决定企业在市场上是技术跟随者还是技术领先者，也直接影响企业特别是其主要管理者产生什么样的技术创新行为意向。

大量研究表明，政府制定的法律和规章制度、必须执行的行业标准等能给企业技术创新带来一系列的规范要求。企业在产品或生产过程中须要达到新的标准，或在服务的安全性、质量、性能和环境保护上达到新的要求，都会促进企业产生更强烈的技术创新行为意向。

另外，企业技术创新还有来自于服务对象和直接利益相关者带来的压力，即利益相关者的压力，企业的战略制定过程就能说明这一点。一般认为，组织战略制定不只是考虑企业内部，还必须考虑社会的要求和其对社会的影响。即企业战略的制定，一方面是企业管理者发挥至关重要的作用，另一方面组织内其他成员和企业外部的利益相关者也对战略制定产生重要的影响。在战略制定过程中，企业内影响创新活动的重要对象包括企业内的员工、股东、部门、班组等，直接影响企业的行为选择；企业外部主要包括消费者、供应商、所处社区等。

3. 企业技术创新控制能力认知的主要影响因素

行为意向还与行为控制认知密切相关，行为控制认知是感知到的完成行为的容易或困难的程度。按此概念，企业技术创新控制能力认知是对企业进行技术创新难易程度的认知。这种认知主要取决于企业能获得的资源、积累的技术创新经验和能力等。如果企业能获得的技术创新需要的资源越多，积累的经验越丰富，能力越强，技术创新的行为意向就越强烈。

从能力角度看，企业技术创新能力包括技术研发能力、技术机会把握能力、与研究开发机构的合作能力、与供应商合作和对其施加影响的能力、让用户参与创新过程的能力、对企业内部的控制和组织学习能力等。归纳起来，这些能力主要分为两类：一类是技术研究开发能力，即技术能力；另一类是技术研究开发的组织能力，即技术组织能力。

总结和归纳上述讨论，企业技术创新行为意向主要受到三个方面因素的影响（图7-4）：一是技术创新行为态度；二是技术创新社会压力和规范要求；三是技术创新控制能力认知。进一步分析，企业技术创新行为态度又受到技术创新的期望经济收益、满足社会需求程度、产生的社会影响等因素的影响；技术创新社会压力和规范要求包括市场压力、法规制度的规范要求和利益相关者的压力；技术创新控制能力认知受到企业的技术能力和技术组织能力的影响。

如果企业的主要管理者对技术创新产生的经济效益预期较高、技术创新满足社会需要的程度较高、产生的正面社会影响较大、同时面临来自市场和利益相关者的技术创新压力较大、政府的各种法规和制度对企业技术创新的要求较高，另外企业认知到的自身技术能力和技术组织能力强，企业技术创新的行为意向将会比较强烈；反之，如果企业主要管理者的技术创新行为态度不够积极，或者技术创新面临的社会压力和规范要求不高、认知的企业技术创新控制能力弱，都会影响企业技术创新行为意向的产生，直接影响企业技术创新的积极性。

因此，要鼓励企业进行技术创新，支持企业将技术创新战略作为其重要战略乃至主要的战略，首先应在这些方面共同努力，营造有利于企业技术创新的良好环境，创造有利于企业技术创新的良好条件。

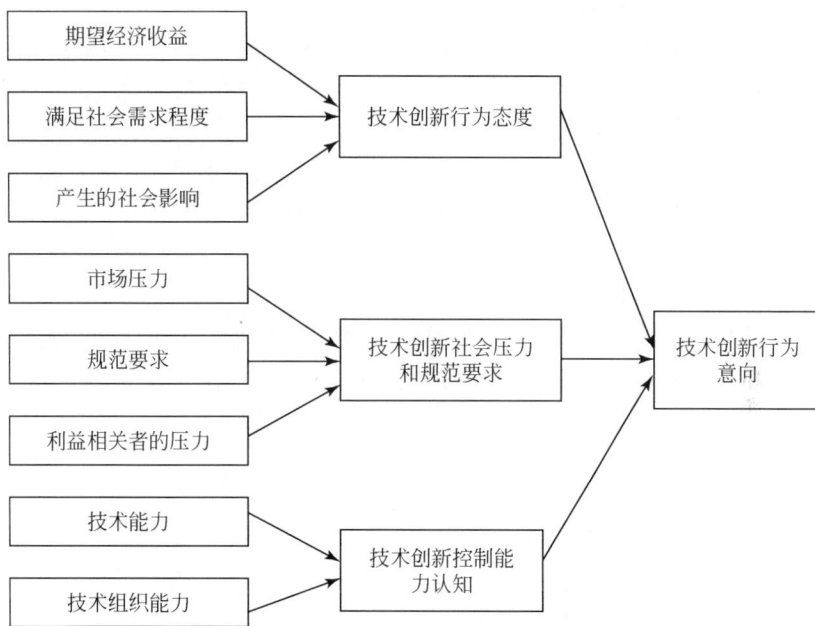

图 7-4 企业技术创新行为意向的主要影响因素

7.3 技术创新战略成为企业重要战略的环境条件

战略管理理论表明，企业为了赢得顾客，形成竞争优势，可以采用多种竞争战略。具体而言，在一般战略的选择上，可以采用低成本战略、差异化战略、集中低成本战略、集中差异化战略、最佳价值战略等。在确定了企业的一般竞争战略后，企业还可以在多种竞争战略手段和职能战略中选择某种战略手段和职能战略，或者是几种战略手段和职能战略组合作为其主要战略加以实施。

大量的案例研究和实证研究结果表明，作为重要的职能战略之一的技术研发和技术创新战略是企业可以选择的重要战略之一。企业技术创新战略的有效选择和实施，可以强有力地支持企业实施其所选择的一般战略。但是，就某个具体企业而言，技术创新战略并不是企业必须选择的战略，企业还可以选择人力资源开发战略、营销战略、财务和资本运作战略、信息化战略等或相应的战略组合支持企业一般竞争战略的实施。

同时还必须看到，相比营销战略、财务和资本运作战略、人力资源开发战略等，技术创新战略实施的难度更大，成本更高，风险更大，收益产生需要的时间更长，如果企业选择技术创新战略相比选择营销战略等其他战略，对帮助企业增强竞争力和增加利润并没有明显的优势，为了规避风险，企业很可能优先选择其他战略，而不会将技术创新战略作为主要发展战略。什么条件下企业会将技术创新战略作为其重要发展战略甚至是主要发展战略，是一个需要分析的问题。

因此，技术创新战略成为企业主要发展战略的基本条件是：在一定时期内，技术创新战略相比市场营销、资本运作、人力资源开发等投入更少、风险更小、投资回报更快的战略，能更好地支持企业一般战略的实施，能更好地支持企业增强竞争力和实现发展目标。

运用计划行为理论，分析企业是否会将技术创新战略作为重要发展战略，甚至主要发展战略和竞争战略，积极开展技术创新活动（图7-5），必须要满足三

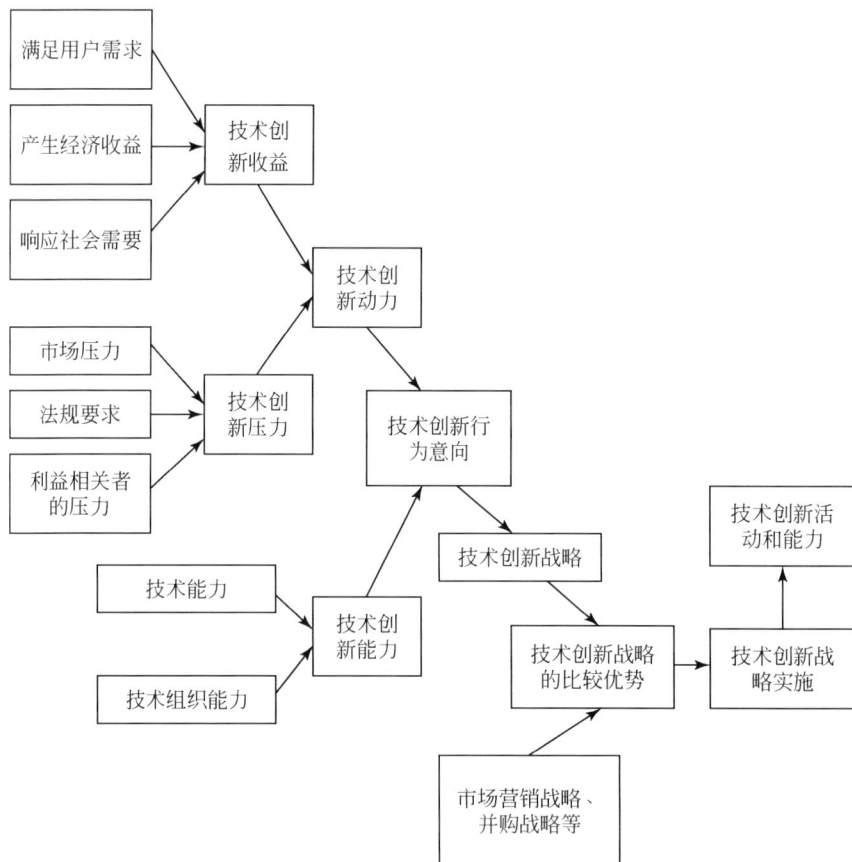

图 7-5　技术创新战略成为企业重要战略的分析模型

个方面的条件（仲伟俊和梅姝娥，2009）。首先要让企业有技术创新收益的良好预期，同时能感受到社会各方面对企业技术创新有强大的压力和要求，使企业具有技术创新的强大动力。其次是为企业技术创新营造良好的环境、创造良好的条件，让企业觉得有技术创新的能力。这两个条件同时满足，会让企业形成强烈的技术创新行为意向。最后，还要让企业的技术创新战略与并购、市场营销等企业经常采用的其他战略相比，具有明显的比较优势，成为企业更有效和更迫切需要的战略。

总而言之，调动企业技术创新的积极性，关键是要营造鼓励企业技术创新的良好环境。所谓企业具有创新友好的环境，就是这样一种环境：既使企业具有技术创新的动力，又使企业能形成较强的技术创新能力，而且企业采取的技术创新战略相比其他发展战略而言，具有显著的比较优势，成为企业最具比较优势的战略。

7.3.1 有利于增强企业技术创新动力的环境

企业技术创新动力主要来自两个方面：一是技术创新可能产生的效益；二是受到的技术创新压力。显然，企业技术创新的预期收益越高，其创新动力越大，反之越小。类似地，企业受到的来自社会各方面的技术创新压力越大，其创新动力也越大，反之越小。

企业技术创新收益主要受到三个方面因素的影响：一是技术创新给企业带来的风险、效益和损失，即企业的期望经济收益；二是技术创新使企业更好地满足用户等各方需求的程度；三是技术创新要响应社会需求。显然，如果企业技术创新的期望经济收益越高，满足社会需求的程度越好，给社会带来的正面影响越大，企业技术创新的态度就越积极。

对企业技术创新压力进行分类，可以发现其主要来自三个方面：一是市场，即市场压力；二是法律和规章制度，即规范要求；三是企业的服务对象和直接利益相关者，即利益相关者的压力。

按照上述分析，为使企业既有技术创新的良好预期收益，又要面临强大的技术创新压力，增强企业技术创新的动力，政府应从如下几个具体方面入手营造鼓励企业技术创新的环境。

1. 培育挑剔的市场需求环境

企业成长和发展的根本条件是要能赢得市场，赢得消费者。因此，企业技术创新的核心动力来自消费者的需求，培育成熟、挑剔的客户需求，是促进企业技术创新的最有效途径。为此，政府营造鼓励企业技术创新的市场环境，要在引导消费者的需求模式上下工夫。首先，要引导和鼓励广大消费者消费新产品，促进企业研发和生产新产品；其次，要引导和鼓励消费者追求消费各具特色的产品，形成多样化的消费需求，促进企业研发和生产更多类型的新产品；再次，要引导和鼓励消费者消费能更好地履行社会责任、实现节能减排的绿色产品，推动企业在产品设计及其生产过程中运用更多的先进节能减排和环境保护技术；最后，还必须大力打击假冒伪劣产品，让各种假冒伪劣产品没有生存和发展的空间，保护企业技术创新的积极性。

2. 构建良好的知识产权保护环境

知识产权比任何实物资产都更容易被盗窃、复制和侵权。为了保护企业技术创新的积极性，世界主要国家都设立了比较严格的知识产权保护制度，保障企业技术创新投入能获得合理的回报。显然，如果缺乏必要的知识产权保护制度，盗版、假冒伪劣等严重损害知识产权的行为横行，成功的技术创新也很难获得较好的比较效益，技术创新投入产生回报的预期一次次破灭，必然会大大挫伤企业技术创新的激情。为此，政府必须建立严格的知识产权保护制度，确保技术创新成果能产生良好的回报，这是保护企业技术创新积极性必不可少的基本条件。

3. 形成能够分担企业技术创新风险的有效机制

相比市场营销、兼并和收购等其他企业发展战略，技术创新具有高度复杂、投入大、风险高、周期长、见效慢等显著特点。私人投资者多属风险厌恶型的，而且风险越大，私人投资者为了回避风险越会减少投资。同时，私人投资者更倾向于追逐短期利润，往往回避投资周期长、见效慢的活动和项目。另外，由于技术的高度复杂性，只有技术研发人员能够细致了解其成功的可能性和可能收益，其他个人或组织很难对其有比较多的了解。若想从资本市场获取研发投入，由于贷方和借方之间存在显著的信息不对称，也变得非常困难。这样，如果不能在全社会形成比较好的技术创新风险投资体系，分担企业技术创新的风险，企业技术创新的积极性也很难被调动起来。因此，大力支持发展风险投资体系，形成良好的企业技术创新风险分担机制，降低风险和损失，减少预期损失，是调动企业技术创新积极性的必然要求。

4. 发展高质量的创新创业服务体系

企业技术创新是一项复杂的系统工程，需要创业孵化、科技信息、教育培训、技术开发、管理咨询、技术转移等多种类型的科技服务。如果企业技术创新需要的大量服务不能由社会提供，或者社会提供的价高质低，必然会加大企业技术创新的难度，增加企业技术创新的成本。营造良好的创新创业服务环境，既可以降低企业技术创新的难度，还可以增加企业技术创新的收益预期，调动企业技术创新的积极性。

5. 营造鼓励创新的社会文化氛围

企业发展过程中，其包括技术创新在内的各种行为选择不仅要考虑用户的需要，还必须考虑所处区域政府、非政府组织和民众等的价值追求，必须考虑政府的政策导向，必须考虑区域的文化氛围。历史经验表明，文化影响着科技创新的进程和结果，文化与科技创新的互动是近代文明演进的主旋律。当代的科技创新在与文化、经济和社会的互动中，扮演着越来越重要的角色。因此，创新文化是影响企业能否积极进行技术创新的主要因素之一。

6. 营造以技术创新为核心的市场竞争环境

企业要发展，还必须能在与竞争对手的竞争过程中形成竞争优势。按照波特的竞争战略理论，企业赢得竞争优势的途径有多种，既可以采用低成本战略，又可以采取差异化战略，还可以采取目标集聚战略。要增强企业技术创新的积极性，政府还必须营造公平规范的市场竞争环境，尽可能降低同类企业在资源获取、市场准入、优惠政策运用等方面的差异性，提升公平性和规范性，使得企业之间竞争的焦点集中到开发新产品、运用先进工艺技术、提供优质服务上来，同时使企业之间竞争的焦点集中到技术创新上来，从而大力推动企业的技术创新。

7. 通过技术标准、环境保护和安全卫生要求等形成强大的外部压力推动企业技术创新

企业产品的生产、消费及回收利用必须满足相应的技术标准，必须遵循环境保护和安全卫生等方面的要求。显然，如果国家制定的产品和生产工艺技术标准低，环境保护和安全卫生要求不严格，落后的产品和生产设备的淘汰往往会放慢，新产品开发和新工艺运用的速度往往不会很快，企业技术创新的动力自然不会很强。制定严格并适度的技术标准以及环境保护和安全卫生要求，是推动企业

技术创新的强大动力。政府部门应深刻地认识到技术标准、环境保护和安全卫生要求等与企业技术创新动力之间的紧密相关性，注意通过更新技术标准，从安全性、质量和性能及环境保护上对产品设计、生产和服务提出新要求，迫使企业产生更强烈的技术创新行为意向。

8. 让各类利益相关者成为促进企业技术创新的重要动力来源

企业发展战略和路径的选择，不仅应考虑企业自身的发展要求和能力，而且应考虑其外部的各类利益相关者，客户、供应商、所处社区民众等对企业的要求，企业的利益相关者直接影响企业的行为选择。如果企业的客户对产品技术含量要求较高，所处社区民众对企业履行环境保护、劳动安全等方面社会责任的要求较高，必然会迫使企业更积极地采用先进的技术和设备，更努力地生产技术含量高的先进产品。各类利益相关者也可以成为促进企业技术创新的重要动力来源，这也是政府营造鼓励企业技术创新环境可以有效运用的重要方面之一。

总之，企业是否进行技术创新，是进行较少技术创新还是大量技术创新，关键是为了应对外部环境。有怎样的发展环境，大多数企业就会选择怎样的发展模式。激发企业技术创新的强大动力，关键是要营造鼓励企业技术创新的良好环境。营造鼓励创新的环境可以多管齐下，既可以通过市场需求和竞争拉动，也可以通过分担创新风险、降低创新成本、提升创新预期收益驱动，还可以通过更严格的环境保护和安全生产要求、更高的技术标准等外部压力推动。

特别需要注意的是，激发企业技术创新强大的原动力，只通过市场需求和竞争拉动可能很难有大的成效，只通过提升预期效益驱动也可能很难有大的作为，只通过外部压力推动也可能很难有大的进步，必须多种措施并举，各种手段综合运用，形成鼓励企业技术创新的动力体系。否则，企业技术创新的原动力很难被广泛和深入地激发出来。

7.3.2 有利于企业技术创新能力提升的环境

要使得广大企业积极开展技术创新活动，不仅要让其有技术创新的强大动力，还要支持其形成必要的技术创新能力。大量的理论研究和实证研究均表明，企业要能有效应用新知识和新技术，内部必须具备一定的技术吸收能力，能够识别哪些新知识和新技术是企业可以应用的，并在应用过程中通过"干中学"形成应用新知识和新技术必须具备的隐性知识；反之，如果企业不具备基本的技术创新能力和技术转移承接能力，既容易让企业认为开展技术创新和承接技术转移的难度大、困难多，很难产生强烈的技术创新行为意向，又使企业很难快速掌握和高效运用新的技术，难以迅速增强企业的核心竞争力。

企业技术创新能力包括技术研发能力、技术机会把握能力、与高校和科研院所的合作能力、与供应商合作和对其施加影响的能力、让用户参与创新过程的能力、企业内部技术创新组织管理能力和学习能力等。归纳起来，这些能力可以分为两类：一类是技术研究开发能力，即技术能力；另一类是技术研发和运用的组织能力，即技术组织能力。

企业技术创新能力的形成和提升，不仅与企业自身的发展能力和条件及发展战略选择密切相关，还与企业所处的发展环境紧密联系。政府营造的创新环境如何，直接并显著影响企业技术创新能力。为此，政府应从如下几个方面入手营造有利于企业技术创新能力快速提升的环境。

1. 尽可能减轻企业税费等各方面的负担

技术创新投入大、风险高、周期长，见效慢，属于企业为未来和长远发展服务的战略性投入。一般情况下，只有在企业具有了比较好的利润积累，也即按企业家的说法有了"闲钱"，形成了比较强的抗风险本领，具备了比较强的生存和发展能力后，才能大量投入开展技术创新活动。反之，如果企业的生存面临比较大困难，要让其主动进行技术创新，为长远发展谋划，是非常困难的。为此，政府要尽可能地减轻企业的税费等各种负担，让优质企业有比较好的利润积累，保障企业有能力进行技术创新。这是保障企业技术创新能力的基础性条件。

2. 运用财政科技投入和政府采购等手段大力支持企业增强技术创新能力

企业技术创新需要大量投入，而且技术创新成果具有显著的正外部性和溢出效应。或者说企业技术创新不仅对本企业有利，而且对行业发展有利，对国家有利。在许多情况下，行业和国家从企业技术创新获得的收益甚至大于企业自身能获得的利益。为此，政府应该通过科技计划项目支持、税收优惠等手段降低企业技术创新成本，减轻企业承担的技术创新风险，引导企业更积极地开展技术创新活动，增强企业自主创新能力。同时，对政府有需求的产品，要制定明确政策，规定政府采购必须优先采购自主创新产品，使企业自主创新产品能够更快、更好地形成利润回报，通过市场需求拉动提升企业技术创新的积极性，增强企业技术创新能力。

3. 保障企业技术创新有高素质创新人才

技术创新不仅需要大量投入，还必须有高素质创新人才。目前人才已经成为企业技术创新的第一要素和重要的资源。为此，政府必须大力提升教育、特别是高等教育发展水平，培养大量企业需要和适用的高层次创新型人才。同时，还要营造有利于人才向企业集聚的环境，支持企业有条件和能力吸引和留住人才。另外，还要大力发展完备、优质的创新型人才终身教育体系，让企业中的技术创新人才有条件不断学习和终身学习，保障企业技术创新人才水平持续提升，队伍不断壮大。

4. 大力支持企业家的成长及其队伍的壮大

如果说企业是技术创新的主体，那么企业家就是技术创新的灵魂。要快速增强企业的技术创新能力，关键在于调动企业家技术创新的积极性，增强企业家的技术创新管理能力。毋庸置疑，如果企业家技术创新的积极性不高，企业技术创新的积极性就不可能高；如果企业家对技术创新不重视，企业技术创新能力就不可能很强；如果企业家技术创新的积极性高但是组织创新的能力不强，技术创新就很难取得好的成效，技术创新能力也很难快速得到提升。为此，政府要特别重视对创新型企业家的支持和培养，加快形成素质高、能力强、规模大的企业家队伍。

5. 建立优质的科技创新基础设施

企业技术创新需要科学数据、科技文献、自然科技资源、科学仪器和设备等多种资源，需要大量运用科技数据库、科技文献库、自然科技资源库、科学仪器和设备服务平台等各类科技创新基础设施。这些科技创新基础设施的建设和科技资源的供给具有典型的公共产品特征，应主要由政府投入建设和提供服务。如果这些科技创新基础设施建设水平不高，企业技术创新的成本就会增加，难度就会提升，企业技术创新能力很难快速增强。为此，政府必须在加强科技创新基础设施建设、提供优质科技公共服务上下工夫。

总之，企业技术创新能力的形成和增强，必须依靠资金、人才和服务，必须能够广泛吸纳和利用各种先进适用的新思想、新知识、新技术、新方法和新工具。这些既是技术创新能力提升的条件，又是技术创新能力的具体表现，不可或缺，不可偏废。

7.3.3 让技术创新战略成为企业具有显著比较优势战略的环境

企业成长和发展有多种可供选择的路径和战略，如市场营销、人力资源开发、兼并或收购、外包、多元化发展等。技术创新是企业发展可以选择的重要战略之一。从战略实施必要性角度分类，可以将企业发展战略分为两种类型：一是任何企业在任何发展阶段都必须重视和认真应对的战略；二是某些企业可能选择某些企业可能不选择，或对某个企业目前阶段不选择但在未来具备一定条件后才选择的战略，也即可选可不选的战略。一般而言，如市场营销、人力资源开发等就属于任何企业在任何发展阶段都必须重视和应对的战略，而技术创新、兼并或收购、外包、多元化等则属于既可以选择也可以不选择的战略。

在企业各种可选可不选的战略中，技术创新相比兼并或收购、外包、多元化等战略，往往其实施的成本更高，风险更大，困难更多，见效更慢。这样，如果与选择兼并或收购、外包、多元化等战略相比，企业选择技术创新战略的预期收益没有显著的比较优势，对帮助企业增强核心竞争力没有显著的比较优势，自然就会优先选择其他发展战略，而不会将技术创新战略作为重要发展战略，不会积极开展技术创新活动。

总之，在企业的各种发展战略中，技术创新战略是可选可不选的战略，是实施困难多、难度大、投入高、风险大、见效慢的战略。这样，企业要将技术创新战略作为自己的重要甚至主要战略，是一项非常审慎、非常困难的决策，是一项必须对多种发展战略的预期经济效益进行比较的决策，是一项不仅要考虑科技因素、更要考虑经济因素的决策。或者说，企业技术创新的积极性不仅受到科技体制的影响，更受到经济体制的影响。政府营造鼓励企业技术创新的良好环境，不仅要在科技体制改革上下工夫，更要在经济体制改革上加倍努力，其核心是要让技术创新战略成为企业具有显著比较优势的战略。为此，政府必须在下列几个方面营造鼓励企业技术创新的经济运行环境。

1. 必须杜绝企业通过不正当竞争和垄断赚取巨大利益的机会

企业技术创新的最核心驱动力来自市场竞争。营造鼓励企业技术创新的良好市场环境，首要的任务是培育公平规范的市场竞争环境，让那些通过研发和技术创新产生的技术含量高、性能优、成本低、服务好、节能环保的产品能在市场竞争中赢得显著的竞争优势，获得高于行业平均水平的利润；让仿冒、滥用市场支配地位、行政垄断、商业贿赂、引入误解的虚假广告、侵犯商业秘密、以排挤竞争对手为目的的倾销、搭售和附条件交易、巨奖销售和欺骗性有奖销售、诋毁竞争对手和串通投标等形形色色的不正当竞争行为和垄断行为没有存在的空间。显然，如果企业能够轻而易举地通过不正当竞争行为和垄断行为获得高额利润，必然不会有大量投入开展技术创新活动的积极性，企业技术创新的积极性很难显著提升。为此，调动企业技术创新的积极性，政府首先必须培育公平规范的市场竞争环境，杜绝企业通过不正当竞争和垄断获得巨大利益的行为。

2. 必须杜绝企业利用政策快速获得高额利润的机会

为鼓励产品出口，吸引外资，遏制高污染、高能耗产业和企业、促进高新技术产业和新兴产业及其企业等的发展，我国从税收减免、出口退税、土地出让优惠、进出口配额管理等多方面制定了一系列的政策，这些政策发挥了积极的导向作用。在充分认识到各种政策的导向和激励作用的同时，还必须高度重视政策运用不当可能带来的负面影响。如果企业仅仅通过获得进口或出口配额、争取到优惠批租的土地、获得上市机会等就能快速获得高额利润，强大的利益诱惑必然会导致大量的企业不会把通过市场竞争赢得竞争优势和获得利润作为企业发展的主要途径，必然不会大量投入开展技术创新活动以增强竞争力和获得效益，而是想尽办法套取政策红利，这势必会极大地影响企业技术创新的积极性。为此，政府在制定各种政策时，必须注意政策的公平性和有效性，必须充分考虑政策可能产生的正面效应和负面效应，必须杜绝企业利用政府政策快速获取高额利润的机会，使技术创新成为企业发展的优势战略，以及主要战略选择。

3. 必须杜绝企业纯粹利用廉价的生产要素发展的机会

企业获取利润，既可以通过大量消耗廉价的资源和人力、降低污染物排放成本等实现，也可以通过大量开展技术创新活动依靠技术进步实现。同时，企业的资源消耗和技术进步之间有相互替代性，大量运用先进的技术可以减少产品生产中的资源消耗和污染物排放。这样，企业发展可以在资源利用和技术进步之间进行选择。如果企业能以比较低的成本排放污染物，并大量消耗廉价的能源、矿产资源、劳动力和土地等获得利润，必然不会选择冒很大的风险依靠科技进步获取经济效益。也就是说，"资源依赖型"发展环境不支持企业创新。为此，政府必须制定切实有效的经济政策，形成适度偏紧的能源、矿产资源、劳动力和土地等的价格，严格环境保护法律法规的执行，杜绝企业利用廉价的生产要素发展的机会，促进企业更加依靠技术创新成长和发展。

4. 必须均衡创新密集型行业和其他行业之间的利润水平

企业发展的根本目标是获得利润，私人资本的投入必然以利润为导向。如果某个行业利润率特别高，必然会大量吸引社会资本投入。如果少数行业对资本的吸引力太强，也会影响其他行业的发展和创新能力的增强。这样，要促进高新技术产业和新兴产业等创新密集型行业的发展，特别要注意均衡创新密集型行业和其他行业获利水平之间的关系，如果像房地产等行业一样，发展太快，利润水平太高，暴富的机会太多，往往会出现原来处于创新密集型行业的企业有了一定的利润积累后，不是将其继续投入用于技术创新，而是采取多元化发展战略把利润转移投入房地产这样的高利润行业中来，直接影响企业创新能力的累积和持续提升。为此，政府必须制定切实有效的经济政策，均衡创新密集型行业和其他行业获利水平之间的关系，让真正依靠技术创新发展的企业获得更高的利润。

总之，营造鼓励企业技术创新的良好环境，不仅涉及科技体制，还与经济、社会体制密切相关。

7.4　本 章 小 结

企业是技术创新的主体，也是自主培育发展新兴产业的主体。对一个国家或地区而言，要形成自主培育发展新兴产业的能力，最根本的是要让广大企业具有技术创新的强大动力，积极开展技术创新活动。调动企业技术创新的积极性，关键是要通过政策制定、制度设计和文化营造的综合运用，形成企业的"创新友好环境"，让广大企业不仅有技术创新的强大动力，而且具备较强的技术创新能力，还使技术创新战略成为企业具有显著比较优势的战略。

企业技术创新动力主要来自两个方面：一是技术创新可能的收益；二是面临的技术创新压力。技术创新收益主要受到三个方面因素的影响：一是技术创新的风险、效益和损失，即期望经济收益；二是技术创新使企业更好地满足用户等的需求的程度；三是技术创新响应社会需要的程度。企业技术创新压力也主要来自三个方面：一是市场压力；二是法律和规章制度的规范要求；三是来自企业的服务对象和直接利益相关者等的压力。为此，可以通过多种途径激发企业的技术创新动力，包括培育挑剔的市场需求环境、构建良好的知识产权保护环境、形成能够分担企业技术创新风险的有效机制、营造以技术创新为核心的市场竞争环境、通过技术标准和环境保护与安全卫生要求等形成强大的外部压力等。

企业技术创新能力包括技术研发能力、技术机会把握能力、产学研合作能力、与供应商合作和对其施加影响的能力、让用户参与创新的能力、企业内部技术创新组织管理能力和学习能力等。支持企业增强技术创新能力，可以从多方面入手，包括尽可能减轻企业的税费等负担、增加财政科技投入、加大政府采购力度、支持高素质创新人才向企业集聚、大力支持企业家的成长及其队伍的壮大、建立优质的科技创新基础设施等。

企业成长和发展有多种可供选择的战略，如市场营销、技术创新、人力资源开发、兼并或收购、外包、多元化发展等，技术创新是企业可以选择也可以不选择的发展战略之一。在企业各种可选可不选的战略中，技术创新实施的成本更高，风险更大，困难更多，见效更慢。调动企业技术创新的积极性，需要让技术创新战略成为企业各种可选择的发展战略中具有显著比较优势的战略。对此，可以从如下几个方面采取积极举措：一是杜绝企业通过不正当竞争和垄断赚取巨大利益的机会；二是杜绝企业利用政策快速获得高额利润的机会；三是杜绝企业纯粹利用廉价的生产要素发展的机会；四是均衡创新密集型行业和其他行业之间的利润水平。

对一个国家或地区而言，如果形成了企业的"创新友好环境"，企业已经成为技术创新的主体，会有多方面的鲜明特征：一是全社会的劳动生产率高，创造和积累的财富多；二是财富的创造主要依靠劳动者素质提高、科技进步和管理创新，而非大量的劳动力和资源消耗；三是形成了良好的鼓励创新的制度、政策和文化，人才和资金等各种要素积极向创新领域集聚，最有价值的企业主要是创新型企业，最赚钱的人主要在从事高水平的创新活动。

|第 8 章| 我国新兴产业培育和发展的现状及对策

2008 年爆发的国际金融危机给世界经济带来巨大冲击，也促进着世界经济结构的调整。许多国家为应对金融危机的严重影响，一方面采取有效措施缓解金融危机对近期经济社会发展带来的冲击，另一方面加快经济结构调整和加强对科技制高点的争夺，培育和发展新兴产业，打造新的发展机会，抢占新的竞争优势。

为应对国际金融危机对我国的影响，加快转变经济发展方式，我国也采取了一系列的举措大力培育和发展新兴产业，特别是战略性新兴产业，取得了很大的成效，同时也暴露出我国新兴产业培育和发展存在的障碍和问题。本章首先讨论我国培育和发展新兴产业的主要领域、促进政策和取得的成效；其次介绍我国新兴产业培育和发展水平比较高的江苏在太阳能光伏和物联网等新兴产业的培育和发展状况，分析我国培育和发展新兴产业的主要障碍；最后讨论我国未来培育和发展新兴产业的总体战略、重点任务和具体对策建议。

8.1 我国新兴产业培育和发展的现状

我国为加快战略性新兴产业的培育和发展，明确了其发展重点，采取了一系列的政策举措，取得了很显著的成效。

8.1.1 我国重点培育和发展的新兴产业

近几年我国各级政府采取一系列的举措推动新兴产业的培育和发展，各地明确规划了其发展重点，全国各地形成了既有交叉，又各具特色的新兴产业发展格局（孙智君和王文君，2010）。部分省（自治区、直辖市）重点培育和发展的战略性新兴产业，如表 8-1 所示。

表 8-1　部分省（自治区、直辖市）重点培育和发展的战略性新兴产业

地区	重点发展的战略性新兴产业
全国	新能源（包括太阳能光伏发电、风电、核电和生物质能）、新材料、信息网络、新医药、生物育种、节能环保和新能源汽车
北京	新能源汽车、可再生能源、生物医药、信息服务、物联网、文化创意
山东	新材料、新医药、新信息和海洋科技
河北	新能源、新材料、节能环保、新医药、生物育种、信息网络、新能源汽车
上海	新能源、民用航空制造业、先进重大装备、节能环保、生物育种
江苏	新能源、新材料、新医药、环保、软件和服务外包、传感网
浙江	太阳能、风力发电设备、新材料、生物与新医药、电子信息、海洋技术
广东	电子信息、半导体照明、电动汽车、太阳能光伏、核电装备、风电、生物制药、新材料、节能环保、航空航天、海洋
福建	新能源、生物医药、节能环保、新材料、信息网络、海洋
安徽	新能源汽车、新型显示、新材料、光伏、动漫、文化创意、高档数控装备、新型工程机械、优质铜材深加工、高性能金属材料和洁净煤
江西	光伏、风能核电、新能源汽车和动力电池、航空制造、半导体照明、金属新材料、非金属新材料、生物、绿色食品、文化及创意
河南	新电子、新能源、新材料、新医药
湖北	电子信息、生物医药、节能环保、新能源、新材料、航空航天
湖南	先进装备制造、新材料、新能源、节能环保、信息、生物、航空航天
广西	新材料、新能源、节能与环保、海洋
重庆	新能源、新材料、化工装备、通用飞机、再制造、数字化医疗、工业机器人和农业机械
四川	新型能源、高端广电、传感网络、节能环保、生命科学、创新设计、智能制造、非动力核技术、航空科技
云南	新材料、新能源、光电子、天然药物、生物疫苗
贵州	节能环保、生物医药、航空航天、信息、新材料
陕西	太阳能光伏、环保、现代服务业、新能源、生物育种
甘肃	新能源、节能环保、新材料、新医药、生物育种、电子信息
新疆	新能源、新材料、装备制造、煤化工、电子信息、节能环保
内蒙古	清洁能源、新材料、装备制造、生物和环保
辽宁	先进装备制造、新能源、新材料、新医药、信息、节能环保、海洋、生物育种、高技术服务

续表

地区	重点发展的战略性新兴产业
吉林	新能源、新能源汽车、轨道客车、生物医药、生物化工、光电子、新材料、风电装备、生态特产资源
黑龙江	新能源、新材料、节能环保、生物、信息、现代装备制造

在国家层面上，我国明确了重点推进的七大战略性新兴产业，分别是：新能源（包括太阳能光伏发电、风电、核电和生物质能）、新材料、信息网络、新医药、生物育种、节能环保和新能源汽车。

各省（自治区、直辖市）也结合当地的产业发展基础和资源禀赋确定了各自重点培育和发展的新兴产业，主要围绕新能源、新材料、信息网络、新医药、生物育种、节能环保、新能源汽车等领域展开，也有一些地区把其重点培育和发展的新兴产业的范围扩展到现代装备制造、绿色食品、软件和服务外包、航空航天、海洋、创新设计和文化创意、煤化工、现代服务业、智能制造、非动力核技术、优质铜材深加工等领域。总体而言，我国各地对新兴产业概念的理解是比较宽泛的，确定的重点培育和发展的新兴产业比较多。

8.1.2 我国促进新兴产业培育和发展的主要政策

为加快新兴产业、特别是战略性新兴产业的培育和发展，近年来我国各级政府出台了一系列的政策，已有的和新出台的各项政策相结合，已经形成比较完整的政策体系。归纳起来，这些政策主要包括产业技术政策、市场培育政策、税收优惠政策、财政投入政策、产业投融资政策、创新人才引进和培养政策、国际科技合作政策、专项政策等（张崛喆和王俊洋，2011；杨林和马顺，2012）。

1. 产业技术政策

产业技术政策，是指政府部门制定的用以引进、促进和干预产业技术进步的政策。它以产业技术进步为目标，是保障产业技术有效发展的重要手段。近年来，国务院和各部委分别或联合制定了一系列强化产业科技创新的政策措施，特别是《关于实施〈国家中长期科学和技术发展规划纲要（2006—2020 年）〉若干配套政策的通知》（国发 [2006] 6 号）和《关于充分发挥科技支撑作用，促进经济平稳较快发展的意见》（国发 [2009] 9 号）等，对推动我国战略性新兴产业快速发展发挥了比较大的作用。除此之外，我国有关政府部门还先后出台了其他一系列政策。

（1）在加强产业关键核心技术和前沿技术研究方面，出台了《关于印发〈国家"十一五"基础研究发展规划〉的通知》（国科发计字［2006］436号）、《"十一五"重大技术装备研制和重大产业技术开发专项规划的通知》（发改高技［2008］162号）、《国家科技计划支持产业技术创新战略联盟暂行规定》（国科发计［2008］338号）、《鼓励进口技术和产品目录（2009年版）》（发改产业［2009］1926号）等政策。

（2）在强化企业技术创新能力建设方面，出台了《科技企业孵化器（高新技术创业服务中心）认定和管理办法》（国科发高字［2006］498号）、《关于建设国家工程实验室的指导意见》（发改办高技［2006］1479号）、《国家工程研究中心管理办法》（国家发展和改革委员会令2007年第52号令）、《国家认定企业技术中心管理办法》（国家发展和改革委员会、科学技术部、财政部、海关总署、国家税务总局2007年第53号令）、《国家工程实验室管理办法（试行）》（国家发展和改革委员会令2007年第54号令）、《关于支持中小企业技术创新的若干政策》（发改企业［2007］2797号）、《关于推动产业技术创新战略联盟构建的指导意见》（国科发政［2008］770号）、《国家技术创新工程总体实施方案》（国科发政［2009］269号）、《关于推动产业技术创新战略联盟构建与发展的实施办法（试行）》（国科发政［2009］648号）等政策，科学技术部、国务院国有资产监督管理委员会和中华全国总工会还从2008年起联合组织开展了创新型企业评价工作。

（3）在实施重要产业技术创新工程方面，为运用高新技术更好地改造传统产业，国家发展和改革委员会组织实施了工业自动化、先进制造、新材料、现代农业等一批高技术产业化重大专项。

（4）在推进重大科技成果产业化方面，出台了《关于促进自主创新成果产业化的若干政策》（国办发［2008］128号）等政策。

2. 市场培育政策

市场培育政策，是指一国政府运用财政补贴、政府采购、配额、特许权招标等政策扩大新产品的市场容量，以解决特定产业成本过高和市场发育滞后的问题，实现"以政策启动市场、以市场驱动产业"的发展目标。市场需求是拉动战略性新兴产业形成和发展的根本力量，近年来我国有关政府部门出台的相关政策涉及多个方面。

（1）针对新能源产业，出台的《关于加快推进太阳能光电建筑应用的实施意见》(财建［2009］128 号)等政策极大地支持了光伏市场的开发,引发了太阳能光伏发电市场的井喷,2009 年也被业内称为"太阳能发电元年";《关于完善风力发电上网电价政策的通知》(发改价格［2009］1906 号)则通过事先公布标杆电价水平,为投资者提供了明确的投资预期,鼓励开发优质资源,限制开发劣质资源,保证了风电开发的有序进行。

(2)针对新能源汽车产业,《节能与新能源汽车示范推广财政补助资金管理暂行办法》(财建［2009］6 号)明确了中央财政重点对试点城市购置混合动力汽车、纯电动汽车和燃料电池汽车等节能与新能源汽车给予一次性定额补助。同时启动节能与新能源汽车示范推广试点工作,计划用 3 年左右时间,每年发展 10 个城市,每个城市推出 1000 辆新能源汽车开展示范运行,涉及这些大中城市的公交、出租、公务、市政、邮政等领域,力争使全国新能源汽车的运营规模到 2012 年占汽车市场份额的 10%。

(3)针对节能环保产业,《关于开展"节能产品惠民工程"的通知》(财建［2009］213 号),全面启动实施了"节能产品惠民工程",明确提出中央财政将对能源效率等级为 1 级或 2 级产品的生产企业给予补助,再由生产企业按补助后的价格进行销售,并鼓励有条件的地方安排一定量的资金支持高效节能产品推广。

(4)针对我国自主创新产品,各部委也分别或联合制定了一系列促进市场培育的政策,如《关于印发〈中国高新技术产品目录 2006〉的通知》(国科发计字［2006］370 号)、《关于印发〈国家自主创新产品认定管理办法(试行)〉的通知》(国科发计字［2006］539 号)、《我国信息产业拥有自主知识产权的关键技术和重要产品目录》(信部联科［2006］776 号)、《首台(套)重大技术装备试验、示范项目管理办法》(发改工业［2008］224 号)等。

3. 税收优惠政策

税收是我国促进战略性新兴产业培育和发展的最重要的政策之一。根据《国务院关于加快培育和发展战略性新兴产业的决定》,我国对重点发展的七大战略新兴产业的税收优惠政策见表8-2。另外,我国的新《企业所得税法》(简称"新法")以及其他的税收优惠政策也对促进战略性新兴产业的培育和发展发挥了重要作用。这些税收优惠政策涉及多种税收优惠类型。

(1)免税政策。在开发区工业园、农业园投资办厂,生产农药、饲料、种子种苗等农业生产资料,免征增值税。

(2)即征即退政策。例如,2000 年 6 月,为支持软件产业和集成电路产业的发展，国务院对软件产品和集成电路的税收优惠政策作了调整，对经过国家版权局注册登记、在销售时一并转让著作权和所有权的计算机软件征收营业税，不征收增值税。销售其自产的集成电路产品，2010 年前按 17% 的法定税率征收增值税，对实际税负超过 3% 的部分实行即征即退。

表 8-2　我国重点发展的七大战略新兴产业的税收优惠政策

战略性 新兴产业	税收优惠政策
节能环保 产业	对节能减排设备投资给予增值税进项税抵扣。完善对废旧物资、资源综合利用产品增值税优惠政策；对企业综合利用资源，生产符合国家产业政策规定的产品取得的收入，在计征企业所得税时实行减计收入的政策
新一代信息 技术产业	对增值税一般纳税人销售其自行开发生产的软件产品，按 17% 的法定税率征收增值税后，对其增值税实际税负超过 3% 的部分实行即征即退。对经营有线电视网络的单位从农村居民用户取得的有线电视收视费收入和安装费收入，3 年内免征营业税。对技术先进型服务企业离岸服务外包业务收入免征营业税。集成电路设计企业视同软件企业，享受软件企业的有关企业所得税政策
生物产业	生物医药产品以及部分国家产业政策鼓励出口的高科技产品等，出口退税率由 13% 提高到 17%。艾滋病药物、基因重组人胰岛素冻干粉等生物医药商品的出口退税率由 5% 分别提高到 11% 和 13%。生物医药中涉及抗艾滋病病毒药品、避孕药品免征增值税
高端装备 制造产业	在国务院确定的对促进国民经济可持续发展有显著效果，对结构调整、产业升级、企业创新有积极带动作用的重大技术装备关键领域内，由财政部会同国家发展和改革委员会、海关总署、税务总局制定专项进口税收政策，对国内企业为开发、制造这些装备而进口的部分关键零部件和国内不能生产的原材料所缴纳的进口关税和进口环节增值税实行先征后退
新能源产业	销售下列自产货物实现的增值税实行即征即退 50% 的政策：①以废弃酒糟和酿酒底锅水为原料生产的蒸汽、活性炭、白炭黑、乳酸、乳酸钙、沼气。废弃酒糟和酿酒底锅水在生产原料中所占的比重不低于 80%。②以煤矸石、煤泥、石煤、油母页岩为燃料生产的电力和热力。煤矸石、煤泥、石煤、油母页岩用量占发电燃料的比重不低于 60%。③利用风力生产的电力
新材料产业	对出口加工区等海关特殊监管区域内生产企业在国内采购用于生产出口产品的并已经取消出口退税的成品革、钢材、铝材和有色金属材料（不含钢坯、钢锭，电解铝、电解铜等金属初级加工产品）等原材料，进区时按增值税法定征税率予以退税。销售自产部分新型墙体材料产品，实现的增值税实行即征即退 50% 的政策
新能源 汽车产业	目前我国进口的新能源汽车的关税整车大部分适用于最惠国税率，税率为 25%。另外由于新能源汽车一般采用非常规的车用燃料，大多减轻了燃油税缴纳的负担

（3）税率优惠政策。新法及其实施条例规定，国家需要重点扶持的高新技

术企业，减按 15% 的税率征收企业所得税。

（4）减免优惠政策。新法第二十五条规定，对国家重点扶持和鼓励发展的产业和项目，给予企业所得税优惠。例如，对新办软件生产企业，实行税收"两免三减半"优惠。集成电路企业视同软件企业享受税收优惠。

（5）鼓励技术改造及设备更新税收优惠政策。新法第三十二条规定，企业的固定资产由于技术进步等原因，确需加速折旧的，可以缩短折旧年限或者采取加速折旧的方法。例如，集成电路生产企业的生产性设备，经税务机关核准后，其折旧年限可以适当缩短，最短可为三年。

（6）鼓励节能环保税收优惠政策。新法第二十七条第三、第四款明确从事符合条件的环境保护、节能节水项目的所得，符合条件的技术转让所得，可以免征、减征企业所得税。新法第三十四条规定，企业购置并实际使用《环境保护专用设备企业所得税优惠目录》、《节能节水专用设备企业所得税优惠目录》和《安全生产专用设备企业所得税优惠目录》规定的环境保护、节能节水、安全生产等专用设备的，该专用设备投资额的 10% 可以从企业当年的应纳税额中抵免。当年不足抵免的，可以在以后五个纳税年度结转抵免。

（7）鼓励研发投入税收优惠政策。新法第三十条第一款规定，企业开发新技术、新产品、新工艺发生的研究开发费用可以在计算应纳税所得额时加计扣除。即企业为开发新技术、新产品、新工艺发生的研发费用，未形成无形资产计入当期损益的，在按照规定据实扣除的基础上，按照研发费用的 50% 加计扣除。形成无形资产的，按照无形资产成本的 150% 摊销。

（8）鼓励创业投资税收优惠政策。新法第三十一条规定，创业投资企业采取股权投资方式投资于未上市的中小高新技术企业两年以上的，可以按照其投资额的 70% 在股权持有满两年的当年抵扣该创业投资企业的应纳税所得额。当年不足抵扣的，可以在以后纳税年度结转抵扣。

（9）进口环节税收优惠政策。对企业为生产《国家高新技术产品目录》的产品而进口所需的自用设备及按照合同随设备进口的技术及配套件、备件，免征关税和进口环节增值税；对企业引进属于《国家高新技术产品目录》所列的先进技术，按合同规定向境外支付的软件费，免征关税和进口环节增值税。

（10）出口环节税收优惠政策。一是出口零税率政策。为了鼓励高新技术产品出口，增强国际竞争力，我国对高新技术产品实行增值税零税率的政策，具体规定为"对列入科技部、外经贸部《中国高新技术商品出口目录》的产品，凡出口退税率未达到征税率的，经国家税务总局核准，产品出口后，可按征税率的现行出口管理规定办理退税"。二是机电产品退税政策。根据国税发 ［1998］ 65

号文件规定，凡是利用外国政府贷款和国际金融组织贷款由中国招标组以采取国际招标方式，由外国企业中标再分包给国内企业供应的机电产品，视同国内企业中标机电产品予以办理退税。三是多缴退税政策。根据财税字〔1996〕8号文规定，生产企业销售给出口企业和市县外贸企业用于出口货物金额占该企业全部销售额50%以上的，对其多缴纳又未抵减完的税款，可以从国库退还。

4. 财政投入政策

通过财政投入引导企业增加研发投入，调动全社会资源配置到新兴产业的培育和发展中来，也是目前各级政府普遍采用的政策。

（1）加大政府研发直接投入。近年来我国政府的财政研发投入快速增长。2001~2009年我国政府的R&D投入分别为656.4亿元、776.2亿元、839.3亿元、985.5亿元、645.4亿元、742.1亿元、913.5亿元、1088.9亿元、1329.8亿元[①]，呈现快速增长态势。

（2）通过提供财政补贴和贷款贴息等方式，引导企业加大研发投入。2011年6月，财政部印发《基本建设贷款中央财政贴息资金管理办法》，明确指出对于西部地区国家级高新技术开发区、战略性新兴产业集聚和自主创新能力强的国家级高新技术开发区，给予重点贴息支持。贴息率由财政部根据年度贴息资金预算控制指标和当年贴息资金申报需求等因素一年一定（国务院有明确规定的项目除外），原则上不高于3%。贴息期限原则上按项目建设期限贴息。除特大型项目外，其他项目一律不超过5年。

（3）政府采购。在国家"十一五"规划中，政府采购被明确为财税、金融外的另一种重要的宏观调控手段。《国家中长期科学和技术发展规划纲要(2006—2020年)》、《节能减排综合性工作方案》等都将政府采购列为重要的扶持政策。目前，我国的政府采购政策功能正从支持节能减排、环境保护、信息安全朝扶持中小企业、鼓励科技创新等方向推进。

5. 产业投融资政策

产业投融资政策，包括产业投资政策和产业融资政策两部分。产业投资政策是国家根据国民经济发展需要和产业发展特点，对不同产业实行有差别的投资要求和安排，以实现对特定产业的鼓励或限制；产业融资政策是国家根据产业发展

---

① 数据来源：2002~2009年《中国统计年鉴》

的现实和未来需要，构建适合产业发展的融资工具、融资渠道、融资机构、融资制度，以融通资金引导资本流向特定的产业。近年来，我国有关政府部门也分别或联合出台了促进战略性新兴产业培育和发展的投融资政策。

（1）在产业投资方面，国家发展和改革委员会颁布了《当前优先发展的高技术产业化重点领域指南（2007 年度）》；中国人民银行、银监会、证监会、保监会于 2009 年 12 月联合发布了《关于进一步做好金融服务支持重点产业调整振兴和抑制部分行业产能过剩的指导意见》（银发［2009］386 号），在禁止对严重产能过剩项目盲目放贷的同时，加大对新能源等战略性新兴产业的金融支持；中国人民银行在 2010 年工作会议上要求信贷加大对战略性新兴产业、节能减排等的支持力度。

（2）在产业融资方面，出台的主要政策有《关于科技部与中国银行加强合作促进高新技术产业发展的通知》（国科发财［2009］620 号）、《关于印发〈国家开发银行高新技术领域贷款实施细则〉的通知》（开行发［2006］399 号）等间接融资政策；也有《关于创业投资引导基金规范设立与运作指导意见》（国办发［2008］116 号）、《首次公开发行股票并在创业板上市管理暂行办法》（中国证券监督管理委员会令［2009］61 号）等直接融资政策；还有《关于加强中小企业信用担保体系建设的意见》（国办发［2006］90 号）等优化融资环境的相关政策。国家发展和改革委员会、财政部两部委 2009 年 10 月下发了《关于实施新兴产业创投计划、开展产业技术研究与开发资金参股设立创业投资基金试点工作的通知》（发改高技［2009］2743 号），国投高科技投资有限公司、盈富泰克创业投资有限公司受国家委托，根据地方产业特点和区位优势，联合地方政府开展参股设立创业投资基金试点，首批在北京、上海、深圳、安徽、湖南、重庆、吉林等地区共同发起设立 20 只创业投资基金；证监会 2010 年 3 月发布了《关于进一步做好创业板推荐工作的指引》（证监会公告［2010］8 号），要求保荐机构应该重点推荐生物医药、新能源和其他符合国家战略性新兴产业发展方向的企业在创业板上市。

6. 创新人才引进和培养政策

创新人才是培育和发展新兴产业的基础，是提升新兴产业整体技术水平和发展能力的决定性因素。近年来我国有关政府部门在这些方面也出台了大量的扶持政策：如加大海外高层次创新人才的引进力度，出台《关于建立海外高层次留学人才回国工作绿色通道的意见》（国人部发［2007］26 号），设立"千人计划"；加大对高层次创新人才的激励，颁布《中央科研设计企业实施中长期激励试行办法》（国资发分配〔2007〕86 号）等政策，对促进高技术产业建设高素质人才队伍起到重要作用。

7. 国际科技合作政策

国际合作政策，是指一国政府根据本国的经济社会和科技发展目标，以平等互利、取长补短、共同发展为原则，一方面是"引进来"，引导跨国公司将其研发中心向我国转移，通过合作掌握更多的先进技术；另一方面是"走出去"，支持有条件的企业开展境外投资，在国际市场上打造自主品牌，将重点产品、技术和服务开拓到国际市场。

近年来，我国虽然未专门出台针对战略性新兴产业的国际合作政策，但"十一五"期间，有关政府部门已经分别或联合制定了一系列支持高技术产业发展利用外资、鼓励企业走出去等方面的政策。

（1）在大力推进国际科技合作与交流方面，出台了《〈关于国际科技合作项目知识产权管理的暂行规定〉的通知》（国科发外字〔2006〕479 号）、《禁止出口限制出口技术管理办法》（商务部、科学技术部令 2009 年第 2 号）等政策。

（2）在切实提高国际投融资合作的质量和水平方面，出台了《外汇管理条例》（国务院令第 532 号）、《国务院关于修改〈外商投资电信企业管理规定〉的决定》（国务院令第 534 号）、《关于进一步做好利用外资工作的若干意见》（国发〔2010〕9 号）、《外商投资产业指导目录（2007 年修订）》（国家发展和改革委员会、商务部令 2007 年第 57 号）、《外商投资商业领域管理办法补充规定》（商务部令 2007 年第 18 号）等政策。

（3）在大力支持企业跨国经营方面，出台了《关于对外经济技术合作专项资金支持政策有关问题的通知》（财企〔2006〕124 号）。中国进出口银行还专门设立了支持高新技术企业发展特别融资账户，颁布实施了《中国进出口银行支持高新技术企业发展特别融资账户实施细则》，以鼓励高技术企业跨国经营。上述政策既扩大了我国的高技术贸易，也提高了我国高技术产业的国际合作水平。

8. 专项政策

为加快战略性新兴产业的培育和发展，近年来我国还针对一些特定的战略性新兴产业，通过出台专门政策支持其快速发展。在节能环保领域，出台了《国务院关于加强节能工作的决定》（国发〔2006〕28 号）、《国务院关于进一步加强节油节电工作的通知》（国发〔2008〕23 号）、《关于印发半导体照明节能产业发展意见的通知》（发改环资［2009］2441 号）等政策；在新一代信息技术领域，出台了《第一批国家鼓励的集成电路企业名单》（发改高技［2007］1879号）、《软件产品管理办法》（工业和信息化部令 2009 年第 9 号）等政策；在生物领域，出台了《促进生物产业加快发展若干政策的通知》（国办发［2009］45号）、《中医药创新发展规划纲要（2006—2020 年)》等规划和政策；在高端装备制造领域，出台了《关于促进卫星应用产业发展的若干意见》（发改高技［2007］3057 号）等；在新能源领域，出台了《国防科技工业风力发电装备产业发展指南》等政策。上述专项政策明确了国家重点支持的发展领域、技术和产品，对加强产业政策导向发挥了重要作用。

总体上看，通过出台专项政策或落实已有的相关政策，我国已经形成了非常丰富的鼓励和促进新兴产业培育和发展的政策体系。目前，我国促进新兴产业培育和发展的政策体系有这样几个特点：

一是政策覆盖的范围比较广，涉及科技创新、市场培育、税收优惠、财政科技投入、投资融资、创新人才引进和培养等诸多方面，基本涵盖了能够运用的政策的各个方面，多种政策联合推动新兴产业培育和发展的合力得以显现，作用非常显著。

二是政策的力度和强度比较大，不管是在财政科技投入增加的速度上，还是加大鼓励自主创新的税收优惠政策的强度上，各类政策的力度和强度均比较大，对我国战略性新兴产业的快速培育和发展发挥了很重要的作用。

三是政策出台及时和密集，2008 年国际金融危机爆发以来，我国各级政府为有效应对金融危机的冲击，及时和密集地推出了一系列的政策促进战略性新兴产业的培育和发展，由于政策出台的时效性强，多种政策的协同作用显著，不仅大大加快了我国战略性新兴产业的培育和发展，而且有效抵御了国际金融危机的冲击。

8.1.3 我国新兴产业培育和发展的成效

在各级政府的强力推动下，以及各种扶持政策的有力促进下，我国新兴产业的培育和发展取得了很大的成就。

1. 新兴产业的快速发展对支持我国应对金融危机的冲击、保持经济持续快速增长发挥了较大的作用

近几年，在各级政府的强有力推动下，我国新兴产业的规模持续快速扩大，在国际市场上占有的份额快速提升（傅培瑜，2010；姜大鹏和顾新，2010；姚婉琳，2010）。据统计，2011 年 1~10 月，我国软件产业实现业务收入 14 970 亿元，同比增长 32.9%，已经超过 2010 年全年的规模。2010 年我国节能环保和资源循环利用行业产值超过 2 万亿元；新材料产业规模已超过 6500 亿元，与 2005年相比年均增长约 20%；我国新能源产业发展较快，2010 年风力发电新开工重大施工项目 378 个，项目总投资额高达 3000 亿元；全国沼气发电容量为 80 万千瓦；垃圾焚烧发电装机达到 50 万千瓦。同时，全国建成 7 家万吨级生物柴油生产企业，生物柴油年产量超过 100 万吨。2010 年我国生物产业产值超过 1.5 万亿元，大约是 2008 年总产值（8000 亿）的两倍。总体上看，新兴产业的快速发展为我国应对金融危机的冲击和保持经济的持续快速发展发挥了较大的作用。

2. 新兴产业培育和发展的产业体系和配套条件显著改善

当前，我国新兴产业发展的产业链越来越完整，产业配套能力显著增强。例如，我国光伏电池产量位居世界首位，国内太阳能硅材料的自给率达到了 25%；核电设备已经具备每年生产 6~8 套的能力；风电国内企业与合资企业的产品装机容量超过了外商投资企业；太阳能热水器的年产量占全球生产量的比重超过了50%。同时，我国的太阳能汽车试验项目快速推进，已在全国 13 个城市逐步推进世界规模最大的新能源汽车应用试验项目。在生物领域，生物肥料、燃料乙醇、生物农药的许多新产品和新行业已初具规模，并迅速发展。物联网的全面应用已经展开，在建成世界上最大的 iPv 6 互联网的基础上开始形成比较完整的产业链。

3. 部分新兴产业的培育和发展已经形成了良好的技术基础

经过多年的艰苦努力，我国部分新兴产业的技术研发和创新已经进入世界前沿（陈亚文，2011）。例如，在生物产业领域，生物信息学、基因组学、蛋白质工程、生物芯片、干细胞等研究领域已经达到了国际水平，部分成果实现产业化。物联网方面，一批重要关键技术在物联网的研究与开发中取得了重大进步，目前我国已经成为制定物联网国际标准的主导国家之一。

4. 新兴产业培育和发展需要的市场和资源优势明显

在发展新兴产业的资源条件方面，具有较为明显的比较优势。例如，在生物产业，目前我国拥有大约 12 800 种药用动植物资源和 26 万种生物物种，并且已经收集了 32 万份农作物种质资源，是世界上生物资源最为丰富的国家之一；在太阳能光伏产业，我国人口众多，对能源的需求量很大并快速增长，同时还拥有非常丰富的太阳能资源，全国大约三分之二以上的国土面积年日照时间超过2200 小时；在电动汽车产业，电动汽车关键零部件所需的原材料，如锰、铁、钒、磷、稀土等是我国的富产资源。

5. 新兴产业培育和发展的政策环境不断改善

近几年我国各级政府高度重视新兴产业的培育和发展对调整产业结构与实现经济转型升级的重要作用，采取了强有力的举措，纷纷出台了一系列发展政策。例如，市场培育、税收优惠、财政投入、技术研发和创新、投融资、创新人才引进和培养，以及国际科技合作等。

8.2 江苏新兴产业培育和发展的典型案例分析

为更深入地理解我国新兴产业的发展状况，本节简单介绍江苏快速发展的光伏、环保和物联网等新兴产业的培育和发展情况（周晓明和张玉赋，2010）。

8.2.1 江苏太阳能光伏产业的培育和发展

太阳能是取之不尽的可再生能源，其开发利用日益受到世界各国尤其是发达国家的高度重视。光伏产业被喻为 21 世纪的"金色产业"，代表了新能源的发展方向。根据欧洲 JRC（联合研究中心）的预测，到 21 世纪末，太阳能发电将在能源结构中占主导地位。

太阳能光伏主要是将太阳辐射能量开发后用于热水生产和发电。太阳能发电主要有两种方式，即太阳能光伏发电和太阳能热发电。太阳能光伏发电具有资源丰富、环保无污染、安全、寿命长、易维护等特点，对于经济发达、能源匮乏的江苏，是实现节能减排、构建资源节约、环境友好型社会和转变经济发展方式的有效途径。同时，太阳能光伏产业链较长，持续发展能成为经济发展的新增长点。

1. 江苏太阳能光伏产业发展总体状况

江苏是中国光伏产业的领头羊，到 2010 年已有 300 多家相互配套的关联企业，光伏产业总产量与产能均居全国首位，光伏电池产能已占国内总量的七成、占全球总量的 1/4，形成了"全国光伏看江苏"的格局，在国际光伏领域也占有重要地位，初步形成了相对完整的产业链，呈现出上游企业有所发展、中游企业迅速壮大、下游企业不断涌现的特点，形成了从高纯度多晶硅、硅片、电池、组件、集成系统设备到光伏应用产品，较为完整的产业链。

江苏太阳能光伏产业的兴起源于 2001 年，当时无锡尚德电力控股有限公司创始人施正荣带着他在海外研究的成果回到祖国，开始了他的创业之路。当时，太阳能发电虽然在技术上领先，但在市场需求方面，国内的投资者没有太大的把握。这种情况下，无锡市政府给予了全程支持和帮助，加速了太阳能光伏产业在江苏的发展进程。

源于无锡尚德海外成功上市的示范效应，在《江苏省"十一五"太阳能光伏产业发展规划》推动下，江苏很快发展形成了无锡尚德、常州天合光能、常熟阿特斯、南京中电等多家骨干企业。在这些骨干企业的带动下，短短几年就有 300 多家光伏企业集聚，形成了产业布局相对完整的光伏产业链，成为世界主要光伏产业基地。2002～2007 年，江苏太阳能电池产量增长了 500 多倍，2008 年太阳电池总产量为 1580MW，产值 780 亿元，占全国电池产量的 70%、世界电池产量的 20%。2009 年，江苏更是抓住金融危机造成全球光伏产业短期发展迟缓带来的超越发展机遇，光伏产业产值达 1099 多亿元，同比增长 41%，晶硅电池产量占全球总产量的 22.8%、全国总产量的 54%。2010 年江苏光伏产业进入新一轮快速增长，实现产值 1988 亿元，同比增长 81%，产能占全国总产量的 1/4，晶硅电池产量占全国总产量的 55% 以上。

到 2010 年，江苏全省光伏企业达到 300 多家，并快速涌现出一批光伏龙头企业，形成了无锡尚德、常州天合、南京中电等海外上市企业，其中 5 家进入世界前 20 强，另外还有 280 多家为与光伏上市企业、骨干企业进行配套的特色企业。国际光伏界一流的技术和人才纷纷涌入江苏，形成了较强的研发力量。拥有自主知识产权 60 多项，发明专利近 20 项。太阳能电池和组件应用领域不断扩大。常州天合光能有限公司承建的"国家光明西部无电乡通电工程"40 座独立光伏电站和 10kW 并网电站、无锡尚德建设的 300kW 太阳能光伏并网发电示范工程、南京玻璃纤维研究设计院研究开发的 20kW 聚光光伏发电项目等均已建成。无锡、扬州、南京等地的 LED 技术和太阳能灯具供应国内和出口欧美。截至 2009 年年底，江苏已建成光伏电站总装机容量近 40MW，占全国安装总量的 25%，共有 10 个项目列入国家第一批"金太阳工程"项目计划。2011 年，在政府补贴的支持下，江苏光伏装机容量迅速攀升，新增装机容量达到 300MW，是历年规模的 3 倍，完成 2009 年《江苏省新能源产业调整和振兴规划》中提出的"3 年内建成光伏并网发电装机容量 400MW"的目标。

2. 江苏太阳能光伏产业发展的特点

（1）发展形成了一批骨干企业。太阳能光伏产业的快速发展，带动江苏涌现出了一批具有较大规模和影响力的企业，如太阳能电池片生产企业无锡尚德太阳能电力有限公司和中电电气（南京）光伏有限公司，太阳能电池板/组件生产企业江苏艾德太阳能科技有限公司（原徐州尚德）、苏州阿特斯、江苏林洋新能源有限公司等。

（2）产业链相对完整，应用领域不断扩大。江苏光伏产业形成了比较完整的产业链，已有多家企业进入产业链的源头，涉足高纯硅生产，产业链上游的硅棒、单晶硅切片产量分别达到445吨和8681.13万片。产业链中游的电池组件产品产能达到300MW。产业链下游的集成系统、设备制造等得到积极发展，如常州华盛天龙机械有限公司积极研发和生产光伏测试设备；扬州艾诺斯（江苏）华达电源系统有限公司开发和研制蓄电池、太阳能电源控制器、逆变器等光伏产品；无锡二泉太阳能科技有限公司以承接国家"光明西部无电乡通电工程"项目为依托，积极发展光伏发电集成系统。

（3）研发掌握了一批自主知识产权。江苏光伏企业重视技术研发和创新，掌握了多种太阳能电池产业化关键技术、光伏组件工程化技术和应用产品集成化技术，拥有一批自主知识产权。例如，无锡尚德拥有自主知识产权20多项（其中发明专利7项），先后承担国家科技计划项目5项，所组建的"江苏太阳光伏能源工程技术研究中心"配置了国际一流的研发和试验检测设备；常州天合拥有自主知识产权30多项（其中发明专利5项），还成功研制了我国第一座太阳房；南京中电光伏也建设了世界一流的光伏工程研发中心。

（4）光伏企业集聚了一批一流的技术人才。江苏大多数光伏企业都有一支创新能力较强的研发团队，领军人物多属海外留学回国创业人员，有丰富的国外光伏技术研发工作经验。例如，无锡尚德拥有国内最先进太阳能薄膜电池技术，拥有由业界50%的华裔科学家组成的科研团队，该公司生产的单晶光伏（PV）电池已经实现18%以上的转换效率，大规模生产的多晶光伏电池亦接近17%的转换效率，处于世界领先水平。这些企业还积极引进国外先进的企业管理制度和模式。例如，常州天合早在1999年就通过了英国劳氏ISO 9001国家质量体系认证；无锡尚德是中国首家获得BV、IEC、CE和UL等质量认证证书的光伏企业，公司的产品被商务部选定为政府对外援助项目产品，"Suntech"（尚德太阳能）还成为国际光伏行业的知名品牌。

3. 江苏太阳能光伏产业存在的主要问题

虽然近几年江苏太阳能光伏产业发展取得了很显著的成效，但将其置身于国际光伏产业进行对比分析，可以发现其存在一些突出的问题。

（1）对国外市场依存度较高，国内需求不足。从 2011 年的情况看，江苏生产的太阳能电池和组件 98% 以上销往欧美国家，其中欧洲占 82.5%，光伏市场主要在国外，对国外市场的依存度高，国际竞争风险很大。2008 年下半年，由于受金融危机影响，江苏许多企业光伏产品销售订单大幅度减少，某些海外上市企业订单减少了 20% 以上，一些中小光伏企业几乎拿不到订单。此外，国内市场对光伏产品的需求动力不足，使得光伏产业的发展受到严重制约。数据显示，2011 年以后国内知名的光伏企业已经开始出现严重的亏损。

（2）无序竞争导致重复建设，光伏产业产能过剩现象严重。在新兴产业发展过程中，地方政府一方面为了响应中央政府加速战略性新兴产业发展的号召，另一方面出于对区域经济增长和政绩等的考虑，采取各种强有力的措施推动发展，直接引发无序竞争、重复投资和产能过剩。工业和信息化部、发改委在《2009 年中国工业经济运行夏季报告》中指出，2009 年上半年国内已建立的多晶硅项目超过 50 个，投资规模超过 1300 亿元，总产能超过 23 万吨，太阳能光伏等新兴产业重复建设、无序竞争的问题非常严重。同时，2008 年以来的国际金融危机导致国外市场对光伏产品的需求明显下降，再加上国内市场需求不足，导致市场供给远远超过需求。各地方政府不遵循市场经济规律，而是强力推动战略性新兴产业发展，不仅没有成为科学和有效的促进力量，还直接损害了产业的健康发展。

（3）产业核心技术和高价值环节仍然被国外公司掌控，产业效益不高。在整个光伏产业链中，我国企业除在产业链的中游有一定的国际竞争力外，其他环节的国际竞争力还比较弱，而且产业链中每一个环节的产品原料都需要从国外引进。我国企业的优势部分处于产业链的低端，能获得高额利润的硅原料提纯、拉制、切片等环节均被国外企业控制；而石英砂的开采、硅片生产、电池片的组件封装等国外转移过来的劳动密集型环节处于产业链的低端，只能获取微利，产业效益不高。

（4）系统集成技术和关键设备技术亟待创新。系统集成和安装工程技术是光伏产业的核心技术，也是江苏光伏产业链中较为薄弱的环节。江苏光伏产业的发展，急需在光伏系统优化设计与配置技术、跟踪系统技术（单轴系统、双轴系统）、发电系统平衡技术、伺服系统技术及光伏电站并网安装技术等方面取得突破。另外，江苏光伏产品生产的关键设备绝大部分来自国外供应商，进口设备费用约占光伏企业总设备费的 80%，产业技术装备水平低，制造成本高，一些重要环节技术急突破。除光电转换、硅片生产技术占一定优势外，硅原料提纯、硅棒拉制、晶硅切片等技术都比较落后。已能生产单晶炉、清洗机、甩干机等部分设备，但产业的关键设备需要进口，还原炉、电池及组件等生产核心技术方面和世界先进水平有较大差距。

（5）产业创新需要的服务平台缺位。从国外光伏技术研发经验看，光伏发达国家非常重视光伏产业技术创新服务体系的建设，已形成由政府、行业协会、产业联盟和专业化服务机构组成的完整的高水平服务体系，服务领域涉及光伏行业标准制定与共性技术研发、光伏产业各环节试验测试平台建设等各方面。目前，江苏光伏产业的技术研发和创新缺少多种服务，如检测服务、共性技术服务、知识产权服务、人才培训服务和应用推广服务等的支持，造成各企业根据自身产品进行相关实验室的重复建设，缺乏资源共享与互动。另外，在光伏产业领域，相关的基础研究、应用研究和前瞻性技术开发能力不足，支撑产业发展的能力不强。

（6）光伏技术人才依然缺乏。江苏是在全国同类地区中教育资源和人才资源优势显著的省份，拥有比较多的国家"985 工程"和"211 工程"重点建设高校。在半导体材料研究方面，南京大学、东南大学、南京航空航天大学在国内具有很强实力；在薄膜电池研究方面，南京大学、东南大学也有一定实力。然而，江苏各高校和科研院所在晶硅电池和薄膜电池的研究方面在国内尚不具备一流水平，滞后于江苏光伏产业的快速发展。在光伏技术人才培养方面，江苏至今没有任何"985 工程"和"211 工程"重点建设高校设置光伏技术专业、开设光伏技术应用课程，目前光伏产业人才依然缺乏。

（7）光伏产业发展过程中存在着环境污染问题。在江苏的光伏产业，一些多晶硅企业通过节省对环境保护的投入而降低成本，整个产业走的仍是'先污染、后治理'的传统发展道路，光伏产品便宜的价格里并不包括生态成本。目前，国内多晶硅项目大多使用的是改良的西门子工艺法，技术水平不高，在其制造过程中的副产品 $SiCl_4$ 的安全和环保问题日益突出，如果不能妥善处理，会对环境构成直接威胁。

8.2.2　江苏物联网产业的培育和发展

物联网概念最早于 1999 年由美国麻省理工学院提出，但长期以来业界并没有明确统一的定义。早期的物联网被定位为一种将各类传感器和现有的互联网相互衔接的技术。直到 2005 年国际电信联盟（ITU）发布的《ITU 互联网报告 2005：物联网》才正式提出"物联网"的概念。物联网（IOT）是指将各种信息传感设备，如射频识别（RFID）装置、红外感应器、全球定位系统、激光扫描器等种种装置与互联网结合起来而形成的一个巨大网络。在此网络中，所有的物品都与网络连接在一起，系统可以自动、实时对物品进行识别、定位、追踪、监控并触发相应事件。它可以帮助实现人类社会与物理世界的有机结合，使人类可以以更加精细和动态的方式管理生产和生活，达到"智慧"状态，提高资源利用率和生产力水平，改善人与自然间的关系，提高整个社会的信息化能力。

如今国际社会达成广泛共识，物联网被认为是继计算机、互联网与移动通信网之后世界信息产业的又一次热潮，代表了下一代信息发展技术，被世界各国作为应对国际金融危机、振兴经济的重点技术领域。物联网的出现使得任何时间、任何地点的任何人和任何物的通信成为现实。

1. 江苏省物联网产业的兴起及发展现状

江苏省物联网产业的兴起源于 2009 年 8 月 7 日国务院总理温家宝在无锡考察时提出的"在激烈的国际竞争中，迅速建立中国的'传感信息中心'或'感知中国'中心"的重要指示。为抢占战略机遇，加快全省物联网产业的发展，2010 年 4 月，江苏省政府推出了国内首个"物联网"产业发展规划纲要——《江苏省物联网产业发展规划纲要（2009—2012 年）》，力争用 3~6 年的时间，建设成为物联网领域技术、产业、应用的先导省；到 2015 年全省物联网产业销售收入力争超过 4000 亿元。

无锡作为江苏省物联网发展的科技示范基地得到优先、重点支持，并相继出台了《国家传感网创新示范区（国家传感信息中心）建设纲要》、《关于开展传感网应用示范工程建设的实施意见》；编制完成了《国家传感网创新示范区（国家传感信息中心）空间布局规划》、《无锡市传感网产业发展规划》和《"感知无锡"建设总体方案及行动计划（2010—2015 年）》，并制定了《关于加快无锡市传感网产业发展的若干政策意见》。计划通过资金补助、奖励、贴息等方式，加大传感网核心技术研发、重点骨干企业培育、公共服务平台建设和应用示范项目等的推进力度和速度。

无锡市经信委统计，无锡已有常驻物联网企业 248 家，与国内众多大学合作成立了物联网研究中心或开展研发项目合作，如与北京大学合作共建集成微纳系统技术工程中心、无锡视听感知研究中心、微纳联合实验室等项目，与清华大学深圳研究院结成产业合作联盟，与北京邮电大学成立了感知技术与产业研究院，与南京大学成立了微纳技术与物联网研究院，与东南大学成立了传感器网络技术研究中心，与南京理工大学成立了传感网应用开发中心，与南京邮电大学成立了物联网/传感网研究中心。截至 2010 年 6 月，依托 "530" 人才引进计划，无锡引进了包括领军型创新创业人才在内的物联网人才近千名，累计签约物联网项目 125 项，总投资 98 亿元，内容涉及物联网专业园区建设、研发机构建设、项目开发和公共服务平台建设等。

通过一系列基础投入和加强研究开发及其产业化，取得了比较丰硕的成果。在智能监测方面，中国科学院无锡高新微纳传感网工程技术研发中心与中国科学院南京地理与湖泊研究所合作研发的富营养化监测和蓝藻水华预警系统已应用于太湖的水质监测；在智能医疗方面，南京邮电大学已研发出监测人体体温、血压和脉搏等生物信息的医疗传感器；在智能电网方面，南瑞信通公司自主研发的 IEEE 1588 智能电网时间服务器 PowerPTP 已在苏州玉山 500kV 变电站投入运营。依托无锡物联网核心应用技术开发，江苏已经开始形成物联网产业集聚发展态势。

2. 江苏物联网产业发展存在的主要问题

江苏物联网产业发展总体上仍处于起步阶段，在关键技术、网络架构、行业应用等许多领域与世界先进水平相比还有明显差距。与国内其他省市相比，江苏虽有一定先发优势，但仍存在不少问题，主要表现如下：

（1）企业规模普遍较小。目前众多企业涉足物联网领域，但规模普遍偏小，缺乏龙头企业带动形成产业集群。特别是在应用领域缺乏大型企业，难以通过应用带动产业的快速发展。在运营与服务环节，电信运营商也是初步进入该领域，基础设施和集成能力都有待提升，市场仍处于探索阶段，拉动效应不明显。另外，一些重要的环节，如物联网的系统设计、公共信息平台、服务与咨询等尚未真正发展形成。

（2）技术标准缺乏。物联网是一个多技术融合、多设备连接、多渠道传输、多项目应用、多领域交叉的 "网络"，因此所有的接口、规格、通信协议等都需要有国家标准的指引。统一的技术标准和一体化的协调机制是导致互联网能遍布全球的重要原因，类似地，标准化体系的建立也是加快物联网产业发展的前提条件。但是，目前无论是在国内还是在国际上，物联网标准都还处于研究制定阶段，而且标准的制定通常又涉及各方利益的博弈和协调，制定过程极其复杂。目前我国在物联网技术标准上没有实行统一，国内相对缺失自主研发技术。具体来说，在 RFID 标准上，我国目前还没有可以与美国、日本等发达国家抗衡的系列化技术标准。我国在传感器网络国际标准的制定中虽然有一定话语权，近期提交的"传感器网络信息处理服务和接口规范"的国际标准提案已通过新工作项目投票，但是还需努力攻克核心技术，扩大传感器标准版图。

（3）创新体系不完善。江苏物联网产业以集群方式构成战略联盟，目前物联网产业集群的重点是攻克相应的核心技术，然而由于创新体系不完善，产学研合作没有形成很有效的模式，企业仅依靠自行研制或引进国外技术，消化吸收能力差，缺乏发展后劲。此外，虽然近年来不少企业对技术创新越来越重视，但多数企业创新意识不够强，研发投入低，甚至有些企业都没有自己的研发机构，缺乏自主的核心技术，导致我国物联网产业的技术创新能力不强。

（4）应用领域不广、层次偏低。目前物联网正从试验阶段向实践阶段迈进，总体上其应用还处于较低层次。应用需求不断快速提升是带动物联网发展的重要条件。同时，物联网的发展需要社会及行业具备良好的信息化基础，目前我国社会整体信息化水平还不高。因而，未来要让物联网变得更现实、更贴切，就必须梳理适应于当前社会发展应用需求的几条主线路，继而分步骤进行产业链分支拓展，加快发展智慧家居、教育、医疗、社会管理等与时代背景相符和民生密切相关的领域。

（5）商业模式不成熟。物联网作为一个新兴产业，前景广阔，覆盖范围大，受众面广，但发展持续时间相对较长，其技术研发和应用能力尚处于初级阶段，标准体系制定缓慢，且当前成本较高。这些都导致了物联网还未形成成熟可靠的商业模式和推广应用体系以及共赢的、规模化的产业链。未来在物联网的感知、网络、应用层面上，都需要开拓多种有效的商业模式。

8.3 当前我国培育和发展新兴产业的主要障碍和问题

近几年在我国各级政府的强有力推动下，在各种扶持政策的强有力促进下，我国新兴产业的培育和发展取得了很大的成就，为应对国际金融危机的冲击、保持经济持续快速增长、增加就业发挥了很大的作用。但是，当前我国的新兴产业的发展还存在多方面的障碍和问题。

8.3.1 培育和发展新兴产业需要的创新能力严重不足

一系列的分析表明，培育和发展新兴产业，特别是自主培育发展新兴产业最重要的基础是创新能力。然而，通过对我国和江苏多个新兴产业的培育和发展情况进行分析可以发现，目前我国培育和发展新兴产业需要的创新能力严重不足，还不具备自主培育发展新兴产业的能力，新兴产业发展仍然处于产业链国际分工的中低端，效益不高，对改善经济发展质量、提升经济发展效益、支撑经济转型升级的作用并不显著。

1. 当前我国新兴产业还处于引进发展阶段，自主培育发展新兴产业的能力缺乏

当前，我国和江苏太阳能光伏和物联网等新兴产业的发展呈现这样的特征：一是产业发展相关的主要技术和新产品早期开发基本都源于发达国家，目前几乎没有完全发源于我国的新技术和新产品；二是这些新产品实现规模化生产和进入市场，也主要是在发达国家实现；三是当前这些产业发展的关键核心技术还掌握在发达国家的企业中，过去几年我国虽然攻克了部分新兴产业的一些重要技术，但是我国新兴产业发展的关键技术和设备还主要依靠引进的局面并没有显著改变。所有这些现象都表明，当前我国新兴产业发展还处于引进发展阶段，还不具备自主培育发展新兴产业的能力。

2. 核心技术受制于人和处于产业链国际分工低端的特征明显，我国新兴产业必须实现由引进发展向自主培育发展的战略转变

当前我国的新兴产业还处于引进发展阶段，由于企业很少甚至基本不掌握这些产业发展的核心技术，在产业链的国际分工中只能处于价值链的低端，主要通过引进生产设备、核心零部件等从事产品的简单加工和装配，虽然大量消耗了原材料、能源和劳动力等资源，但产生的效益并不理想。同时，由于新兴产业发展中，发达国家企业掌握了核心技术、关键零部件和生产设备、产品品牌和营销渠道等核心环节，他们在获得合理的利润份额的同时还利用技术和营销等各种优势榨取处于产业链低端企业应该获得的利润，取得超额利润，使得我国企业本应获得的利润空间被进一步压缩，培育和发展新兴产业的经济效益甚至不如传统产业。这样，近几年我国大力培育和发展新兴产业，虽然对保持经济持续快速发展、增加就业发挥了很显著的作用，但是对提升我国经济发展质量和效益的作用极其有限，我国新兴产业必须实现由引进发展向自主培育发展的战略转变。

3. 我国自主培育发展新兴产业需要的多种创新能力明显缺乏

提升培育和发展新兴产业的质量与效益，加快经济转型升级，关键是要实现

由引进发展新兴产业向自主培育发展新兴产业的战略转变，否则，改善经济发展质量和效益的目标将很难实现。要实现自主培育发展新兴产业的战略目标，必须具备较强的原始创新能力、实现新产品规模化生产和产业化的能力以及产业协同创新能力。然而，目前我国这几方面的创新能力都明显缺乏。

首先，当前我国高校科研院所的原始创新能力严重不足。自主培育发展新兴产业的技术基础是要么能实现突破性新技术的发明和运用，要么能够实现先进适用技术的突破性新运用，高校科研院所在产生这样的原始创新成果上应该发挥主力军作用。虽然近年来我国高校科研院所的科研能力和科研水平快速提升，但是目前还处于追赶国际先进水平的阶段，其成果主要是对国际上已有先进成果的改进，真正原创性和突破性的成果还难得一见，我国自主培育发展新兴产业缺少源头上的保障。

其次，我国还非常缺乏实现新产品规模化生产和产业化的能力。在实现技术及其应用突破，开发出全新的产品后，要实现新产品的规模化生产和产业化，把全新产品成功地推向市场，是自主培育发展新兴产业的必经环节。科技创新管理理论表明，把实验室的全新产品转变为能进入市场、被用户接受的全新产品，不仅面临很多非常复杂的技术问题，而且相比在实验室开发新产品更难解决的技术问题，还要通过加强管理，保证新产品生产的成品率高、成本低、质量稳定可靠，因此实现全新产品规模化生产和产业化的难度非常大。然而，由于我国的各类有技术含量的产业几乎都是靠引进发展起来的，非常缺乏实现全新产品规模化生产和产业化的经验和能力。

最后，由于我国还非常缺乏实现新产品规模化生产和产业化的能力，直接导致我国企业几乎不开展覆盖产业链主要环节的产业协同创新，我国也很缺乏产业协同创新的能力。

总之，目前我国自主培育发展新兴产业必需的多种创新能力明显缺乏，是目前提升新兴产业发展质量和效益的主要障碍。

4. 我国自主培育发展新兴产业需要的技术、人才、资金和信息等资源还不能得到有效的保障

自主培育发展新兴产业需要多种优质资源的保障，包括大量的原始创新成果，大量的高层次领军型创新人才。例如，能够开发突破性新技术和实现新技术突破性新运用的人才，能够实现新产品规模化生产和产业化的产业化技术开发人才，善于捕捉和利用市场机会、敢冒风险的企业家；还需要私人募集、天使投资、种子基金、风险投资、银行贷款等多种金融产品，需要能及时、准确和完整

地获得市场、资金、技术、人才、设备、原材料和零部件等多种类型的信息。要实现自主培育发展新兴产业的目标，这些资源不可或缺。

然而，对照现实情况可以发现，我国自主培育发展新兴产业需要的多种资源非常缺乏，不仅原始创新成果、高层次领军型创新人才极其缺乏，而且真正能达到自主培育发展新兴产业要求的私人募集、天使投资、种子基金、风险投资等金融产品实际上也很缺乏。

虽然当今社会已经进入信息时代，但是当前我国自主培育发展新兴产业需要的各种信息还是严重不足。自主培育发展新兴产业面临很大的风险，支持企业有效应对各种风险，需要为企业提供市场、资金、技术、人才、设备、原材料和零部件等方面的各种信息。同时由于信息具有典型的公共产品特征，信息服务应该是由政府提供的基本公共服务。但是，目前我国新兴产业发展需要的市场信息、技术信息、政策信息等的供给严重不足，由于企业获得的信息非常有限，对产业发展现状和未来发展趋势极其缺乏了解，直接引发企业盲目投资和出现产能过剩。缺乏信息服务，已经成为当前我国新兴产业发展的核心制约因素之一。

5. 我国自主培育发展新兴产业需要的多种服务还不能得到有效的供给

自主培育发展新兴产业需要高质量的科技创新服务体系支持，包括高水平的教育和人力资源开发服务、体系完整的科技金融服务、完备和优质的创新创业服务以及高水平的信息服务等。但是，对照当前我国的现实情况会发现，这些服务的质量还亟待提高，高等教育和创新型人才培育质量亟待提高，科技金融服务体系亟待完善，信息服务的及时性、准确性和完整性需要大幅度改进。

6. 当前的科技体制直接制约自主创新能力的增强

自主培育发展新兴产业，需要很强的原始创新能力，需要大量产生原创性和突破性的科研成果。当前我国的科技体制是适应于跟踪和模仿创新的体制，是适应于渐进性创新的体制。从自主培育发展新兴产业的要求看，当前的科技体制存在多方面的问题。

首先是计划方式存在严重问题。当前我国的科技计划体制，主要采取竞争性的项目申请方式支持科学研究和技术开发。在项目申请过程中，要求明确科研目标、技术路线甚至成果的数量和质量。在跟踪和模仿创新的情况下，由于有比较明确的跟踪和模仿对象，通过比照可以比较好地确定跟踪要达到的目标和技术路线。但是，原创性和突破性科研成果的产生具有很大的偶然性，具有高度的不确定性，很难事先明确科研可能实现的目标和技术路线，更不可能事先明确成果的数量和质量，而是需要营造良好的稳定支持的环境，让科研人员安心和专心地开展科研工作，才有可能产生原创性和突破性的科研成果。

其次是项目实施管理方式存在严重问题。在当前我国的科技体制下，科研需求的提出和指南的编制、科研项目的申请、科研工作的开展和科研成果的验收往往都是同一个圈子的专家，有些甚至是教师和学生的全程参与，成为利益共同体。这样带来的结果是，科研需求的提出主要看圈子内的专家能干什么和喜欢干什么，使得科研需求在提出时就脱离了现实的产业需求，即使科研成果再好，也很难为产业发展提供明显的帮助。项目完成后，参加科研成果验收的专家还是来自同一个圈子，验收时大多要肯定科研成果。如果加以肯定，参与验收的专家则会担心下次自己的课题申请和成果验收会出现问题。这样的成果验收方式其实很难对科研项目的执行形成合理的压力。由此在我国才会出现非常奇怪的现象，从科研成果验收结论上看，产生了一大批处于国际领先水平的研究成果，但是现实中我国真正重要的科学发现极少，原创性和突破性的技术发明极少，产业核心技术受制于人的问题没有缓解。这些都是当前的科技体制直接带来的问题。

最后是科技和人才的评审和奖励制度存在严重问题。为激发广大科技人员科技创新的热情，我国设立了各种类型的人才和科技奖励，这在一定程度上发挥了积极的作用。但是，当前高校科研院所科技人员的相当一部分精力用在为获得奖励和通过评估上，既严重影响了科技人员科研的时间和精力，又败坏了学术风气，带来一系列的问题。

一是评审和奖励过多过滥。对高校教师而言，既要申请各种科研成果奖、争取各种人才奖，还要申请争取进入各种类型的人才计划、建设各类科研基地，名目繁多。许多高水平的科技人员经常是要么自己作为评审对象在被评审，要么是作为专家在评审别人，严重消耗了他们的时间和精力，专注于科研和教学的时间反而下降。

二是对成果获奖缺乏科学的认识。目前社会各方把成果获奖摆到了非常不合适的位置，认为获奖的成果才是高水平的，不获奖的就是水平低的，这样的社会认知带来的结果是要评选教授、院士，以及申请博士点和重点学科，首先要看其曾经获得过什么奖。这样的导向引导大家不是把做好教学和科学工作作为根本目的，而是把评奖作为目的，各项工作围绕如何获奖而展开，使得教学和科研工作的功利色彩非常浓厚，学术界成为一个非常喧闹的世界，这与现代科学技术发展非常强调兴趣驱动，需要专家学者安心、甘于寂寞、长期持之以恒地开展研究工作背道而驰。

三是评审和评奖缺乏科学性和客观性。首先，目前我国的绝大多数科技和人才的评审和奖励都是申请者组织材料申报，往往是组织材料的水平而不是成果和人才的水平更直接影响评审的结果。其次，我国的绝大多数评审是所谓的大同行评审，要在很短的时间内阅读评审材料，完成评审任务，这种情况下，评审专家对被评的成果和人才也了解得不多，得出结论的随意性比较强，科学性和客观性并不高。最后，目前的评审很容易在专家之间结成利益同盟，许多专家既是奖励的评审者，又是激烈竞争的参与者，很容易形成专家之间的利益联盟，还有个别人为了获奖和通过评审，想尽各种办法找门路、通关系，直接恶化了学术界的风气，给评审结果的客观公正性带来比较大的影响。所有这些因素叠加到一起，导致目前我国相当一部分科技和人才的评审奖励带来的负面影响远远高于正面的作用，已经成为我国产生原创性和突破性科技成果的关键制约因素之一。

总之，目前我国的新兴产业还处于引进发展阶段，未来我国必须实现新兴产业由引进发展向自主培育发展的战略性转变。实现这样的战略性转变，在科技体制、科技创新能力、资源和服务等方面还存在一系列的问题，必须尽快将其有效解决。

8.3.2 促进新兴产业培育和发展的政策亟待优化

近几年，为加快战略性新兴产业的培育和发展，有效应对国际金融危机的冲击，我国快速出台了一系列的政策，采取了多种有力的举措，为若干战略性新兴产业的快速发展发挥了极其重要的作用。然而，细致分析我国鼓励新兴产业培育和发展的政策制定和落实效果，会发现有多方面的问题迫切需要解决。

1. 各级各类政策之间的协调性不强，系统性思考明显不足

2008年国际金融危机爆发之后，为及时应对金融危机的影响，我国中央政府提出并制定了一系列的政策促进新兴产业的培育和发展，全国各地和部分大型国有企业为响应中央的号召，也紧急采取了大量的举措，全国的上下联动对促进我国新兴产业快速培育和发展，有效应对金融危机冲击发挥了重要的作用。但是，短期之内大量鼓励政策的出台和强有力的推动也带来了一系列的问题。

首先，各类政策之间的协调性不强。例如，在鼓励风电的发展上，已有政策主要鼓励风电设备生产和风电发电厂的建设，但是对风电如何进入电网考虑不够，导致部分风电企业的风电机空转，无法将其产生的电有效并网运用，严重制约风电产业的发展。

其次，中央和地方、地方与地方之间的政策协调性不强。近几年，我国各地方政府为响应中央政府的号召，不管产业发展核心技术和产品是否成熟和具备了大规模发展的条件，不管本地发展条件是否基本具备，不管未来发展能否形成一定的比较优势，都纷纷采取强有力的举措推动新兴产业的培育和发展。由于全国各地几乎同时开始积极响应中央政府的号召，缺乏中央与地方、地方与地方之间的必要协调，出现了同一个新兴产业全国遍地开花、各地竞相发展、高度雷同的局面。新兴产业的大干快上导致相当一部分产业的产能严重过剩，行业内恶性竞争时有发生，直接影响产业发展质量和效益。目前太阳能光伏产业发展面临巨大的困难，与全国各地竞相发展、过度投资和产能严重过剩有非常直接的关系。

最后，政策制定和落实之间的协调性不强。目前一些鼓励新兴产业培育和发展的政策，其出发点很好，看起来含金量也比较高，但是落实效果不佳，主要原因就是政策的配套落实难度大，成本高，享受政策带来的优惠甚至抵不上成本。例如，促进新兴产业培育和发展的税收优惠部分是先征后返或先征后退，但是新产品退税要经过五部门联合认定、审核，环节多，手续繁琐，税收优惠政策实施的成本太高，其促进作用大打折扣。

2. 部分新兴产业获得的支持力度太大，扭曲了其发展行为动机

过去几年，为加速新兴产业的培育和发展，不仅我国各级政府出台了一系列的普惠性的扶持政策，而且许多地方政府针对一些新兴产业和企业从土地使用、市场拓展和政府采购、财政投入、地方税收优惠等方面采取了许多强有力的扶持举措。多种政策和举措的密集出台和综合作用，带来一系列的问题。

一是严重扭曲新兴产业的正常培育和发展路径。多种支持新兴产业的政策和举措的密集出台和综合作用，使我国的一些新兴产业从培育到发展既很难发挥计划体制的作用，也很难运用市场机制的作用，直接导致许多新兴产业很快形成产能过剩和恶性竞争，制约产业发展质量和效益的提升。

二是严重扭曲企业培育和发展新兴产业的行为动机。多种支持新兴产业的政策和举措的密集出台和综合作用，导致在一些新兴产业，财政补贴和政府采购等成为获利的主要渠道，本应是利润主要来源的市场反而成为利润的次要来源。这样，企业投资新兴产业不是主要考虑满足市场需求和通过满足市场需求获得利润，而是以获得政府的大量投资支持和财政补贴等为目的。企业不主要围绕市场而是政府开展工作，扭曲了市场的供求平衡关系，直接影响企业家精神的形成和企业家的培养，制约企业加速技术进步、提高产出效率和效益的动力和热情，还使这些产业发展受政策的影响过大，波动很显著。

三是严重影响产品的出口和国际贸易。多种支持新兴产业的政策和举措的密集出台和运用还导致部分产品出口和国际贸易受到影响，成为其他国家挑起贸易战和发起反倾销的主要缘由。2013 年美国和欧盟对我国太阳能光伏产业发起的反倾销调查，直接影响到我国的上千家企业的存亡和 40 万人的就业，就是这方面的典型代表。

3. 对新兴产业培育和发展的客观规律缺乏科学认识，市场机制的作用未能得到很好的发挥

为加快新兴产业的培育和发展，我国各级政府很注重发挥专项规划的作用，通过新兴产业的战略规划引导企业等社会各方支持新兴产业的培育和发展。虽然这些专项规划发挥了显著的政策导向作用，但规划针对性不强、操作性不足等问题比较明显，往往是雷声大雨点小，甚至根本无法执行。同时，在新兴产业的培育和发展中，对可以和应该规划的内容是什么、规划可以发挥的作用是什么、制定规划的科学程序和方法是什么，都缺乏深入和科学的分析，导致某些新兴产业规划的目的就是为了有规划。

实际上，由于培育和发展新兴产业面临的不确定因素很多，风险很大，必须主要发挥市场机制的作用。然而，我国促进新兴产业的培育和发展，过于迷信政府的作用，以为依靠政府的大力支持就能促进新兴产业的形成和发展。实际上，政府的大力支持会扭曲市场供求平衡关系，使本应在新兴产业发展中发挥资源配置的基础性作用的市场机制，反而成为可有可无或者被严重扭曲的机制。如何既充分发挥市场机制的作用，又科学和有效地发挥政府的干预调节作用，是科学和有序推进新兴产业培育和发展的主要难题之一。

4. 我国新兴产业发展过程中企业间的恶性竞争问题比较突出，直接导致产业持续发展能力不强

由于我国新兴产业主要依靠引进发展，处于产业链的低端，产业进入基本没有明显的技术门槛，加上我国的投资渠道比较窄。这样，一旦国际上发达国家的企业培育出某个新兴产业并进入快速成长阶段后，为了降低大规模生产的成本，并迅速占领世界市场，往往很快会把加工制造和装配等环节转移到我国生产。这些产业刚进入我国时由于市场需求比较旺盛，初期的价格比较高，产业发展还会有比较好的利润。这样，马上会吸引我国大量投资和很多企业快速进入该产业，从国外大量重复引进相关技术和生产设备，在国内迅速形成比较大的生产规模，很快就引发产能过剩，直接导致企业之间的低层次恶性竞争，极大地削弱产业的

利润水平和持续发展能力。这种情况下，产业内的企业很难有能力开展产业核心技术攻关和增强持续发展能力，陷入我国内部企业间的恶性竞争而难以自拔。一段时间后发达国家研发出新的技术和设备后，我国企业不得不再次引进，陷入"引进—产能过剩和恶性竞争—落后—再引进"的怪圈。这样的发展模式带来的直接结果就是，我国企业消耗大量资金、原材料、能源和劳动力等只能获得很少的收益，发达国家的企业由于掌握核心技术，通过卖技术和生产设备等反而会赚取大量利润。我国新兴产业发展如何跳出这样的怪圈，是必须尽快解决的现实问题。

总之，如何既充分发挥市场机制在促进新兴产业培育和发展中的基础性作用，又科学地发挥政府的干预和调节作用，使我国尽快形成新兴产业的自主培育发展能力，还有大量的障碍需要突破，还有不少非常困难的问题需要解决。

8.3.3　创新环境不友好导致企业技术创新动力严重不足

培育和发展新兴产业，特别是自主培育发展新兴产业，其核心基础是广大企业具有技术创新的强大动力，大量投入和积极开展技术创新活动，成为技术创新的主体。然而，由于目前我国企业的创新友好环境远没有形成，广大企业技术创新的动力严重不足，积极性普遍不高。

据 2009 年全国 R&D 调查，我国开展 R&D 活动的工业企业只占规模以上工业企业的 8.5%。根据 OECD 的数据，2002～2004 年，瑞士、德国和奥地利开展 R&D 活动的企业超过 50%，英国和法国超过 33%，日本约有 22%。还有数据表明，2011 年，我国规模以上企业研发投入强度（研发经费支出占主营业务收入的比例）为 0.71%，其中，大中型企业研发投入强度为 0.93%，而主要发达国家为 2.5%～4%；我国规模以上工业企业中设立研发机构的为 2.55 万家，只占全部规模以上企业的 7.8%。2012 年全球 500 强中，我国有 70 多家企业入围，但全球研发企业 500 强中，我国企业只有十来家。

之所以目前我国广大企业技术创新的积极性普遍不高，主要是因为在当前的经济、社会和科技发展环境下，企业技术创新的动力不足，提升自主创新能力困难，尤其突出的问题是企业把技术创新战略作为主要发展战略，不仅相比投资房地产、进行资本运作等其他发展战略没有比较优势，还有很显著的劣势。

专栏8-1　高科技企业的成长环境亟待优化

杨休，男，1961年生，天地集团董事局主席，东方投资集团董事局主席，江苏省政协常委，江苏省政协经济委员会主任，全国工商联常委，江苏省工商联副会长，江苏省海外联谊会副会长等。

杨休的经历很有传奇色彩，他是南京大学79级学生，进校读的是大气专业，两年后转入历史系，毕业后在南京大学、南京师范大学当过教师，还在南京博物院工作过。20世纪90年代，他选择了"下海"，创业之初，杨休卖过电脑，开过饭店，后来进军房地产等领域。

杨休的创业相当成功，但是也有惨痛教训，其中最惨痛的是创办高科技企业的经历，共创办56家，涉及计算机、新材料、生物医药和机电等领域，到现在无一幸存。杨休介绍，当初这些企业上马的时候也是经过论证的，可为什么最终失败，他也在不断找原因。他还认为，高技术企业很难成长不是个别现象，早期的民营科技企业家，失败的比比皆是。

杨休的故事告诉我们，我国高科技企业的成长壮大非常困难，他创办的56家高科技企业均没有成功。同时，投资房地产等产业远比创办高技术企业的成功率高，效益好，他创办高科技企业遭受的损失都是靠投资房地产业获得的利润弥补的，说明企业把技术创新战略作为主要发展战略不仅没有比较优势，还有明显的劣势。

资料来源：摘编自2012年5月20日扬子晚报

---

1. 经济体制上存在的问题是导致我国企业技术创新动力不足的根本原因

企业获取利润可以通过技术创新、多元化经营、资本运作等很多种战略和路径实现。在各种可选择的战略和路径中，技术创新的风险更大、产生良好回报的周期更长、投入更多。一般情况下，如果没有良好的经济体制和发展环境保障，技术创新不能成为企业具有显著比较优势的发展战略和路径，很难使广大的企业形成技术创新的强大动力。然而，目前我国企业面临的发展环境是，技术创新肯定不如投资房地产回报速度快，回报利润大；也往往不如进行资本运作回报速度快，回报利润大。同时，我国的相当一部分企业还可以利用廉价的劳动力、拼资源消耗、以比较低的环境污染代价获得快速发展的机会。在这样的经济体制和发展环境下，企业选择技术创新战略相比通过选择多元化进入房地产业、相比充分利用廉价的劳动力等获取利润回报不仅没有比较优势，还有很大的劣势，绝大多数企业自然不愿意冒很大风险、花很大投入、耗费比较长时间开展技术创新活动，走创新发展的道路。实际上，主要是经济体制，而不是科技体制上存在的问题导致目前我国企业的技术创新动力严重不足。

2. 人事制度、社会保障制度和利益分配制度等方面存在的问题，导致科技人才不愿意向企业集聚，企业创新人才和自主创新能力严重不足

增强企业技术创新的动力，不仅要让企业选择技术创新战略有良好的效益预期，还必须支持企业形成必要的技术创新能力。如果企业不具备基本的创新能力，也很难有条件积极开展技术创新活动。目前我国的高层次创新人才主要集聚在高校和科研院所。据 2009 年在南京 19 所高校的调查，高校科技人才向企业流动的比率极低，各种流动方式累加起来还不到专任教师的 1%，而且即使实现流动，也非常不愿意放弃高校教师的身份。同时，高校的高层次优秀毕业生毕业时更愿意选择到政府部门、事业单位、大型国企和合资企业工作，非常不愿意到一般企业工作。这些都说明企业吸引高层次创新人才的难度非常大。目前，企业高层次创新人才不足，自主创新能力不强，已经成为广大创新型企业面临的最严峻、最难解决的问题，是企业技术创新动力不足的主要原因之一。之所以出现这样的问题，主要是因为我国的人事制度、社会保障制度和利益分配制度等导致创新人才到企业与到政府部门和事业单位相比，工作稳定性差、风险高、各种社会保障水平不高等。正是人事制度、社会保障制度和利益分配制度等导致创新人才不愿意到企业工作，而且企业自己培养的骨干技术人才还经常流失，严重制约企业自主创新能力的增强，直接影响企业技术创新的积极性。

3. 企业的税费负担比较重，直接影响企业技术创新的投入能力

技术创新投入在短期内很难为企业带来大量的直接回报，属于企业为未来和长远发展服务的战略性投入。一般情况下，只有在企业具有了比较好的利润积累，形成了比较强的抗风险能力，具备了比较强的生存和发展能力后，才能大量投入开展技术创新活动。否则，如果企业连生存都面临比较大的困难，要让企业投入资金进行技术创新，为长远发展谋划，显然是不可能的。因此，支持企业技术创新，政府要尽可能减轻企业的税费等各种负担，让企业有更多的利润积累，增强企业的抗风险能力及生存和发展能力。然而目前我国企业的税费等各种负担比较重，利润积累比较少，直接影响企业对长远发展的谋划能力，直接制约企业技术创新投入能力和自主创新能力的提升。

4. 创新创业服务环境不佳，直接影响科技人员创新创业的积极性

科技人员积极创新创业是培育和发展新兴产业的基础。2009 年对南京 19 所高校的调查发现，目前高校科技人才创新创业的积极性不高，19 所高校中在岗教师创办企业的只有 59 人，占专任教师的比例仅为 0.31%；2006~2008 年，保留高校身份离岗创业或到企业任职的只有 3 人，占 0.02%；调离高校创办企业或到企业工作的有 23 人，占 0.12%，所有累加还不到 0.5%。出现这样的问题，主要原因之一是科技人员创新创业的服务环境不佳。科技人员运用自己开发的技术创新创业，必须把原型产品转化为能产业化的新产品，必须把产业化的新产品推向市场。在这一过程中，需要社会各方面为创新创业提供技术开发、管理咨询、科技中介、人才培训、风险投资和融资等多种类型的服务，如果不能在全社会形成良好的创新创业服务环境，仅仅依靠科技人员自身的力量解决创新创业过程中面临的各类问题，成功的可能性低、风险大、成本高、难度大。建立高水平的创新创业服务平台，是调动科技人员创新创业积极性的必要条件。虽然目前我国已经建立的各类科技企业孵化器、生产力促进中心、创新创业服务中心等非常多，但是能提供优质的综合性的服务的还极少，往往只能提供一些简单的工商注册登记、常规信息提供等方面的服务，服务体系不完整和质量不高直接影响科技人员创新创业的积极性。

5. 规范的市场环境及良好的知识产权保护环境还没有形成，企业缺乏技术创新的良好收益预期

企业技术创新有显著的特点：一是第一个研发某种技术和产品的企业的成本高，风险大，后来者学习和模仿的成本小，风险低；二是目前绝大多数新技术和新产品比较容易被竞争者模仿。这样，如果没有公平、规范和有效的市场竞争环境以及良好的知识产权保护制度，保证冒很大风险、大量投入、通过艰苦努力开发出新产品的企业能在一定时间内独占新产品带来的收益，获得相应的回报，后来模仿者反而能以比较小的代价和冒很小的风险获得比较大的收益，形成后发优势，创新企业对技术创新投入可能产生的预期收益就会很低，技术创新的积极性必然会受到严重的伤害。显然，形成公平和有效的市场环境以及建立良好的知识产权保护制度，是调动企业技术创新积极性的基本保障。然而，目前我国公平、规范和有效的市场环境及良好的知识产权保护环境还远没有形成，如地方保护、不公平竞争时有发生，假冒伪劣产品和侵犯他人知识产权的事例屡见不鲜。同

时，知识产权被侵犯和发生知识产权纠纷后，维权难度大，代价高，即使赢得知识产权纠纷，能获得的补偿也非常有限。有些知识产权纠纷胜诉后获得的补偿甚至不能弥补其维权所花费的直接成本，更不要说弥补创新所花费的大量投入。这样，企业对技术创新可能产生的收益预期比较低，直接影响企业技术创新的积极性。

6. 支持企业技术创新的手段单一，企业技术创新需要的多种科技创新资源和服务不能有效供给

大力支持企业的技术创新，调动企业技术创新的积极性，政府不仅要支持企业能有效获得其需要的各种科技创新资源，而且要营造公平有效的市场环境和良好的知识产权保护环境，还要通过政府采购等方式帮助自主创新产品形成更大和更好的市场。调动企业技术创新的积极性，必须多种举措并举。

发达国家政府非常重视综合采取各种举措支持企业技术创新，并特别重视政府采购的作用。在 20 世纪五六十年代，美国的航天航空、计算机、半导体等产业的形成和发展，政府采购是第一推动力。美国半导体和计算机工业发展早期，由国防部和国家宇航局出面采购，有效地降低了这些产品早期进入市场的风险。1960 年集成电路产品刚刚问世，完全由联邦政府购买。实际上，对企业技术创新的支持，提供资金不如政策支持，政策支持不如市场开放。

然而，目前我国各级政府支持企业技术创新，往往主要关注的是如何加大财政科技投入和提高税收优惠水平。为此，各级政府中的多个政府部门都想方设法争取财政资金，设立若干科技计划，通过项目方式支持企业开展技术创新活动。对如何帮助企业营造更好的市场环境和知识产权保护环境、提供更优质的科技创新服务考虑甚少。同时，在财政科技投入领域的选择上，政府的财政科技资金也主要投入能在近期内产生直接经济效益的科技创新活动上，对科技文献、科学数据、自然科技资源等的收集和管理及科技信息服务提供等基础性并能长期产生效益的工作，财政科技投入还很少，导致企业技术创新需要的多种科技创新资源和服务不能得到有效供给。

同时，我国某些以国有企业作为业主的重大工程，甚至政府采购，在订货时或编制各种理由，或精心设计投标资格门槛，目的就是"准确地"将潜在的本国有创新能力的企业和创新产品排除在外。曙光公司曾经做过一个试验，把台湾地区某企业为曙光加工的两台一模一样的机器放在一起，一台贴上曙光的标签，一台贴上 IBM 的标签，然后请一群人判断，哪一台机器更好，大多数人认为贴IBM 标签的更好。目前，政府支持企业技术创新的手段单一，企业迫切需要的环

境和服务等不能有效获得，政府采购支持企业技术创新不能得到切实有效的落实等问题，也已经成为影响企业技术创新积极性的重要影响因素。

总之，当前经济、社会和科技领域存在的一系列体制性、机制性障碍导致我国还远没有形成"创新友好的环境"，企业技术创新积极性不高，动力不足。新兴产业由引进发展向自主培育发展，是经济领域的一场革命，必须综合推进科技、经济和社会领域的体制机制改革创新，需要新的科技、经济和社会发展体制机制与之配套。

8.4 我国培育和发展新兴产业总体战略和任务及对策建议

当前我国新兴产业还处于引进发展阶段，缺乏自主培育发展新兴产业的能力。然而，要通过新兴产业的发展改善经济发展质量和效益、实现经济转型升级，必须走自主培育发展新兴产业之路。为此，未来我国新兴产业的培育和发展，需要实现新的战略转变，由引进发展向既注重引进发展，又加快实现自主培育发展的转变，尽快形成自主培育发展新兴产业的能力，努力使我国成为国际上一些新兴产业的发源地。

8.4.1 我国培育和发展新兴产业的指导思想和总体战略

充分考虑目前新兴产业的发展现状，紧密结合我国实现经济转型升级和转变经济发展方式对新兴产业发展的要求，当前推进新兴产业发展的总体思路是：紧紧围绕科学发展主题和转变经济发展方式主线，以实施创新驱动发展战略和增强自主创新能力为核心，以深化体制机制改革为动力，以增强企业技术创新能力为关键，充分发挥市场机制在科技资源配置中的基础性作用，提升我国已有新兴产业的质量和效益，加快自主培育发展新兴产业，推动我国经济发展方式转型和可持续发展。

按照上述指导思想，未来我国新兴产业发展的总体战略如下。

1. 大幅提升已经发展起来的新兴产业的质量和效益

在我国已经发展起来的新能源、新材料、物联网等新兴产业领域，加快攻克和掌握一批产业核心技术，同时大力推进商业模式创新，尽快改变目前我国在这些产业处于国际产业链分工低端的现状，向产业链的高端攀登，提升产业的国际竞争力，改善产业发展质量和效益。

2. 尽快探索出新兴产业的产品创新发展路径

紧紧跟踪国际科技发展的最前沿和新兴产业发展的最新动向，充分利用我国人口多、市场大的优势。大力研发对未来产业发展可能有重大影响的新技术和新产品，在新兴产业孕育阶段即予以切入，加快开发拥有自主知识产权的新技术和新产品，并争取使其成为该产业的主导设计，掌控产业形成和发展的核心技术及主导权，自主培育发展新兴产业。

3. 通过超前部署争取早日实现原创培育发展新兴产业

通过超前部署和大力支持，推动我国高校科研院所开展原创性研究，尽快取得科学的重要发现和突破性的技术发明，并以此为基础研发能满足新需求的新产品，或能完全替代原有产品、实现对原有产业重新塑型的新产品，实现其规模化生产和产业化，自主培育发展新兴产业。

显然，在上述新兴产业的三条基本发展战略中，第一条实际上属于大幅提升引进发展的新兴产业的质量和效益，第二条和第三条是要尽快实现自主培育发展新兴产业。为了加快增强我国新兴产业的国际竞争力，需要把提升已有新兴产业的质量和效益与尽快实现自主培育发展新兴产业有机结合，协同推进，使得我国新兴产业由低层次的引进发展尽快向自主培育发展转变，使得新兴产业培育和发展能为我国的经济转型升级和发展方式转变发挥更大的作用。

8.4.2 政府促进新兴产业培育和发展的基本理念

未来我国培育和发展新兴产业，必须更加重视攻克产业核心技术，更加重视自主培育发展新兴产业。这种情况下，培育和发展新兴产业，必须发挥政府的干预和调节作用。但是，政府发挥干预和调节作用，必须重视科学有为，不能盲目作为。当前，面对我国新兴产业培育和发展的新形势和新要求，政府干预和调节重点需要改变，路径和方式需要变化。

1. 更加重视解决新兴产业培育和发展政策体系中的"系统低效"

创新系统理论认为，新兴产业培育和发展的过程是其各参与方相互联系和交流的过程，不是企业孤立进行的，分析政府政策是否有效促进了新兴产业的培育和发展，要高度重视保障系统的高效运行。为此，政府通过制定政策推动新兴产业的培育和发展，重点要针对系统运行中运转不够有效的部分，瞄准导致系统运行不够高效的瓶颈性制约问题，在深刻分析和准确把握问题发生原因的基础上，提出有针对性的解决问题的方法。政府的政策制定，切忌别国做什么就依葫芦画瓢做什么，切忌过去做什么未来就做什么，切忌过去习惯做什么未来还做什么，切忌什么容易做未来就做什么，切忌什么显示度高未来就做什么，必须从保障新兴产业培育和发展系统高效运行的角度分析和制定政策。

2. 更加重视消除制约新兴产业培育和发展的体制性、机制性障碍

培育和发展新兴产业的基本特点是具有高风险性，不仅面临技术风险，还面临市场风险、金融风险。在具有高度的风险性和不确定性的情况下，政府通过规划、计划、财政资金投入和税收优惠等举措调配资源支持新兴产业的培育和发展是必要的，但是这只能发挥一定的引导作用，新兴产业培育和发展的资源保障还必须主要依靠市场和充分发挥市场机制的作用。为此，政府的政策制定，关键是要消除资金、高层次创新人才、信息等资源流动和服务于新兴产业培育和发展的体制性、机制性障碍，让各种资源要素通过市场积极和高效地向新兴产业流动。

3. 更加重视为新兴产业培育和创造市场需求

显然，没有需求和市场的新技术和新产品不可能带动新兴产业的发展，新技术和新产品的市场需求增长越快，市场越大，其产业发展必然会越快速和高效。支持新兴产业的培育和发展，政府提供资金不如政策支持，政策支持不如市场开放。当前，我国各级政府制定政策支持新兴产业的培育和发展，不仅要高度关注人才、资金和信息等资源的供给和优化配置，还要高度重视通过政府采购、新产品消费补贴等为新兴产业的培育和发展创造市场，并更好地发挥需求拉动作用。

4. 更加重视提升培育和发展新兴产业的比较收益

支持新兴产业的培育和发展，关键是要让技术创新战略成为企业具有显著比较优势的战略，让培育和发展新兴产业能比其他的发展战略，如资本运作、依靠廉价劳动力等具有更好的效益。如果企业通过资本运作和依靠廉价劳动力等发展的效益更好，产生的效益更快，广大的企业和企业家很难积极开展技术创新活动，自然不会积极投身于新兴产业的培育和发展。营造良好的经济发展环境，让企业通过培育和发展新兴产业能获得明显的比较收益，是支持新兴产业培育和发展的根本要求。

8.4.3 自主培育发展我国新兴产业的对策建议

1. 培育和发展新兴产业要以占产业链高端位置、获得高附加值为目标

IBM 公司负责人在向笔者解释什么是技术创新时用了一个简单的公式：创新＝发明+市场价值。换言之，技术创新不仅是一个研发活动，从本质上说是一个经济活动，研发只是创新流程中的一个环节。国际创新理论和经验表明，研发靠近市场、靠近产业才能获得成功。创新驱动发展，最重要的标志就是创新成果获得市场认可，取得市场价值。

笔者曾经调研的我国中小企业板的一家制药企业，委托专家做研发，但拿来的成果却是"原料比产品还要贵"的所谓成果。尽管专家发表了学术文章，但对企业来说，这种技术创新毫无用处，白白浪费了资金。事实上，不能把技术变成利润，就不是真正的技术创新。

在我国加快产业结构调整、推动经济发展方式转型的进程中，急需创新驱动发展。自主培育发展我国新兴产业，重要的不是选择产业的"新"，而是占产业链位置的"高"。对技术创新来说，要能够支撑自主新兴产业，重要的不是选择做计算机产业还是做圆珠笔产业，而是选择做产业链上高附加值的环节。做计算机如果只是组装，依然没有意义；做圆珠笔如果做笔头、墨水，却是附加值很高的。明确新兴产业发展的创新导向，有助于实现技术创新与产业发展的深度融合，实现对经济发展的创新驱动。

2. 企业牵头开展产业共性技术研发，避免企业在产学研合作中"被结合"

实施创新驱动发展战略，自主培育发展我国新兴产业，就要求科技创新为产业结构调整提供坚实的产业共性技术支撑。这种产业共性技术，出发点和立足点还是产业，是产业发展需要的技术。在推动产业共性技术研发时，首要问题是谁来牵头？这需要把产业共性技术做分类：一种是基础性的共性技术，另一种是竞争性的共性技术，直接和产品挂钩。对于前者，可以让高校院所牵头，但对于后者，必须明确由企业牵头。从实际情况来看，后者的需求占多数，也更薄弱些。在中关村调研时，笔者就听到许多企业家谈到"被结合"的问题，高校院所牵头，经费拿大头，企业实际做项目，但却拿经费小头，这应该引起重视。

产业共性技术开发过程组织产学研合作，不能"拉郎配"，应是一种有机的

结合、利益的扭合、市场的融合。这种深层次的紧密契合是合作开发、健康发展的根本保证。在合作过程中，坚持产学研各主体定位清晰，坚持企业主导研发过程，才能加快技术创新成果转化应用，才能有效整合产学研力量。

从产业共性技术开发的出资上看，政府出资可以作为引子，不应是全部，也不应是大多数。要鼓励企业资金作为主体进入，鼓励社会各类资金进入，采取市场机制来组织。产学研合作的利益分配是决定产学研合作能否顺利有效的重要条件，高校院所与企业利益分配问题，参与企业间的利益分配问题，参与企业和未参与企业的利益分配问题都要提前设计好。

3. 改革科技评价和奖励体系，由市场来检验应用导向的研究，扩大高校自主办学空间

科技评价和奖励就是指挥棒，这个指挥棒直接决定了科技人员的行为取向。从推动科技与经济结合的角度看，改革科技评价和奖励体系是引导科技工作面向经济建设、实现创新驱动发展的重要手段。

对从事应用研究的科技人员的评价，不能单纯地以论文来衡量。如果教师不以教学为主业，医生不以看病为主业，工程师不以开发新产品为主业，对所有科技人员的评价都是去数论文的数量，忽视研究成果的应用价值，再多的所谓科技创新成果也无法真正驱动发展转型。实践证明，应用开发类的科研机构转企改制，激发了科技人员的创新意识、市场意识和竞争意识，促进了科技与经济的结合。这种改革方向应该坚持，鼓励应用研究更好地面向市场、面向经济社会发展需求，自主开展技术研发和创新。

在奖励机制的改革中，笔者认为重点应放在大幅度减少政府设立的科技奖励，尤其是面向应用研究成果的奖励。现在，对科技的重视越来越体现在设立各种奖励和资助计划上，其初衷是为了鼓励科技人才健康成长，但过犹不及，结果却是科技人才面对名目繁多的奖励和资助计划眼花缭乱。更重要的是，在评价应用导向的研究中，专家评奖远没有市场认可有说服力。笔者调研中就发现，一些优秀的技术开发者因为在市场中实现了自己的价值，对政府奖励不太关心，倒是一些只能在实验室中出样品、关心职称评定的科技人员更在意政府奖励。

改革对高校科研院所的管理和评价模式应做到以下几点。一是加快改革政府对高校的管理模式，按照《高等教育法》的规定，切实给予高校在人才培育、科学研究、社会服务、文化传承创新等方面应有的自主权，让高校通过更好地满足国家和地区经济社会发展对高等教育多层次、多样化的需求，提升办学质量，增强办学特色，支持新兴产业的培育和发展。二是改革政府对高校科研院所的常

规拨款、科研资助等的方式，增加稳定支持经费的比例，让高校科研院所的部分科研人员有条件安心和专心地开展研究，形成原创性和突破性的科研成果。三是尊重高等教育发展的客观规律，开展对高校建设水平的评价，加快改革目前太过急功近利、特别重视数量而忽视质量的评价方法。

4. 需求拉动对推动本土创新能力提升至关重要，要把国内市场作为自主培育发展我国新兴产业的战略资源

从技术创新和新兴产业发展的规律上看，新技术、新产品的市场应用是最大动力。尤其是首次应用，这是给予本土创新产品的第一动力。在第八届中国国际航空航天博览会上，中国商用飞机有限责任公司的 C 919 客机获得来自国航、东航、南航、海航等国内航空公司总共 100 架客机的订单。试想，如果不是政府引导下的本土市场支持，谁会去采购对安全性要求极高的航空创新产品？值得欣喜的是，在国内市场的引导下，C 919 的订货量截至 2012 年 11 月已经达到 380 架。

或许新产品会不完善，但没有基于市场的反馈，就没有新产品的持续改进动力。在对待本国创新产品上，韩国给我们树立了良好的榜样。现代汽车一经问世，政府便开始采购作为公务用车；韩文 OFFICE 系统研发出来后，政府和学校率先使用。因此，与其说韩国科技界的创新能力强，不如说韩国本土市场提供的创新动力更强。

对处于追赶进程的发展中国家来说，要想自主培育发展新兴产业，我国的创新成果必须找到应用者才能生存和发展，现阶段其主要应用者不是国外市场，只能是本国市场。准确地说，国内市场资源已经成为我国实施创新驱动发展战略的重要战略资源。我国的市场资源具有规模性、差异性、增长性的特点，这为各类型、各层次创新活动提供了最宝贵的市场需求动力。要推动科技与经济结合，增强创新驱动发展能力，就必须将市场资源的重要性提高到足够高度，将应用环节视为与研发环节同等重要。

从企业技术创新的规律来看，政府研发资助只是外部条件，来自市场的对创新技术和产品的需求，才能激发企业技术创新的内生的、持续的动力。从推动本土企业创新能力提升的效果上看，给市场的作用远大于项目。因此，启动、发挥本国市场对自主创新活动的牵引作用，将市场应用作为自主创新实践不可或缺的环节，对建立创新驱动发展机制至关重要。

一是充分利用我国社会主义能够集中力量办大事的制度优势，对公共需求拉动的基础设施建设等国家重大工程严格要求，必须优先采购和使用我国的自主创新产品。同时，超前预测和谋划未来社会公众的公共需求，适时启动满足新的公共需求的相关工程等的建设，通过公共需求带动新兴产业的培育和发展。

二是对企业和消费者消费我国的自主创新产品，通过消费补贴、提供更好的消费服务等方式，刺激更快产生更大的需求，支持新兴产业的培育和发展。

三是通过制定科学和严格的产品和生产设备的能源消耗、减排、安全保障等方面的规范要求，加快产品和设备的技术改造、淘汰更新的速度，形成更大的自主创新产品的市场需求，带动新兴产业的培育和发展。

四是大力组织推动新兴产业自主创新产品的示范应用，尽快形成市场并加快扩大市场规模。

五是加快建立以市场准入和运营监管为核心的监管体系，放宽新兴产业的市场准入政策，鼓励产业内的适度价格竞争，保证公平公正的市场竞争和市场活力。充分运用价格杠杆、完善基础设施等手段优化新技术和新产品的市场运用环境。

5. 鼓励国有大中型企业成为技术创新生产、应用和投入的主体，在自主培育发展我国新兴产业中发挥骨干带动作用

2013 年 5 月 4 日，习近平总书记专程到中国航天科技集团公司中国空间技术研究院，参加"实现中国梦、青春勇担当"主题团日活动，激励包括广大青年在内的全国各族人民为实现中华民族伟大复兴的中国梦而奋斗。

近些年来，我国的国有大中型企业尤其是中央企业取得飞速发展。在 2013 年《财富》世界 500 强企业的排名中，中国国有企业的数量达到 79 家。而在 20 世纪 90 年代中期，我国最大的 500 家国有企业全年销售收入的总和还不如美国通用汽车公司一家的销售收入。获得如此好的业绩得益于中国市场的发展，得益于这些企业的创新能力与管理能力提升。截至 2011 年年底，全国国有企业拥有专利 21.4 万项，中央企业拥有科技活动人员和研发人员 125 万人，其中两院院士 226 人。

中央企业在国家技术创新体系中承担着重要任务，起着举足轻重的作用。《国家中长期科学和技术发展规划纲要》确定的我国需要突破的 11 个重点领域，中央企业都有涉及。16 个国家科技重大专项，中央企业参与了 15 个。历年国家科技进步特等奖及大部分国家技术发明一等奖均由中央企业获得，国家科技进步一等奖和二等奖的获奖比例均保持在同类奖项的 60% 和 30% 左右。在载人航天、绕月探测、特高压电网、支线客机、4G 标准、时速 350 千米的高速动车、3000 米深水钻井平台、12 000 米钻机、实验快堆、高牌号取向硅钢、百万吨级煤直接液化等领域和重大工程项目中，中央企业取得了一批具有自主知识产权和国际先讲水平的创新成果。这些年，中央企业主要专利指标年均增长都在35%以上。

经过多年改革发展，中央企业活力和竞争力明显增强，经济规模和综合实力不断壮大，企业科技投入水平逐年提高，研发能力显著增强。"十一五"期间，中央企业科技活动经费总额由1244亿元增长到3079亿元，年均增长25.4%；研发经费由701亿元增长到1911亿元，年均增长28.5%，初步建立了科技投入稳步增长的长效机制。2013年以来，国务院国资委明确要求中央企业在创新能力提升和新兴产业发展方面要加大工作力度。一方面，要适应信息技术和传统产业深度融合的发展趋势，加快传统产业优化升级，实现高端发展；另一方面，要加强创新战略管理，针对重点领域做好前瞻性战略性研究，加大研发投入，率先突破一批重大关键技术，培育新的产业集群和经济增长极，进一步拓宽我国战略性新兴产业的重点领域和范围。

国有大中型企业不仅是盈利的载体，更担负着提升国家竞争力的责任。从中央企业的分布来看，主要分布在一些关系国家安全和国民经济命脉的重要行业和涉及国计民生的关键领域。这些行业和领域的健康发展是整个国家经济健康发展的基础。中央企业在上述行业和领域中大多处于排头兵和主导地位，代表着行业和国家的创新能力和水平，是引导和推动行业技术进步的主要力量。在实施创新驱动发展战略和实现中国梦的新征程中，国有大中型企业必将担负起更大的责任。

6. 大力发展创新服务业，形成有利于创新驱动发展的创业创新生态

在中国劳动力成本日趋升高、劳动力比较优势逐渐降低的情况下，中国的竞争优势逐渐转向低成本研发。这是中国新一轮发展的新的人口红利。与发达国家研发人员情况相比，中国的研发人员还处于规模大、成本低的状态。中国的科技人力资源总量超过5000万人，研发人员全时当量近300万人·年，均居世界首位。要用好中国的低成本研发力量，自主培育发展我国新兴产业，就要以发展创新服务业为抓手，在全社会形成良好的创业创新生态，充分鼓励国民尤其是年轻人创业创新，大力发展科技型中小企业。

以创新实现创业的年轻人是天然的创新驱动发展的力量，也是全社会最具活力的细胞。良好的创业创新生态可以让700万人口的以色列成为"创业的国度"，在纳斯达克上市的新兴企业总数超过全欧洲在该市场上市企业的总和，也可以让13亿人口的中国成为充满创新活力的巨人，走上创新驱动发展的大道。

与科技服务业主要关注研发环节不同，创新服务业关注创新活动全过程，涵盖了企业的研发、生产、销售、管理、流程、商业模式等多方面的业务领域，提

供研发设计、科技咨询、信息服务、生产力促进、金融服务、创业孵化、人才猎头、软件及服务外包、现代物流、战略咨询等不同类型的服务。发展创新服务业，就要构建围绕创新链的全面服务支持体系，推动创新要素全面渗透进经济活动中，形成科技与经济水乳交融的良好局面。

当前，重点要增强信息服务属于公共服务的意识，加大政府的信息服务投入，支持各类管理和决策咨询机构的建设和发展，建设完整和高质量的信息服务体系，为新兴产业培育和发展提供更好的信息服务。

大力提升科技企业孵化器、创新创业服务中心等服务平台的建设水平，为新兴产业培育和发展提供人才、资金、信息和管理决策等集成配套和优质的服务。

7. 把企业家作为最重要的创新资源，发挥企业家在推动企业创新发展和自主培育和发展新兴产业中的主导作用

自主培育发展我国新兴产业，需要完善的技术创新体系和强大的创新型企业群体。在技术创新体系中，企业是主体，客户是导向，市场是机制，品牌是目标，院校是支撑，政府是环境。而在整个企业的创新进程中，企业家是灵魂。纵观国内外创新能力强的企业，每个企业都由一个灵魂式的企业家带领，正如乔布斯之于苹果公司、柳传志之于联想集团。

企业家是创新要素的整合者，是创新方向的发现者。他们带领企业在市场上拼搏，根据市场需求去开拓、研发新技术，促使企业迅速成长，走出企业创新之路。在激烈的市场竞争中造就的企业家，成为创新中最核心、最宝贵的资源。笔者在企业调研中，经常听到企业家说，之所以要创新，就是为了要活下去。这种创新不是上级要求的，不是学术引导的，而是市场催生的。在全球化与知识化日益激烈的市场竞争中，适者才能生存，而具备持续创新能力的企业才能成为真正的"适者"。

增强创新驱动发展新动力，自主培育发展我国新兴产业，我们最稀缺的人才资源不是技术专家，而是具有创新精神的企业家。保护企业家就是保护创新，推动企业家成长就是推动创新发展。因此，要把握企业家成长规律，努力营造有利于其成长的市场环境、政策环境和社会环境，在全社会形成尊重企业家的良好氛围，构建以企业家为服务目标的政策体系，让具有强大创新力的企业家队伍越来越壮大。

8. 建立创新导向明确的资本市场，推动创新梦想实现市场价值

资本市场对增强创新驱动发展新动力、自主培育发展我国新兴产业至关重

要。硅谷的成功不仅仅因为有一流的技术，更是因为有一流的技术与资本对接的机制，大规模的风险投资、天使投资成为激发硅谷创新梦想的最大动力。从中国的现实来看，尽管开办了创业板，有了大量的私募股权和风险投资，但真正对技术创新的支持还远远不够，短期利益导向严重阻碍了科技与经济结合。

要明确创业板的创新导向。创业板上的许多公司的创新性并不强，大量创业板募集资金在银行，长时间没有任何投向。创业板开办20个月，挂牌上市236只股票，居然有118只（恰好50%）破发。喧嚣过后，我们必须反思，对比发现众多创新企业的纳斯达克，我们更应加强创业板的创新引导功能。

要形成鼓励创新的投资市场。中国现在的私募股权和风险投资大多关注短期项目，希望速战速决，越来越向创新下游靠近，回避创新的风险性。这使得许多原本很有创新潜力的初创公司，因为投资者短期利益要求，也会削弱长期的创新能力培养。在我们的政府资金越来越充裕的条件下，应该下大力气引导投资市场关注增强创新驱动发展新动力，关注创新型企业培育，这样才能为自主培育发展我国新兴产业提供强大力量。

通过加快我国的金融体制机制改革，支持更多的民间资金进入科技金融服务领域，形成更加丰富的科技金融服务产品，建设更加市场化的科技金融服务机制，为新兴产业的培育和发展提供系统和优质的金融服务。

9. 加强高层次专业技术人才、高技能人才、农村实用人才队伍建设，为自主培育发展我国新兴产业提供人才保障

自主培育发展我国新兴产业需要强大的人才队伍支撑。为此，一是要切实加大教育改革的力度，加快改革目前的人才培养模式，大力培养学习能力、实践能力和创新能力强的人才，为新兴产业发展源源不断地提供高质量的人才支持。二是要转变人才理念，强化人人即可成才的意识，更好地发挥市场机制的作用加快建设高层次创新人才的科学和有序的流动机制，使得人的才能和特长与其岗位更好地匹配，提升我国人力资源的开发水平，多出人才，快出人才，出好人才。三是要大力支持企业家的成长，为企业家提供更多的学习和培训机会，对勇于创新和善于创新的优秀企业家进行表彰和奖励，激发企业家的创新热情和积极性。当前，重点要加强高层次专业技术人才、高技能人才、农村实用人才队伍的建设。

高层次专业技术人才是带动我国理论创新、科技创新、管理创新的中坚力量，在增强创新驱动发展新动力中发挥着重要作用。要按照整体规划、宏观管理、分类指导、加强服务的原则，根据社会主义市场经济体制的基本要求和专业技术人才成长的基本规律，制定专业技术人才队伍建设的政策体系。在人才培养

上，加大人力资本投资力度；依托"863 计划"、"973 计划"、国家自然科学基金等国家重大科研课题，整合高层次人才资源，培养锻炼队伍，努力形成创新团队，形成一边出成果、一边出人才的良好局面；在科技基础条件建设和国家重点科研基地建设中，加大学科带头人培养力度；高校和科研机构要适应人才需求新变化，坚持人才培养与创新实践紧密结合，增强高素质人才的培养能力；加强以人才培养为主线的国际合作交流，发展和完善各种形式的专业技术人才国际化培养模式。在专业技术人才使用上，鼓励学术冒尖，提倡学术民主，反对学术官僚主义。

高技能人才是实现技术创新和经济结构调整结合的重要力量，是发展先进制造业和现代服务业的骨干力量。与自主培育发展我国新兴产业的强烈需求相比，目前我国高技能人才还非常短缺，现有技术工人仅占全部工人总数的1/3，而高级技工更是稀缺，导致一些国际合作中中方获得技术但没有合适高技能人才来实施的局面。高技能人才在一定程度上已经成为中国自主创新能力提升、自主培育发展我国新兴产业的重要瓶颈。能否尽快培养造就大批高技能人才已经直接关系到我国创新驱动发展战略目标的实现。为此，要不断加大高技能人才的培养力度。根据国家经济结构调整需要，采取学校教育培养、企业岗位培训、个人自学提高等多种方式，大规模开展技能人才培训。积极建设各级各类教育培训机构，鼓励多种社会力量投入联合办学，不断推进高等职业院校和高级技工学校改革，按照市场需求，调整办学方向，有质量有规模地扩大技能人才培养力度。企业是高技能人才成长的主体，要通过强化岗位培训、推动以师带徒、组织技术攻关，为技能人才岗位成才创造条件。

农村实用人才队伍对推进农业现代化、增加农民收入、改善农村面貌具有极强的现实意义，是破解"三农"问题的重要力量。为此，要适应农村经济社会发展的多种需要，积极建设多样性的农村实用人才队伍，重点加强农村科技、经营、管理、金融、卫生等多方面的实用人才队伍建设。以发展市场经济条件下现代农业为出发点，把农村实用人才服务内容由产中向产前、产后延伸，由单一的技术服务向综合服务转变，包括技术服务、生产资料供应、信息服务、市场销售、储运加工、社会融资等综合性服务。围绕创新驱动农业发展，重点加强将现代科技导入农村的技术推广人才、技术乡土人才队伍建设。

10. 促进高校科研院所开展原始创新研究，取得一批原创性重大科研成果

未来我国培育和发展新兴产业，必须加快增强原始创新能力，取得一批原创

性和突破性的科研成果。否则，自主培育发展新兴产业就成为无源之水，无本之木。

国际发展经验表明，高校科研院所是原创性和突破性的科研成果的主要来源。历史上的重大科学发现和重要技术突破几乎都来源于大学和科研院所。1946年，第一台电子计算机在美国宾夕法尼亚大学，由莫奇莱和埃克特研制成功。1969年，互联网最先实现是在加利福尼亚州大学洛杉矶分校、斯坦福研究院、加利福尼亚州大学圣巴巴拉分校和犹他大学，主要贡献者是来自加利福尼亚州大学洛杉矶分校的 Kleinrock 教授。Jin Watson 和 Francis Crick 在英国剑桥大学提出 DNA 双螺旋结构模型，改变了整个生物学的面貌，使生物学进入崭新的分子生物学时代，而根据对 DNA 作为遗传物质基础的认识，在农牧业上，成功地培育和改良物种；在医学上，有效预防、诊断和治疗某些疑难疾病，建立起全新的基因工程产业。

近年来我国高校科研院所的科研能力快速增强，在国际学术刊物上发表的论文数量高速增加，但是其中的重大科学发现和重要技术突破还极少，极不适应我国攻克和掌握产业核心技术、自主培育发展新兴产业对原始创新能力的要求。通过深化科技体制改革，促进高校科研院所增强原始创新能力，是非常重要和紧迫的任务。

11. 尊重创新规律，为自主培育发展我国新兴产业提供良好的创新生态

在自主培育发展我国新兴产业的目标上，各级政府高度一致，用力不少，投入不少，但从现实看，许多企业都能拿到成百上千万的经费，许多产业轰轰烈烈地做起来，效果却常不尽如人意。有的企业因为拿到政府经费很多，不再愿意瞄准市场开发；有的企业将政府要的创新目标比作"方西瓜"，认为政府提出的创新目标不符合市场实际；有的新兴产业"缺芯少魂"，空有皮囊，无法在全球竞争中占有高端位置。究其原因，创新是有规律的，政府支持创新要尊重规律，才能避免无所作为、盲目作为、低效作为。

在社会主义市场经济条件下，政府在自主培育发展我国新兴产业上务必要以创新生态建设为核心目标，把握"科学作为"的原则。

"培育土壤"比"拔苗助长"更重要。良性的创新活动一定是创新企业群的活动，而不是少数几个企业的活动。创新企业群在技术上互相支持，在人才上互相流动，在精神上互相鼓励。这样的创新企业群中包含的主体数量越多，越符合生物多样性的原则，越可以形成一种可持续的内生的创新机制。一旦这种创新企

业群形成,一个区域的创新实践就会从自发行为转向自觉行为,从局部行为转向全局行为。因此,对政府来说,要在宏观的"培育土壤"上下工夫,这比微观的项目支持、关注少数对象更符合创新规律。

"维护场地"比"下场比赛"更重要。在创新速度越来越快的时代,政府要想准确把握创新方向,变得越来越难。能够及时把握创新动态的,只有身处在市场竞争中的企业。在调研中发现,许多企业对创新政策环境提出明确希望:不要命令,支持就行;不要优惠,公平就行;不要太多,有用就行。因此,对政府来说,要把维护企业竞争的良好场地作为首要任务,不要去做教练员、运动员。好的竞赛场地应该是基础条件完善、竞赛规则完备的。要让创新者愿意创新,政府就要鼓励竞争性市场的形成,就要通过各种法律和经济手段,保护企业的技术创新利益,让真正的创新者受益。

营造支持企业技术创新的良好环境主要包括:

一是加快经济体制改革,调整利益分配制度,尽可能减轻创新型企业的税收等各种负担,让其能有更多的利润积累,增强自主创新能力,并使技术创新战略成为企业具有显著比较优势的战略。

二是加快人事制度、社会保障制度和利益分配制度等的改革,从全社会平均意义上比较,让高层次创新人才到创新型企业工作,相比到政府部门和事业单位,各方面的待遇和保障不至于落差太大,甚至持平,最好稍优。

三是严格按照国家的各种节能减排、安全保障等方面的法律法规规范企业的行为,引导企业积极履行社会责任,促进企业技术创新。

四是进一步加大鼓励企业技术创新政策的落实力度,为企业尽可能减轻各种负担,让积极开展技术创新活动的企业能以最低的成本获得各种优惠政策的最好支持,使企业技术创新投入能产生更大的回报。

五是进一步支持企业与高校科研院所开展各种形式的产学研合作,建立协同创新战略联盟。特别重视支持高校科研院所与企业之间的科技人员互访、互聘、互用,既鼓励高校科研院所的研究人员到企业兼职,也支持企业有条件的研究人员到高校和科研院所做短期访问工作。

六是大力实施知识产权战略,严厉打击各种形式的假冒伪劣行为,加强对企业、高校和科研院所自主知识产权的保护,按照国家的法律法规进一步加大对侵犯知识产权的个人、单位的处罚和打击力度,努力营造良好的知识产权保护环境。

七是利用各种宣传媒体,进一步营造勇于创新、敢为人先、鼓励冒险、容忍失败、宽容个性、不求全责备、鼓励冒尖、保护创新人才和大力倡导爱国主义精神、奉献精神和团队精神的社会和文化氛围，形成更加浓厚的创新文化。

8.5 本章小结

近年来，我国各级政府采取一系列的举措推动新能源、新材料、信息网络、新医药、生物育种、节能环保和新能源汽车等战略性新兴产业的发展，形成了比较完整的政策体系，包括产业技术政策、市场培育政策、税收优惠政策、财政投入政策、产业投融资政策、创新人才引进和培养政策、国际科技合作政策、专项政策等。

在各种政策的有力推动下，我国新兴产业的培育和发展取得了很显著的成效：一是对支持我国应对金融危机的冲击、保持经济持续快速增长发挥了较大的作用；二是产业体系和配套条件显著改善；三是部分新兴产业培育和发展已经形成了良好的技术基础；四是市场和资源优势明显；五是政策环境不断改善。

然而，总体上看，当前我国新兴产业还处于引进发展阶段，核心技术受制于人和处于产业链国际分工低端的特征明显，自主培育发展新兴产业需要的原始创新能力、重大创新产品的规模化生产和产业化能力、产业协同创新能力等极其缺乏，技术、人才、资金和信息等创新资源不能得到有效的保障。我国新兴产业要实现由引进发展向自主培育发展的战略转变，面临巨大挑战。

同时，鼓励新兴产业培育和发展的政策也存在多方面的问题：一是各级各类政策之间的协调性不强，系统性思考明显不足；二是部分新兴产业获得的支持力度太大，扭曲了其发展行为动机；三是市场机制的作用未能得到很好的发挥；四是恶性竞争问题比较突出，直接导致产业持续发展能力不强。

企业的"创新友好环境"远没有形成，技术创新动力不足、能力不强的问题依然突出，这是由多方面的原因造成的。第一，经济体制上存在的问题导致我国企业技术创新动力极其不够；第二，人事制度、社会保障制度和利益分配制度等方面存在的问题，导致科技人才不愿意向企业集聚，企业创新人才和自主创新能力严重不足；第三，企业的税费负担比较重，直接影响企业技术创新的投入能力；第四，创新创业服务环境不佳，直接影响科技人员创新创业的积极性；第五，规范的市场环境及良好的知识产权保护环境还没有形成，企业缺乏技术创新的良好收益预期；第六，支持企业技术创新的手段单一，企业技术创新需要的多种科技创新资源和服务不能有效供给。

未来我国培育和发展新兴产业，要以深化体制机制改革为动力，以营造鼓励创新的经济社会和科技发展环境为重点，以实施自主创新战略和增强自主创新能力为核心，以激发企业技术创新的内在动力和增强企业技术创新的能力为关键，充分发挥市场机制在科技资源配置中的基础性作用，一是要大幅提升已经发展起来的新兴产业的质量和效益，二是尽快实现新兴产业的产品创新发展路径，三是要通过超前部署争取早日实现原创培育发展新兴产业。

我国培育和发展新兴产业的重点任务包括：增强广大企业技术创新的动力和能力，尽快成为技术创新的主体；营造"创新友好环境"，让自主创新战略成为企业具有显著比较优势的战略；着力培育和创造市场需求，带动新兴产业的发展；促进高校科研院所开展原始创新研究，取得一批原创性重大科研成果；充分发挥市场机制作用，提供更好的人才、资金和信息等服务；深化改革，加快构建适应自主培育发展新兴产业要求的科技体制机制。

参 考 文 献

安德森 J E. 2009. 公共政策制定. 第 5 版. 谢明译. 北京：中国人民大学出版社.

安德森 J E. 2009. 公共政策制定. 谢明等译. 北京：中国人民大学出版社.

白玲. 2009. 技术创新与产业竞争力研究. 北京：经济管理出版社.

波特 M. 1997. 竞争优势. 北京：华夏出版社.

波特 M. 2002. 国家竞争优势. 北京：华夏出版社.

曹琼. 2011. 产业发展与核心竞争力：以台湾地区笔记本电脑产业为例. 北京：经济管理出版社.

陈刚. 2004. 新兴产业形成与发展的机理探析. 理论导刊，(2)：40-42.

陈洪涛. 2009. 新兴产业发展中政府作用机制研究. 浙江大学博士学位论文.

陈厚云，王行刚. 1985. 计算机发展简史，北京：科学出版社.

陈九龙. 2002. 经济全球化的动因、利弊分析及其对策研究. 理论导刊，(4)：57-59.

陈亚文. 2011. 加快我国战略性新兴产业发展对策探讨. 中国城市经济，(20)：74，75.

程巍，郎丽. 2006. 基于产业生命周期理论的新兴产业的思考. 当代经理人，(12)：247.

丁丽英. 2009. 吉林省新兴产业体系的仿真研究. 吉林大学硕士学位论文.

傅培瑜. 2010. 我国战略性新兴产业发展的研究：基于政府的视角. 东北财经大学硕士学位论文.

高峰，唐家龙. 2011. 新兴产业发展规律及启示. 科技进步与对策，(1)：56-58.

关进礼. 2008. 经济全球化的基本特征及对发展中国家的影响. 当代经济，(1)：76，77.

国家发展和改革委员会产业经济与技术经济研究所. 2011. 中国产业发展报告 2010：培育战略性新兴产业的对策研究. 北京：经济管理出版社.

韩仁洙，吴根烨，金能镇. 2011. 韩国 LCD 产业成功因素探究：基于与日本、中国台湾的比较分析. 产业和区域经济管理，(3)：26-36.

胡守仁. 2006. 计算机技术发展史. 长沙：国防科技大学出版社.

胡彦蓉，刘洪久. 2011. 战略性新兴产业发展对策研究. 知识经济，(9)：5，6.

胡钰. 2010. 趋势：以自主创新引领中国可持续发展. 北京：化学工业出版社.

黄南. 2008. 世界新兴产业发展的一般规律分析. 科技与经济，(5)：31-34.

姜大鹏，顾新. 2010. 我国战略性新兴产业的现状分析. 科技进步与对策，27（17）：65-70.

静安.2012.停止创新的脚步,你就是下一个柯达.产权导刊,(3):5,6.

柯俊杰.2006.新兴产业厂商发展要素研究.复旦大学硕士学位论文.

柯武刚,史漫飞.2000.制度经济学:社会秩序与公共政策.北京:商务印书馆.

柯武刚,史漫飞.2008.制度经济学.北京:商务印书馆.

李树人.2007.资源型城市新兴产业规模化研究.山西大学硕士学位论文.

刘婧姝.2007.产业技术创新能力评价方法研究.大连理工大学硕士学位论文.

刘小雪.2005.发展中国家的新兴产业优势:以印度软件产业发展为例.北京:世界知识出版社.

刘焱.2010.日本发展战略性新兴产业的经验与启示.城市,(7):22-25.

刘志彪,安同良.2009.现代产业经济分析.南京:南京大学出版社.

刘志阳,程海狮.2010.战略性新兴产业的集群培育与网络特征.改革,(5):36-42.

吕明元.2009.技术创新与产业成长.北京:经济管理出版社.

罗积争,吴解生.2005.产业创新:从企业创新到国家创新之间的桥梁.经济问题探索,(4):111-114.

马俊岩.2012.百年柯达:成也胶卷,败也胶卷.文史参考,(4):92-96.

纳雷安安.2002.战略与创新:竞争优势的源泉.高建,杨湘玉译.北京:电子工业出版社.

戚海港.2011.柯达:一直在转型一直不成型.商界评论,(3):78,79.

苏东水.2000.产业经济学.北京:高等教育出版社.

苏勇,何智美.2007.现代组织行为学.北京:清华大学出版社.

孙洪波.2007.新兴产业的辨识与选择方法研究.吉林大学硕士学位论文.

孙智君,王文君.2010.战略性新兴产业:新一轮地方竞争的焦点.学习月刊,(19):12,13.

汪艳红.2007.新兴产业的培育与发展研究.吉林大学硕士学位论文.

王述英,姜瑛.2001.论产业全球化和我国产业走向全球化的政策选择.世界经济与政治,(10):44.

吴俊雄.1998.LCD产业专题报告.工研院光电工业研究所.

熊彼特 J.1990.经济发展理论.北京:商务印书馆.

徐南荣,仲伟俊.2001.现代决策理论和方法.南京:东南大学出版社.

亚太总裁协会.2010.2010世界新兴产业发展报告.

杨林,马顺.2012.促进战略性新兴产业发展的财政政策研究.山东社会科学,(2):146-149.

姚婉琳.2010.新兴产业发展中的政府作用研究.大连理工大学硕士学位论文.

袁晓娜.2009.新兴产业扶持政策的逆向选择效应研究.大连理工大学硕士学位论文.

张胜荣,金高峰.2008.新兴产业的竞争战略.特区经济,(5):221,222.

张岩.2006.吉林省新兴产业选择与培育战略研究.吉林大学硕士学位论文

张耀辉.2002.产业创新的理论与探索:高新产业发展规律研究.北京:中国计划出版社.

张嵎喆,王俊沣.2011.培育战略性新兴产业的政策述评.科学管理研究,(29):1-6.

赵刚.2010.战略性新兴产业的国际经验与我国的对策.科技成果纵横,(1):4-6.

中国科技发展战略研究小组 . 2011. 中国科技发展战略研究报告 2010：战略性新兴产业研究 . 北京：科学出版社 .

仲伟俊，梅姝娥 . 2009. 企业技术创新管理理论与方法 . 北京：科学出版社 .

仲伟俊，梅姝娥，黄超 . 2013. 国家创新体系与科技公共服务 . 北京：科学出版社 .

周晓明，张玉赋 . 2010. 全球视野下江苏新能源产业发展研究报告 . 南京：东南大学出版社：83-94

周新生 . 2000. 产业兴衰论 . 西安：西北大学出版社 .

庄卫民 . 2005. 产业技术创新 . 上海：东方出版中心 .

Schilling M A. 2005. 技术创新的战略管理 . 谢伟，王毅译 . 北京：清华大学出版社 .

Ajzen I. 1991. The theory of planned behavior. Organizational Behavior and Decision Process, 50：179-211.

Bonaccorsi A. 2007. Explaining poor performance of European science：institations versus policies. Science and Public Policy, 34 (5)：303-316.

Breschi S, Malerba F. 1997. Sectoral systems of innovation：technological regimes, schumpeterian dynancis and spatial boundaries. *In*：Edquist C. Systems of Innovation. London：Frances Pinter.

Brusoni S, Prencipe A, Pavitt K. 2001. Knowledge specialisation, organisation coupling and the boundaries of the firm：why firms know more than they make? Administrative Science Quarterly, 46 (4)：597-621.

Edler J, Georghiou L. 2007. Public procurement and innovation：resurrecting the demand side. Research Policy, 36：949-963.

Forbes D P, Kirsch D A. 2011. The study of emerging industries：recognizing and responding to some central problems. Journal of Business Venturing, 26：589-602.

Hitt M, Hoskisson R, Ireland R D. 2009. Strategic Management. Mason, OH：Cengage.

Klepper S, Graddy E. 1990. The evolution of new industries and the determinants of market structure. Rand Journal of Economics, 21：27-44.

Low M, Abrahamson E. 1997. Movements, bandwagons and clones：industry evolution and the entrepreneurial process. Journal of Business Venturing, 12：435-457.

Malerba F. 2002. Sectoral Systems of Innovation and Production. Research Policy, 31 (2)：247-264.

Montalvo C. 2006. What triggers change and innovation? Technovation, 26：312-323.

National Research Council. 2008. Innovation in Global Industries：U. S. Firms Competing in a New World.

Sampler J. 1998. Redefining industry structure for the information age. Strategic Management Journal, 19：343-355.

Van de Ven A, Garud R. 1989. A framework for understanding the emergence of new industries. Research on Technological Innovation Management and Policy, 4：195-225.